国际知识产权新趋势

——TRIPS-Plus 知识产权执法研究

廖 丽◎著

中国社会科学出版社

图书在版编目(CIP)数据

国际知识产权新趋势：TRIPS-Plus 知识产权执法研究 / 廖丽著．—北京：中国社会科学出版社，2015. 10

ISBN 978 - 7 - 5161 - 3300 - 2

Ⅰ. ①国… Ⅱ. ①廖… Ⅲ. ①知识产权法 - 研究 - 世界 Ⅳ. ①D913. 04

中国版本图书馆 CIP 数据核字(2013)第 224639 号

出 版 人 赵剑英
责任编辑 任 明
责任校对 张玉霞
责任印制 何 艳

出 版 中国社会科学出版社
社 址 北京鼓楼西大街甲 158 号
邮 编 100720
网 址 http://www.csspw.cn
发 行 部 010 - 84083685
门 市 部 010 - 84029450
经 销 新华书店及其他书店

印刷装订 北京市兴怀印刷厂
版 次 2015 年 10 月第 1 版
印 次 2015 年 10 月第 1 次印刷

开 本 710×1000 1/16
印 张 16. 25
插 页 2
字 数 280 千字
定 价 48. 00 元

凡购买中国社会科学出版社图书，如有质量问题请与本社营销中心联系调换
电话：010 - 84083683

引　言

当今世界，科技发展突飞猛进，创新创造日新月异，科技竞争在综合国力竞争中的地位更加突出。随着知识经济和经济全球化深入发展，知识产权日益成为国家发展的战略性资源和国际竞争力的核心要素。美国是世界上最大的知识产权贸易国，而欧洲是世界知识产权保护的发源地。自20世纪80年代中期，美国和欧盟联合使用单边施压与从双边到多边场所转移的方式扩大知识产权国际贸易的比较优势，并最终缔结《与贸易有关的知识产权协定》（TRIPS协定）。但自TRIPS协定规定的发展中国家过渡期结束起，美国和欧盟重新在单边、双边、区域和多边层面不断推行更有力的知识产权保护和执法标准，该标准明显超出TRIPS协定所规定的最低标准，而被学者们称为TRIPS-Plus或超TRIPS标准。后TRIPS时期，这种TRIPS-Plus标准在知识产权执法层面表现尤为突出。

由于TRIPS协定在第1条第1款明确规定，“缔约方可以但没有义务对知识产权提供比本协定更为广泛的保护。”因此，TRIPS协定并不禁止TRIPS-Plus标准的实施，该“最低标准”原则成为支持TRIPS-Plus知识产权执法的法律依据。然而，TRIPS协定第1条第1款同样规定，“只要这样的保护不违反本协定的规定”，并且TRIPS协定还规定了一系列强制性条款，这些“最高标准”成为反对TRIPS-Plus知识产权执法的法律依据。除了对TRIPS-Plus知识产权执法的合法性存在争论外，其合理性也因为假冒盗版问题、TRIPS-Plus知识产权执法与经济发展之间的关系以及互惠原则和最惠国待遇原则而饱受争论。

TRIPS-Plus知识产权执法是指知识产权执法措施，包括民事执法、行政执法、刑事执法以及与边境有关的执法措施超过TRIPS协定所规定的执法标准，或减少TRIPS协定所规定的灵活性标准。TRIPS-Plus知识产权执法标准以美国和欧盟域内的标准为模板，使发展中国家间接地实施与美国和欧盟域内法标准相似的知识产权执法标准。如同 TRIPS 协定谈判时美国和欧盟等发达国家将农业和纺织品置于谈判，最终将 TRIPS 协定纳入到 GATT1994 一样，发达国家重新利用“胡萝卜”的方式诱使发展中国家签订涵盖 TRIPS-Plus 知识产权执法条款的协定，签订这些双边或区域协定的国家要求提供比其他国家更严厉的知识产权执法标准，而交换条件则是获得更多的市场准入或者技术援助或者将科学、技术合作捆绑在一起。

在推行 TRIPS-Plus 知识产权执法战略上，美国和欧盟都采取以单边、双边、区域和多边层面为主的直接方式和以技术援助为主的间接方式相结合的策略方式在全球推行这一战略。单边层面，一方面，美国和欧盟加大国内立法中的知识产权执法条款，并将此执法标准在全世界范围内推广；另一方面，美国和欧盟每年的知识产权评估报告对发展中国家构成了极大的威慑力。双边层面，美欧通过扩大自由贸易协定的涵盖范围，增加自由贸易协定的参与国数量，在知识产权章节中囊括更广泛的知识产权执法条款，扩大投资协定中有关投资的定义等方式加大双边、区域协定中有关知识产权执法的标准。多边层面，发达国家放弃 WTO 和 WIPO 这两个“老牌”知识产权谈判场所，转向一些新的“次佳”场所，比如 WCO、Interpol、UPU 等，并改变之前主要是外交家参与谈判的状况，转向现在主要由海关官员、警署官员、专利审查员等参与涉及“技术”层面的对话。

自加入 WTO，我国知识产权立法已经达到了国际先进水平，知识产权执法也取得了很大的成绩，但我国假冒和盗版的确还泛滥，特别是在知识产权的执法和管理方面，我国还存在着许多不尽如人意的地方，甚至是比较突出的问题，屡遭其他国家的指责。由于美国与欧盟尚未与我国签订双边自由贸易协定，也未与我国签订双边投资协定。因此，以美欧为首的发达国家通过自由贸易协定和投资协定推行 TRIPS-Plus 知识产权执法的策略对中国的影响尚小。但中国作为世界上最大的发展中国家，作为涉嫌侵犯知识产权产品最多的国家，在发达国家推行 TRIPS-Plus 知识产权执法战略的时代，终不会不受影响，因此，我国有必要加大对知识产权执法领域的研究，针对国际知识产权领域的最新趋势，制定一套完善的对内对外战略。

目　录

第一章

知识产权执法概述

知识产权是指基于智利创造性活动所产生的权利。[①] 其在不同国家分别表述为“intellectual property（英语）”、“Propriete Intellectuale（法语）”、“Geistiges Eigentum（德语）”、“Prprict intellettuale（意大利语）”。我国大陆基本上以“知识产权”予以概述，在台湾则被称为“智慧财产权或智慧所有权”。从字面上分析，所有的称谓都包含两个组成部分，即“智慧或知识”以及“所有权或财产权”。

对于知识产权的概念，多数国家的专著、法律以及国际条约都未给出一个明确具体的定义，而是采取分类列举式的方式予以划定范围。最具代表性的即是1967年在斯德哥尔摩的外交会上缔结的《建立世界知识产权组织公约》，其第2条第8款对“知识产权”下了定义，即知识产权应包括：（1）与文学，艺术及科学作品有关的权利；（2）与表演艺术家的表演活动与录音制品及广播有关的权利；（3）与人类创造性活动的一切领域内的发明有关的权利；（4）与科学发现有关的权利；（5）与工业品外观设计有关的权利；（6）与商品商标、服务商标、商号及其他商业标记有关的权利；（7）与防止不正当竞争有关的权利；（8）一切其他来自工业、科学及文学艺术领域的智利创作活动所产生的权利。

1992年国际保护工业产权协会（AIPPI）东京大会认为，知识产权分为创作性成果权利与识别性标记权利两大类。其中前一类包括7项，即发明专利权、集成电路权、植物新品种权、技术秘密权、工业品外观设计

---

① 中国大百科全书出版社编辑部：《中国大百科全书》（法学卷），中国大百科全书出版社1984年版，第751页。

权、版权、软件权，后一类包括 3 项，即商标权、商号权及其他与制止不正当竞争有关的识别性标记权。

1994 年在马拉喀什的关贸总协定乌拉圭回合外交会议上缔结的《建立世界贸易组织协定》中《与贸易有关的知识产权协议》（TRIPS 协定）对知识产权的范围也作了划分，包括：（1）版权与邻接权；（2）商标权；（3）地理标志权；（4）工业品外观设计权；（5）专利权；（6）集成电路布图设计权；（7）未披露过的信息专有权；由于 TRIPS 协定是在 WTO 框架内签订的，主要是与贸易有关的知识产权，因此 TRIPS 协定所划的范围比 WIPO 所划范围要狭窄，但也非常明确。

第一节　知识产权的性质

一　知识产权的私权属性

在欧洲，知识产权被认为根源于自然法和自然权利，但在盎格鲁—美利坚普通法体系看来，知识产权的基本原则是实用主义，洛克的财产权劳动理论对于知识产权影响重大，洛克认为，在和平、自由、平等的自然状态下，“有一种为人人所应遵守的自然法对其起着支配作用；而理性，也就是自然法，教导着有意遵从理性的全人类：人们既然都是平等和独立的，任何人不得侵犯他人的生命、健康、自由或财产。”[①] 财产权是天赋的，是与生俱来的，人类如何获得财产权呢？洛克认为“劳动使它们同公共的东西有所区别，劳动在万物之母的自然所已完成的作业上面加上一些东西，这样，它们就成为他的私有的权利了……我的劳动使他们脱离原来所处的共同状态，确定了我对于他们的财产权。”[②] 这样，劳动最终成为财产权的来源，财产权劳动理论的内涵包括：（1）上帝将天堂留给了自己，而将地上的一切留给了全人类所共有；（2）每一个人对他自己的人生拥有所有权；（3）每一个人的劳动只属于他自己；（4）当他们将他的劳动与处于共有状态的某个东西混合在一起的时候，他就取得了该东西的所有权；（5）但人们在取得财产权时必须留有足够多的同样的好东西

① 洛克：《政府论》（下篇），中启芳、翟菊农译，商务印书馆 1964 年版，第 74 页。

② 同上书，第 20 页。

给他人共有，同时，以不造成浪费为限。① “未经本人同意，不能取去任何人的财产的任何部分”②，这种财产权劳动理论为知识产权的构建提供了很好的理论基础。

知识产权，虽然客体是无体物，但知识产品却也是人类劳动的产物，该劳动产品只属于劳动者本人，劳动者本人取得该产品的所有权。此时，洛克为财产权甚至无形财产权（知识产权）私人占有的属性进行了理论辩护，这也是现今普遍认为知识产权属于私权的理论来源。另外，从知识产权的历史演进来看，知识产权并非起源于任何一种民事权利，也并非起源于任何一种财产权，它起源于封建社会的“特权”，这种特权，或由君主个人授予，或由封建国家授予，或由代表君主的地方官授予。知识产权正是在这种看起来完全不符合“私权”原则的环境下产生，而逐渐演变为今天绝大多数国家普遍承认的一种私权，一种民事权利。③ 从国际条约的条文来看，WTO《知识产权协定》在其序言中明确提出“承认知识产权为私权”，并且“承认保护知识产权的诸国内制度中被强调的保护公共利益的目的，包括发展目的与技术目的”。这体现了在 TRIPS 协定谈判过程中发达国家与发展中国家的一种平衡，即发达国家意在强化对知识产权的保护，以维护知识财产私有，而发展中国家却淡化知识产权的专有性和排他性，以便于他人实施。④

二　知识产权的公权化倾向

自 20 世纪 80 年代以来，我国教科书及相关著述都肯定知识产权的私权属性，即使后来有学者从国际人权公约的角度出发，也认为知识产权是一种私权。但近年来，有学者认为，“在当代，知识产权的私权性并没有发生变化，但国家介入因素在增强，换言之，知识产权私权的公权化因素在增强，知识产权的公权化表明知识产权已经不是一种纯粹的私权，而是

① Peter Drahos, *A Philosophy of Intellectual Property*, Dartmouth Publishing Company Ltd., 1996, p. 43.

② 洛克：《政府论》（下篇），叶启芳、瞿菊农译，商务印书馆 1964 年版，第 86 页。

③ 郑成思：《知识产权论》，法律出版社 2007 年第三版，第 2 页。

④ 吴汉东：《关于知识产权私权属性的再认识——兼评“知识产权公权化”理论》，《社会科学》2005 年第 10 期，第 58 页。

一种具有公权因素的私权。"① 另有学者认为，"在现代市场经济和法治社会条件下，知识产权制度的发展已经越来越多地突破传统私法的领域，其'个性化'表现愈来愈突出，而这明显地表现为国家或政府干预不断强化对知识产权制度的公权力干预，我们将之归结为知识产权制度的公权性质。"②

综观知识产权公权化理论，首先，知识产权的公权性主要体现在以下几个方面：一是利益平衡性，主张知识产权公权化的学者都认为知识产权制度是一种平衡机制，是平衡知识产权人与社会公众之间利益的调节器。由于知识产品所具有的公共利益特征，国家需要对知识产权人的权利加以必要的限制，这种限制明显地体现于版权法、专利法、商标法中。二是国家授予性，知识产权的产生离不开国家的特定授予，即国家的确权行为。知识产权要获得法律上的确认，就必须符合法律规定的条件，并且由特定的国家行政机关进行审查，并核准登记。三是社会公益性，知识产权的实体权利在市场运作过程中，不能忽视对社会公共利益的保护，知识产权本质上是法律赋予权利人的一种"独占权、专有权"，是一种"合法的垄断"。知识产权所具有的合法垄断性，一旦被不适当使用，就会导致合法垄断权的非法扩张，导致私人权利的过度膨胀，妨碍市场的公平竞争，并有违 TRIPS 协定关于促进技术的革新、转让和传播，以有利于社会及经济福利的方式去促进技术知识的生产者与技术知识使用者互利，并促进权利与义务的平衡的目标，国家对知识产权的行使进行适当规范，有利于整个社会福利和市场的正常运作。四是国家救济性，当今侵犯知识产权的行为时有发生，国家机关的介入越来越多，特别是主动介入的范围日益扩大，我国采取的是"行政处理和司法保护"相结合的"两条途径，协调运作"的方式。这种双轨制的运作机制对于有效保护知识产权起到了关键性的作用，特别是科技迅猛发展，网络知识产权盛行的今天，由于网络所具有的虚拟性以及难以控制性，知识产权被侵犯后，私人往往无法得知侵权人的具体信息，为维护知识产权权利人的利益，国家介入的必要性大大增强，对知识产权权利人的救济更依赖于国家机构的主动介入。

① 冯晓青、刘淑华：《试论知识产权私权属性及其公权化趋向》，《中国法学》2004 年第 1 期，第 62 页。

② 李永明、吕益林：《论知识产权之公权性质——对"知识产权属于私权"的补充》，《浙江大学学报》（人文社会科学版）2004 年 7 月，第 60 页。

其次，知识产权公权化理论据以支撑的主要依据有三：① 一是作为理论基础，主张知识产权公权化的学者大多提及私法公法化趋势，认为知识产权私权公权化与私法公法化暗合，或是认为二者互为因果，抑或认为知识产权公权化就是私法公法化的表现形式之一；二是作为理论背景与公权力有关的历史渊源、国际及国内背景，例如，把知识产权产生于作为公权的封建“特权”，作为知识产权公权属性的历史背景或历史渊源；把知识产权保护的国际化以及国内外主要是我国的知识产权最新理论或司法动向，作为知识产权公权化的国际背景；把我国当前知识产权战略的国策以及国家加强对知识产权的管理，重视对知识产权的保护作为知识产权公权化的国内背景或者现实背景；三是作为制度表现的权利限制制度及知识产权制度运行中与公权力的密切联系，即把知识产权的权利限制制度以及知识产权与行政权力等公权力的密切关系看作是知识产权公权化的制度表现形式。

再次，主张知识产权公权化趋势的学者并不否认知识产权的私权属性，而是在肯定知识产权私权属性的同时，认可知识产权公权性质，知识产权作为一种私权公权化的权利，兼具有私权属性和公权属性，二者既互相对立又互相融合。知识产权的私权属性是矛盾主要方面，公权属性是矛盾次要方面。②

总之，赞成知识产权公权化倾向的学者认为现代知识产权具有私权和公权相结合的属性，是兼有私权和公权性质的财产权。

三　公法、私法与公权、私权

公法与私法的划分，自古罗马时期就已存在。罗马法学家乌尔比安首次提出了公法和私法的划分，他在公元3世纪的著作《学说汇纂》中写道：“它们（指法律）有的造福于公共利益，有的造福于私人，公法见之于宗教事务、宗教机构和国家管理机构中。”③ 查士丁尼的《法学总

① 孙海龙、董倚铭：《知识产权公权化理论的解读和反思》，《西北政法学院学报》2007年第5期，第77页。

② 冯晓青、刘淑华：《试论知识产权私权属性及其公权化趋向》，《中国法学》2004年第1期，第68页。

③ ［意］彼德罗·彭梵得：《罗马法教科书》，黄风译，中国政法大学出版社1992年版，第9页。

论——法学阶梯》进一步肯定了罗马法学家的分类；指出：“法律学习分为两部分，公法与私法，公法涉及罗马帝国的政体，私法则涉及个人利益。”① 关于公法与私法的划分标准的学说，归纳起来大致有如下几类：②（1）利益说，现代利益说的学者认为，凡是旨在维护公共利益的法是公法，凡是旨在维护私人利益的法为私法。（2）主体说。该学说从法律关系主体出发来划分公法与私法的界限，即规定国家与国家间及国家与私人间的法律关系为公法，规范私人与私人间的法律关系为私法。（3）权力服从说，该学说认为，凡是法律所规定的内容与行使国家权力发生关联，即法律适用的主体彼此不是处于平等地位，而所规定的事项又涉及管理与服从关系的法律为公法，如刑法、行政法。凡是法所规定的为私人之间关系的也即对等者、平权者间的关系为私法，如民法。（4）综合说，这种观点认为，单一根据说无法明确公私界限，随着公私法相互渗透，单一根据说应当被将几种根据结合起来的综合说所取代，如目前多数高校使用的法理学教材认为：“凡涉及到公共权力、公共关系、公共利益和上下服从关系、管理关系、强制关系的法即为公法，而凡是涉及个人利益、个人权利、自由选择、平权关系的法即为私法。”③ 但是，正如德国学者拉伦兹所说：“在公法与私法之间，并不能用刀子把它们精确无误地切割开，就像我们用刀子把一个苹果切成两半一样。”④

公权与私权的划分，则可追溯到罗马法。在古罗马，市民享有一种专属性的权利即“市民权”（status civitatis），其内容包括公权与私权，其中，公权是指市民法规定的，选举权（即参与各种议会制定法律和选举官吏的权利）和被选举权，即被选举为官吏或被选举为议员的权利，私权利包括婚姻权、财产权、遗嘱能力和诉讼权。⑤ 公权与私权的划分标准，归纳起来主要包括：（1）利益说，即公权是关于社会公益方面的各

---

① ［罗马］查士丁尼：《法学总论——法学阶梯》，张企泰译，商务印书馆 1995 年版，第 5—6页。

② 孙国华、杨思斌：《公私法的划分与法的内在结构》，《法制与社会发展》2004 年第 4 期，第 102—103 页。

③ 张文显主编：《法理学》，高等教育出版社、北京大学出版社 1999 年版，第 57 页。

④ ［德］卡尔·拉伦兹：《德国民法通论》（上册），王晓晔等译，法律出版社 2003 年版，第 7 页。

⑤ 周枏：《罗马法原论》，商务印书馆 1994 年版，第 99—100 页。

种权利，私权则是关于私人利益方面的各种权利；（2）关系说，即公权是关于国家和公民之间权利，私权则是关于公民之间的权利；（3）法律说，即公权通常是公法上所确认的权利，私权通常是私法上所确定的权利，① 综合以上有关公法与私法的起源和划分标准，以及公权与私权的起源和划分标准，可以看出，公法、私法与公权、私权之间存在紧密的联系，其内核精神是一致的，即公法和公权与“公”有关，与国家有关，而私法和私权则与“私”有关，与私人有关，其划分标准只是从不同角度，即利益角度，主体角度，关系角度等予以区分。

（一）私法公法化是否意味着私权的公权化？

有学者指出“私法公法化”在规范性调整方面表现为以国家意志支配当事人意志，在行为模式和权利义务的安排上实行“管制”，排除一定范围内的当事人意思自治，在个别性调整方面表现为行政机构的主动干预，权力大大加强，对于社会生活特别是经济领域的行为，行政机构主动进行监督检查，对违反法律义务直接做出处罚，或者代表公共利益向法院提起公诉。②

另有学者认为，“私法公法化”指公法对私人活动控制的增强，从而限制了私法原则的效力，如为了公共利益而对私人财产的使用加以限制，对当事人契约自由的限制等，其实质是在“放”的方法中加入了“管”的因素，即“放中有管”，社会经济生活的复杂化和社会问题的多样化要求国家不再仅仅充当“守夜人”的角色，而是要积极主动地介入社会经济活动和其他社会活动，协调各种矛盾和冲突，解决新的社会问题，反映在法律领域，传统私法里被奉为经典的“私法自治”的三个原则——财产所有权神圣，契约自由和过错责任不再是绝对的，不受任何限制的了，对私法领域关系的调整，在“放”的基础上要加入一些“管”的手段，以便更好地、更有效地维护社会公共利益和社会秩序。③

吴汉东教授也对此作了精辟描述，认为私法的公法化导源于国家对经

---

① 吴汉东：《关于知识产权私权属性的再认识——兼评“知识产权公权化”理论》，《社会科学》2005 年第 10 期，第 62 页。

② 龚刚强：《法体系基本结构的理性基础——从法经济学视角看公私法划分和私法公法化、公法私法化》，《法学家》2005 年第 3 期，第 44—45 页。

③ 孙国华、杨思斌：《公私法的划分与法的内在结构》，《法制与社会发展》2004 年第 4 期，第 107—108 页。

济生活的干预，具体而言，一是“外化”为新的法律部门法律制度的出现。经济法是国家干预经济的直接产物，国家对雇主与雇员关系的干预产生了劳动法，国家对企业活动的支持与调节产生了反垄断法、反不正当竞争法，国家对生产经营者与消费者关系的干预产生了产品责任法、消费者权益保护法，国家对企业与自然环境的协调产生了能源法、环境法等等。二是“内化”为对私法自治原则的限制，近代民法意义上的私法自治或意思自治，本意为私人享有权利、设定义务、实施一切民事行为取决于当事人自己意思，不受国家和他人的干预，私法自治原则贯穿于各项民事权利制度，它具体表现为财产自主（所有权制度）、合同自由（合同制度）、婚姻自由（婚姻制度）、遗嘱自由（继承制度），团体设立自由（法人制度）等。①

由此得出，私法公法化的形式表现为国家对经济生活的主动干预，其结果是私法自治受到限制，其目的在于更好地维护社会公共利益和社会秩序，这些使得公法的相关内容融入私法中，两种法律形态相互渗透。在知识产权法领域，私法的公法化也有所体现，具体表现为国家介入知识产权，在知识产权的产生、行使、保护和救济中都主动加以管制，其目的是为了使知识产权这一无形财产权在社会中能够更好地运作，更好地维护知识产权，也能更好地稳定社会秩序，维护社会公共利益，在具体的知识产权法律制度设计中，通过设定一些权利限制的条款，包括保护范围的限制、保护期限的限制、合理使用、法定许可、强制许可等，完善知识产权法律制度，从而一方面维护私人所有权的权利，另一方面维护公共利益。因此，在知识产权法律层面，国家的主动干预和对知识产权权利限制条款的设定，是国家基于维护社会秩序稳定的需要，采取的一种有效的制度设计，反映了私法公法化的趋势。但是，这绝不意味着知识产权这一无形财产权就具有了公权化特征，知识产权表面字义就是“智慧、知识”、“所有权、财产权”，相比有形财产权，其只是形式上是无形的、知识的，其实质还是一种财产权。财产权是一种私权，知识产权也是一种私权。国家的干预以及权利的受限制并不能改变其“财产权”和私权属性，因为不仅仅是知识产权，任何民事权利（包括物权）均应当有权利限制。如果

① 吴汉东：《关于知识产权私权属性的再认识——兼评“知识产权公权化”理论》，《社会科学》2005 年第 10 期，第 62—63 页。

某种民事权利不受限制，则必然妨碍其他民事权利的存在或行使。[①] 权利限制之所以在任何民事权利中都存在，就是因为国家在法律制度的设计中要平衡各种利益关系。因此，私权，也需要公权的干预，以保证私权的充分行使。

（二）行政权力的介入是否意味着私权的公权化?

之所以部分学者主张知识产权私权的公权化，其主要原因之一就在于在知识产权领域，行政权力（公权）的介入特别多。如前所述，知识产权的确权、行使、保护及救济都离不开行政权力的介入。首先，许多知识产权的确权和变更须经行政审批程序，比如商标权、专利权、地理标志权等都需相关行政机构予以审查、批准和登记。各个国家也都建立了相应的国家知识产权局、商标局、专利局等。其次，知识产权在社会市场经济中的行使受到行政权力的介入，知识产权在社会运作过程中，由于其“合法垄断”性的特征，需要行政权力的积极调查，以防止私人权利的过度膨胀。再次，知识产权的保护除了民事保护和救济以外，也依赖知识产权的行政保护和救济。TRIPS 协定第三部分所规定的执法措施也包括了行政执法，TRIPS 协定第 49 条规定，在以行政程序确认案件的是非并责令进行任何民事救济时，该行政程序应符合基本与本节之规定相同的原则。因此，TRIPS 协定并没有否定通过行政程序来确定案件的是非。除了美国实行行政保护与司法保护的双轨制作，英国、墨西哥等国家也有类似于美国的知识产权行政保护制度。[②] 知识产权制度设计中存在大量行政权力介入的法律规范，一方面这是由于知识产权本身所具有的独特性决定，知识产权最显著的特征就在于其“无形性”，该特征造成对知识产权客体的占有具有可共享性，即知识产权的客体可以在不同的空间被不特定的多数主体利用，并且每个主体所利用的客体均是独立的、完整的客体，这种可共享性意味着知识产权客体的不可控制性，而欲使其不可控制性转变为可控，就要依赖于法律的设计和强制，要借助于行政权力以法律为手段保障知识产权私权。另一方面，知识产权演变为依法产生的私权，仍是一种私权，国家对专利申请、商标注册申请的授权行为、审查行为、注册行为，实际上是对民事主体民事权利合法性、真实性的一种审查，或者是一种公示、

① 郑成思：《私权、知识产权与物权的权利限制》，《法学》2004 年第 9 期，第 83 页。

② 邓建志：《WTO 框架下中国知识产权行政保护》，知识产权出版社 2009 年版，第 16 页。

公信。[①] 而通过行政执法手段对知识产权实施保护是因为围绕知识产权而发生的利益冲突具有频繁、隐蔽、专业性强、变动性强等特点，全部交由法院解决，将使法院不堪重负，而且由于司法程序的固化与繁杂，极可能降低裁判知识产权争议的效率，将高度专业化且具灵活性的行政执法机关纳入到知识产权的执法队伍中来，并以终局的司法复审程序作为保障，既可以解决法院之“围”，又有利于保护知识产权人的利益，进而化解或避免利益冲突。[②] 另外，我们知道有形财产权中也存在大量行政权力介入的法律规范，比如对物权的登记、公示等，其目的都是更好地保护私权，因此，知识产权制度设计中之所以行政权大量介入私权，是由知识产权本身所具有的独特性决定的，行政权力介入私权的行使，并不意味着该私权兼具公权的性质。笔者认为，私权就是私权，被介入或干预后的私权仍然是私权，行政权力介入或干预知识产权这一私权的目的不是显示公权，而是更好地保护知识产权，完成实现和保障知识产权私权利的使命。

四　知识产权为私权的意义

首先，承认知识产权是私权，而不是兼具公权性质，国内层面有利于明确知识产权权利行使中公权介入的限度，防止公权的滥用。

我们以卡拉 OK 版权收费问题为例。我国自上世纪 80 年代以来，卡拉 OK 开始在国内风靡盛行，但一直享受的是“免费的午餐”，这与我们当时知识产权体制还不健全，知识产权维权意识还很薄弱有关。2004 年 3 月，包括华纳、索尼、环球等世界级音像企业在内的国内外 50 家唱片公司及代理公司对近 2 万家 KTV 企业进行版权诉讼，一时引起卡拉 OK 领域的“版权大战”。针对此情形，2006 年 8 月 3 日，文化部文化市场发展中心推出了《全国卡拉 OK 内容管理服务系统》，该系统用统一制作的曲库取代各 KTV 自有的卡拉 OK 曲库，精确计次，点播付费。8 月 21 日，国家版权局依据《中华人民共和国劳动权法》及《著作权集体管理条例》的规定，公告《卡拉 OK 经营行业版权使用费标准》、卡拉 OK 经营行业以经营场所的包房为单位，支付音乐作品，音乐电视作品版权使用费，基本标准为 12 元/包房/天（含音乐和音乐电视两类作品的使用费），根据

---

① 冯晓青：《知识产权法利益平衡论》，中国政法大学出版社 2006 年版，第 151 页。

② 朱谢群：《创新性智利成果与知识产权》，法律出版社 2004 年版，第 112—113 页。

全国不同区域以及同一地域卡拉 OK 经营的不同规模和水平，可以按照上述标准在一定范围内适当下调，但两部委制定的收费方案出台后，全国很多娱乐业协会纷纷表示质疑和反对。其主要原因就在于，针对同一产业，两个部门采取了两套并不相同的收费标准，况且这一收费标准的依据是什么？

很多人认为，知识产权属于私权，卡拉 OK 版权收费属于私权之间的交易，如何收费以及收费多少都应由权利人和卡拉 OK 经营者之间协商确定，而且市场需求和供给是千变万化的，譬如有的版权人就可能会放弃版权费用以扩大市场影响，而有的卡拉 OK 产品则由于投入较大，版权人可能要求更多的费用，所有这些问题的解决只能用市场的手段，政府部门的公权只用于维持交易秩序，维护市场公平，而不能介入交易价格的制定，无论是国家版权局还是文化部，无论其出发点如何，介入这场版权收费的必要性都值得怀疑。① 但另有学者认为，“在一般的情况下，公权力不应该干涉私权的行使，但音像制品等其他著作权的行使却不是，因为如果没有公权的干涉，可能再过 20 年也未必能够实现音乐作品和音像制品权利人的权利。”“公权的干涉不仅可以使著作权人和邻接权人的权利实现，更重要的是在收益分配消费者权益的保护以及许可人和被许可人的协商方面要发生积极的作用。”② 对于这一争论，笔者认为，由于知识产权的特殊性，公权的介入是必要的，有利于更好地实现私权，但我们应该承认知识产权毕竟只是一种私权，公权的介入应该是有限度的，知识产权私权公权化理论会为公权的任意介入或干预提供合理的借口。公权的介入，其目的在于保护社会公益，不得过度妨碍私权的行使，在这一案件中，音像作品的著作权人和邻接权人是知识产权的所有人，无论是否收费，由谁收费以及收费标准如何制定，应该征得著作权人和邻接权人的同意和授权。

但由于该音像作品的特殊性，而且卡拉 OK 相关经营者多如牛毛，由权利人一一收费，在实践中不大可能，于是委托第三方代为征收比较可行，此时，以集体管理的形式统一征收最为妥当，但值得注意是，国外的集体管理组织是独立的，并不属于任何一个政府部门，它们与唱片公司之

① 梁兴国：《卡拉 OK 版权收费之争与知识产权中的公权问题》，《上海财经大学学报》2008 年第 1 期，第 49 页。

② 陈建民：《从卡拉 OK 收钱看公权介入的必要性》，《法制日报》2006 年 11 月 16 日。

间的关系是一种委托授权关系，唱片公司可以授权集体管理组织代为其征收版权费，也可以不授权而自己自行处理。在我国，由于一直以来计划经济的影响颇为深远，国家公权力随意介入私权的现象时有发生，我国虽然成立了著作权集体管理组织，并且是独立于行政部门之外的非营利性社会团体，但由于在实践中著作权集体管理组织对版权局负责，而不是对广大会员负责，因此导致公权在此案中的权力行使过大，并且被质疑“越权对版权使用费定价。”[①] 在此案中，讨论比较激烈的即是国家版权局或文化部有无权限制定收费标准，并且哪一部门或组织有权征收费用。在此就涉及公权介入私权的限度问题。我们认为，公权应合理适当地介入私权，应在私权得到充分行使的基础上，以维护社会秩序稳定和公共利益为目的，配合私权的行使。在价格定位上，还是应以市场这只“看不见的手”为主，由市场按照价格形成的规律，找到利益的平衡点，国家机构与集体管理组织之间就该是一种监督与被监督的关系，而不是领导与被领导的关系，要防止行政权力的过度使用或滥用。

其次，承认知识产权是私权，而不是兼具公权性质，国际层面有利于我国在当前国际知识产权执法大背景下的处境。

当前，国际知识产权立法基本趋于完善，各国按照国际协定、条约的规定，也基本上在国内制定了相关知识产权和保护的法律法规。但是，发达国家并不满足于此，而是在国际上大力推行知识产权执法战略，认为很多国家特别是发展中国家，虽然立法已有所改善，但执法体制并不完善，执法力度也还远远不够。发达国家不断在多边、区域、双边和单边层面施压，导致在发展中国家内部一个值得深思的现象是知识产权执法似乎主要是政府执法机构的责任，政府必须开展提高知识产权意识的活动，加强政府机构对知识产权执法的合作，建立专门的知识产权法庭，采取各种行政措施，实施专项打击等警察活动。在这种背景下，我们应坚守知识产权是私权，像其他私权一样，知识产权执法的主要责任应该是知识产权权利所有人，而不应该是政府。TRIPS 协定第 41 条第 1 款规定：“成员应保护本部分所规定的执法程序依照其国内法可以获得（are available）以便能够采用有效措施制止任何侵犯本协议所包括的知识产权的行为。”很明显，TRIPS 协定只要求成员国必须保证执法程序可以获得，而不是要求成员国

① 胡健：《让当事人意思自治主宰 K 歌收费》，《法制日报》2006 年 11 月 30 日。

自身予以执行。承认知识产权是一种私权，意味着知识产权权利所有人应全权负责，不能一味地指责政府，即使政府有义务保证知识产权协议的有效实施，政府也只是负监督责任，权利所有人应实施其私权利。另外，发达国家还主张政府应该为知识产权执法提供更多资源，但 TRIPS 协定第 41 条第 5 款规定，“本部分的任何规定均不产生知识产权执法与一般法的执行之间涉及财力物力分配的义务。”因此，发展中国家政府并没有义务优先执行知识产权，发展中国家内部有关减少贫穷，提高卫生、教育、医疗设施的任务也非常重，政府有权自己选择适合自身发展阶段的实施方案。知识产权公权化理论会使政府承担更大的责任和义务。如果主张知识产权兼具公权性质，则政府显然也得负一部分责任，这对于我国在当前国际知识产权执法大背景下的处境极为不利，知识产权公权化理论会为发达国家进一步指责我国政府提供了理论依据。

第二节　知识产权执法概况

一　TRIPS 协定前知识产权执法概况

在 TRIPS 协定之前，国际知识产权公约、条约和协定一般着重于知识产权的原则以及实体性标准条款，对于执法条款涉及很少，这也是 TRIPS 协定制定的一个主要原因。各国当时一般认为执法措施涉及每个国家不同的社会、经济和政治体制，怎样执行以及由谁来执行最好留给各缔约国自己决定，各国可根据自身的实际情况（包括经济的、文化的、政治的、法律的）制定合适的执法体制。其中，只有部分国际公约的少量条款涉及知识产权执法内容，包括：《保护工业产权巴黎公约》第 9 条“对非法带有某一商标或商号的商品在进口时予以扣押”；第 10 条“对带有假冒原产地和生产者标记的商品进口时予以扣押”，“对不正当竞争”保证予以取缔。《保护文学艺术作品伯尔尼公约》第 13 条第 3 款规定，“根据本条第一、二款制作的录音品，也未经利益关系人批准而输入认定此种录音属于违法行为的国家的，可在该国予以没收”；第 16 条规定，“（1）对于侵犯版权的一切作品，给予原著法律保护的本联盟任何成员国都可以予以没收；（2）上款规定同样适用于从不保护或停止保护某一作品的国家所进口的复制品；（3）没收应按各国法律实行”；第 36 条规定，“（1）本公约各参加国承担义务根据其宪法采取必要措施以保证本公约的执行；（2）不言而喻，一国在交存其批准书或加入时，应能按照其本国法律执行本公约的规定。”《保护表演者、唱片制作者和广播组织的国际公约》即《罗马公约》第26条规定，“（1）各缔约国保证根据本国宪法采取必要措施保障本公约的实施；（2）各国在递交批准、接受或参加证书时，它就必须处于根据其国内法律使本公约所有条款生效的地位。”《保护录音制品制作者防止未经许可复制其录音制品公约》第2条规定，“各缔约国应当保护其他缔约国国民的录音制品制作者，防止未经录音制品制作者同意而制作复制品和防止此类复制品的进口，只要任何此种制作或进口的目的是为了公开发行，以及防止公开发行此类复制品”；第3条规定，“执行本公约的方式应由各缔约国国内法律规定并应当包括以下一种或多种：通过授予版权或其他专项权利的方式保护；通过有关不正当竞争法律保护；通过刑事制裁的方式保护。”

所有上述条款都只是规定了实施相关知识产权公约的国内规定，对于具体的执法条款，各公约都未规定，而是要求依照各国国内法律予以执行，但由于大多数发展中国家的国内法律都缺乏有效的执法措施，发达国家特别是美国和欧盟成员国内的知识产权持有人对此表示不满，于是在私人利益集团的推动下，开始在 WTO 框架内制定更为有效的知识产权协定。

二 TRIPS 协定的产生

TRIPS 协定中有关知识产权执法的制定主要由美国推动。美国作为进口假冒盗版货物最多的国家，在1979年 GATT 东京回合谈判时期就联合欧盟开始推动起草《阻止进口假冒货物的措施》[①]，该草案意图针对假冒货物加强知识产权执法，继而在1982年，美国、欧盟、日本、加拿大联合推动《阻止进口假冒货物的协定草案》[②]，该草案也成为后来 TRIPS 协定的基础。1986年乌拉圭回合发起后，部长宣言解释道：“期望着减少国际贸易中的扭曲与阻力，考虑到有必要促进对知识产权充分、有效的保

① *Draft Agreement on Measures to Discourage the Importation of Counterfeit Goods*, 31 July 1979, GATT Doc. No. L/4817.

② *Draft Aqreement to Discourage the Importation of Counterfeit Goods*, 18 October 1982, GATT Doc. No. L/5382, The Draft Agreement was Redistributed as Document MTN, GNG/NG11/W/9 of 25 June 1987.

护，保证知识产权执法的措施与程序不至于变成合法贸易的障碍，谈判应旨在澄清 GATT 相关条款并制定合适的新规则与制裁措施，谈判应考虑 GATT 已开展的工作并旨在多边框架内制定相关原则、规定和制裁措施，以处理国际贸易中的假冒货物问题。”但 1986 年到 1989 年 4 月间，知识产权问题在贸易谈判中停滞不前，由印度和巴西领导的所谓发展中国家的“十国集团”①，强烈反对将知识产权纳入 GATT，美国则开始通过 1988 年修订的特殊 301 条款，以报复性的贸易制裁措施抵制反抗国。巴西很快就遭到了美国的报复。PMA 因为巴西没有对药品提供专利保护，向其提起 301 申诉，1989 年美国因巴西拒绝修改国内知识产权政策，对巴西药品，纸质产品和消费性电子产品进口征收 100% 的报复性关税（总额达 3900 万美元）。② 特殊 301 条款很显然成为美国在 TRIPS 谈判中使用的重要武器。1989 年 4 月的日内瓦会议成为重要的转折点，贸易谈判委员会（TNC）就今后知识产权谈判的“方向”达成了一个框架协定，内容包括：（1）GATT 基本原则及有关知识产权的国际协定和公约的可适用性；（2）涉及与贸易有关的知识产权的效力、范围及利用的适当标准与原则的规定；（3）涉及与贸易有关的知识权执法的有效措施规定；（4）防止及解决政府间争端的有效及适当程序规定，包括适用 GATT 程序。在整个 1989 年间，TRIPS 谈判小组收到了来自于很多国家的意见书，到 1990 年初，这些被缩减至 5 个文本，即来自于美国、欧共体、日本、瑞士和一个来自发展中国家团体的文本，进一步修订之后终于作为 TRIPS 协定草案，草案反映了 1990 年 11 月 22 日的谈判，并呈现在 12 月 3 日布鲁塞尔部长级会议上。

由于以欧共体为一方和美国及凯恩斯农产品出口商集团为另一方的双方在农产品补贴上僵持不下，1990 年 12 月 7 日乌拉圭回合谈判在布鲁塞尔破裂。1991 年 11 月，贸易谈判代表主席邓克尔发布一份进展报告，指出 20 项需要解决的知识产权问题，在接下来的一个月中，邓克尔试图提出一份包括乌拉圭回合每一部门谈判结果的最终草案，这一草案包括新的 TRIPS 文本，并提议这份“邓克尔”草案要么被完全拒绝

---

① 十国分别是阿根廷、巴西、印度、埃及、古巴、尼加拉瓜、尼日利亚、秘鲁、坦桑尼亚和南斯拉夫。

② 苏姗·K. 赛尔：《私权、公法——知识产权的全球化》，董刚、周超译，中国人民大学出版社 2008 年版，第 106 页。

要么被完全接受。其后的两年，由于没有对知识产权进行充分保护，“邓克尔草案”受到完全的批判，但最终根据埃文斯（Evans）所说，由于谈判的疲劳、巨大的成本、衰落的世界经济以及对迫在眉睫的保护主义的恐惧促使谈判者结束回合（Evans，1994：174）。谈判成员最终达成所谓的“邓克尔草案”的协议，乌拉圭回合在 1994 年 4 月 15 日成功结束。①

可以看出，TRIPS 协定谈判之初，以美国为首的发达国家，只是针对假冒货物而发起谈判，从 1979 年的《阻止进口假冒货物的措施协定》到 1982 年的《阻止进口假冒货物的协定草案》再到 1987 年乌拉圭回合谈判工作组报告 MTN. GNG/NG11/W/9，其具体内容都是针对进口假冒货物而达成的文本，主要是考虑到假冒货物的交易损害合法贸易商的权利并欺骗消费者，意图在不妨害合法贸易自由流通的基础上，通过协定方的合作阻止假冒货物的国际交易并通过加强相关措施以打击此种贸易。这些文本几乎都是对进口假冒货物海关执法的规定，只是后来美国私人利益集团并不满足于此，而是不断扩大保护范围、执法形式，寻求更广泛的知识产权法典。

三 TRIPS 协定中有关知识产权执法的规定

TRIPS 协定不是一个全新的有关知识产权的国际协定，而是纳入了许多既存的国际公约条款，比如《巴黎公约》、《伯尔尼公约》、《罗马公约》以及《集成电路知识产权条约》，TRIPS 协定有关知识产权执法条款以及争端解决条款则是新增的内容，它解决了以往国际公约或条约执行不力的问题，并且把知识产权争端纳入到 WTO 争端解决机制的体制内。

TRIPS 协定第三部分，包括第 41 条到第 60 条的内容，对各成员的知识产权执法做了具体规定，包括总义务、民事与行政程序及救济、临时措施、有关边境措施的专门要求以及刑事程序。其中第 4 节（第 51 条到第 60 条）即为有关边境保护措施的专门规定，这些规定构成各 WTO 成员知识产权边境保护的最低标准。如学者所言，TRIPS 边境措施条款成为

---

① 苏姗·K. 赛尔：《私权、公法——知识产权的全球化》，董刚、周超译，中国人民大学出版社 2008 年版，第 112 页。

TRIPS执法实施中最具希望性的条款。① 本书重点围绕边境知识产权执法，探讨知识产权执法及 TRIPS-Plus 知识产权执法的相关问题。

（一）边境知识产权执法的内容

1. 海关当局中止放行。首先，成员国只对进口的假冒商标或盗版货物具有履行义务，对出口的侵权货物，成员国可以提供相应的程序，成员国没有义务必须履行。虽然有些国家对于出口货物也提供了相应保护，比如韩国、新加坡、泰国和中国，但这是选择性的义务，由成员国自己决定。

其次，海关当局必须中止放行的客体仅限于假冒商标和盗版货物。假冒商标的商品，指任何下列商品（包括包装）：其未经授权使用了与在该商品上有效注册的商标相同的商标，或者使用了其实质部分与有效注册的商标不可区分的商标，因而依照进口国的法律侵犯了该商标所有人的权利。盗版商品，系指任何下列商品，其未经权利持有人本人，或在商品创造国的被正当授权之人许可而复制，其直接或间接依照某物品制造，而该物品的复制依据进口国的法律已经构成侵犯版权或有关权利。对于其他知识产权的侵犯，比如专利、地理标志、工业品外观设计、集成电路图设计及未披露的信息，海关当局“可以”中止放行。因此，对海关当局对于除假冒商标和盗版货物之外的侵权行为不具有强制性义务，其主要原因在于假冒商标和盗版货物较容易被直接辨认出来，而比如是否对专利构成侵权，则需要专业技术人员才能鉴别，需要花费大量的成本和时间，可能会对海关进出口的效率造成一定阻碍，并且会耗费海关大量的资源。

再次，本条规定的是在权利持有人提交书面申请的基础上，海关才中止放行，此时海关所采取的行动是一种被动的行为，而非第 58 条规定的依职权的主动行为，其条件是权利持有人有合理解释怀疑假冒商标或盗版货物的进口可能发生，根据第 41 条第 1 款第一句所规定的执法有效性原则，对本条所规定的“怀疑”条件不应该过于苛刻，除非怀疑理由明显不合法或权利持有人滥用执法程序，否则该申请不应被拒绝。

最后，本条注脚排除了两种情况，一是规定如果一方成员与另一方成员均参加了同一海关联盟，并已基本取消了二者边境间商品跨界流通的一

---

① J. H. Reichman，“Enforcing the Enforcement Procedures of the TRIPS Agreement”，*Virginia Journal of International Law*，Vol. 37，1997，p. 343.

切控制，则不得要求在其边境适用本节规定，欧盟很显然适用这一规定，但欧盟内部成员国仍可以自己制定相关法律适用于欧盟内部边境。① 二是规定应认为成员无义务对权利持有人本人，或经其许可，而投放另一国家市场的商品的进口或商品的运输适用这一程序，从这里，我们可以推断出“海关措施”的强制性的一面，仅仅管那些制造活动本身即违法的商品的进口，而不管那些制造活动虽不侵权、进口则可能构成侵权的商品，也就是说，对“平行进口”活动的控制，并没有在边境措施一节作专门规定。② 同时，成员也无义务对商品的运输适用这一程序，亦即对“转运货物”，成员可实施边境措施，也可不实施。

2. 申请。第 52 条第一句要求申请人承担举证责任，申请人对于证据的提交是强制性的，并且应提供“充分的证据”，足以向主管当局证明，对于侵权的存在，申请人只需要有“初步证据”（Prima facie），“初步证据”是指证据能合理地证明申请人所追求的结论，申请人并不需要证明满足每一个诉求的要求，因此，“初步证据”必须满足：（1）经验表明一个事实的存在同样会牵涉到另一个事实的存在；（2）这些事实的确存在；（3）被告不能证明存在使该经验价值无效的非典型案例。③

此外，申请人应提供使海关当局可以及时识别侵权商品的有关该商品的足够详细的信息。“足够详细的信息”应基于个案予以裁定，当然，更多更具体的信息对于执法程序的快速性和有效性是有利的，但海关当局不能要求申请人提供过多或很难获得的信息，否则这种要求会“造成合法贸易的障碍”。④ 主管当局应在“合理期限内”通知申请人是否已经接受其申请，与临时措施规定第 50 条第 4 款第一句所要求的“及时”通知不同，“合理期限”的要求更为宽松。如果由主管当局决定时间，则还应将海关采取行动的期限通知申请人，这句话意味着并不一定由主管当局决定时间，但一旦主管当局决定，海关采取行动的期限则应通知申请人，对于

---

① OJ L 157, 30. 4. 2004, Directive 2004/48/EC of the European Parliament and the Council of 29 April 2004 on the enforcement of intellectual property rights, as corrected and republished in OJ L 195, 2. 6. 2004, Article 20 (1).

② 郑成思：《WTO 知识产权协议逐条讲解》，中国方正出版社 2001 年版，第 166 页。

③ *WTO-Trade-Related Aspects of Intellectual Property Rights*, Max Planck Institute for Comparative Public Law and International Law, Martinus Nijhoff Publishers Leiden, Boston, 2009, p. 760.

④ TRIPS 第 41 条第 1 款。

该期限，TRIPS 协定并未做具体规定。虽然第 52 条并未特别要求通知所采取的形式，但 TRIPS 规定就各案的是非做出的裁决，最好采取书面形式。①

3. 保证金或与之相当的担保。第 53 条第 1 款规定成员国应授权主管当局要求申请人提供“保证金或与之相当的担保”，这类保证金或担保必须“足以保护被告和主管当局防止申请人滥用权力”。该规定所保护的对象很显然是被告和主管当局，目的在于约束权利持有人防止其滥用权利，抵制反竞争性行为。因为在有些情况下，权利持有人故意申请海关中止放行竞争者的货物从而获得商品销售的有利时间，这也有利于减轻主管当局的资源压力，同时，这类保证金或相当的担保“不得不合理地妨碍上述程序的采用”。这就意味着保证金或担保的数额不得不合理的过高，从而阻碍了权利人申请海关执法的机会，当然，数额也不能过低，至少应保障被告因权利人滥用而造成的潜在的直接损害，这条规定实际上赋予了成员国很大的自由裁量权，需要成员国自己决定如何才能使“执法程序公平合理”②，如何才能使各方利益达到平衡。第 53 条第 2 款所适用的条件在于：（1）中止放行的程序已经适用于上述提到的一种知识产权产品中，这些并不是很容易“看得到”的侵权；（2）该中止放行的命令是经海关当局依照非司法当局或非其他独立当局的决定；（3）10 个工作日已经过去（可能的话可以延长 10 个工作日），但经合法授权的当局并未批准临时救济；（4）有关进口的一切其他条件均已符合；（5）保证金（并未提到“担保”）已被提交，其数额足以保护权利持有人受到的任何侵犯。当这些条件具备时，有关商品的所有人、进口人或收货人则有权获得该商品的放行，而如果权利持有人未能在“合理期限”内行使其权利提起诉讼人的利益，又考虑到中止放行后受影响方的利益，对于前者，期限当然是越长越好，对于后者，则是越短越好，这就需要各成员国当局平衡好双方利益。

4. 中止放行通知。根据第 54 条规定，进口人和申请人应被立即通知，通知的形式据第 41 条第 3 款的规定最好采取书面形式，但也可是其他形式，通知应该“立即”下达，其标准可根据第 41 条第 5 款的“及

① TRIPS 第 41 条第 3 款。

② TRIPS 第 41 条第 2 款。

时”要求，比一般的“合理期限”应严格得多。

5. 中止放行期限。TRIPS 协定第 55 条规定很明显既适用于进口，也适用于出口，与之前条款相比较，本条对于相关期限规定了特定的时间，即向申请人发出通知后不超过 10 个工作日的期限内，商品应予放行，如果（1）海关当局未被通知除被告之外的当事人已经就判决案件的是非提起诉讼；或（2）未被通知经合法授权的当局决定采取临时措施延长对该商品的放行中止期，在适当场合，这一期限可以延长 10 个工作日。

6. 对进口人及商品所有人的赔偿。第 56 条规定的是针对申请人而提出的赔偿请求。该规定是基于申请人的申请发起的行动，而非海关当局依职权的行动，申请人赔偿的对象不仅仅是进口人，还包括收货人及商品的所有人，如果也牵涉到了其他当事方，比如运输人提供商、批发商或零售商，也可以被认为是潜在的诉求方。虽然第 56 条没有对这些人所受到的损害予以规定，但也最好根据一般性原则以及成员国的法律对可能提起的损害予以赔偿。① 有关当局责令申请人赔偿的依据是“误扣”商品，这是指权利持有人申请中所主张的侵权人的行为并不构成侵权，或者是按照第 55 条的规定因扣留而造成了损害，至于赔偿的数额或范围，该条未做规定，只是规定需支付“适当”的补偿，这可包括直接的损害费用，也可包括间接的损害费用，由成员国自己决定。

7. 检查权及获得信息权。第 57 条第一句要求成员国授权主管当局“为权利持有人提供足够的机会检查海关扣下的任何产品”，如果权利持有人被“真正”的授权检查潜在的侵犯才能被认为是足够的，这就要求该检查机会应该在时间和方式上都足够。时间上而言，一般不能确定一个在全球都有效合法的时间点，但要根据个案的实际情况予以考虑，比如对假冒和盗版这类可以直观检查的货物，应该相对地提供立刻检查的机会，但如果是专利侵权，检查则会困难得多，在这种情况下，权利持有人就应被提供一段集中而长时间的检查机会。无论哪种情况，海关当局都应提供样品给权利持有人，并且检查也不一定由权利持有人自己检查，也可由其他人，甚至由专家检查。赋予权利持有人检查权的目的在于支持其主张，不能用于其他目的，比如试图获得有关其他产品的具体信息，特别是制造

① *WTO-Trade-Related Aspects of Intellectual Property Rights*, Max Planck Institute for Comparative Public Law and International Law, Martinus Nijhoff Publishers Leiden, Boston, 2009, p. 369.

方式和生产过程。

另外，权利持有人的检查不得侵害到他人的保密信息。实践中，为平衡权利持有人的检查权和进口人的信息保密权，聘请独立专家实施检查是一个不错的选择。第 57 条第二句授予进口人与权利持有人同样的检查权，对于其他权利人，如收货人及商品的所有人，第 57 条并未像第 56 条那样，授予与进口人同样的权利，第 57 条第三句规定成员一项选择性的条款，即成员“可以”授权主管当局将有关信息提供给权利持有人，包括发货人、进口人及收货人的姓名、地址以及有关商品数量等。其授权条件在于案件确系侵犯已有定论，该条款实质上反映了一个现实，即假冒和盗版行为往往是有组织性、跨国性的，打击这种假冒盗版行为需要有效的工具和方法，有关发货人、进口人及收货人姓名和地址的信息有利于权利持有人对侵权行为提起诉讼，而有关商品数量的信息则有利丁权利持有人获得赔偿。

8. 依职权的行为。第 58 条可以说是对第 51 条依申请采取行动的补充，不过成员并不是强制性的，一定要实施依职权的行为，只是如果成员要求主管当局主动采取行动，中止放行，则必须是在其已获得“初步证据”表明有关商品侵犯知识产权时。之所以在 TRIPS 框架中引入依职权的行为，是因为海关要评估货物价值而征税，对一部分货物会进行检查。而假冒盗版货物很容易被肉眼发现，海关又肩负着打击假冒盗版的义务，因此赋予海关依职权的作为，一方面可以节省时间，提高效率；另一方面也能有效打击假冒和盗版。一般而言，海关依职权的行为不是特别频繁，往往是偶然性的，毕竟海关资源有限，不可能对每一货物进行检查。如果主管当局主动采取行动，可以随时向权利持有人索取可能有助于其行使权力的任何信息，信息主要是指那些为识别货物所必要的信息或包含有关保护对象的类型和范围的文件等。如果权利持有人未提供所需要的信息，则需承担主管当局拒绝介入的风险，中止放行的通知应立即通知进口人及权利持有人，第 58 条对政府当局及官员们依职权的行为还设定了限制，只有系善意采取或试图采取特定救济措施的情况，其过失责任才能免除，否则得承担过失责任。不过，一般情况下，主管当局依职权的行动会被假定为系善意采取。

9. 救济。根据第 59 条第一句，主管当局有权责令销毁或处置侵权商品，但应依照第 46 条的原则，包括：（1）销毁或处置货物应在不进行任何补偿的情况下；（2）应避免对权利持有人造成任何损害；（3）不违背现行宪法的要求；（4）应顾及第三方利益以及侵权的严重程度。另外，销毁或处置货物的前提是被告有权寻求司法当局进行复审，这也是执法过程中公平公正原则的体现。由于销毁或处置货物并不能弥补权利持有人所遭受的进一步损失，因此，权利持有人还应有权主张赔偿请求。对于假冒商标的商品，在原封不动的状态下除个别场合外，是不允许重新出口的，之所以如此规定，是因为假冒商标货物存在进一步侵权的风险。如果主管当局允许重新出口，则如果第三国进口同样形式的货物，依然会构成侵权的可能，这与第 41 条第 1 款规定的成员应保证本部分所规定的执法程序依照其国内法可“按照原封不动的状态重新出口”，而不是“仅将非法附着在商品上的商标拿掉”，这两者在实践过程中会出现各种情况，其判断还需根据个案具体研究。

10. 可忽略不计的进口。本条反映出边境执法中对于旅客个人行李中携带或小件托运中运送的少量非商业性商品执法的实际困难。海关当局不可能对出入境的货物全部进行是否侵犯知识产权的检查，况且权利持有人对这类侵权兴趣也不大，不愿为此类侵权提供相关信息。然而，这类侵权所造成的潜在危害性并不应该被低估，特别是某些侵权货物，比如录像带、音乐碟片等，在进入一国领域后，可能会被进一步复制，造成更大的侵权。此外，也可能存在滥用此条款的情形，比如一部分人假装私人旅游，每人都携带少量侵权物品。当然，协议并未强求各成员一律对这类进口“忽略不计”，而只是规定“可”不予计较，曾有人半开玩笑地批评“可忽略不计个人携带物品”的规定，说：“如果一个上百人的旅游团或如中日交往中十年前曾有过的三千人旅游团，每人带一条假冒名牌商标的牛仔裤入境，那可能不比专门输入冒牌商品的进口人的一次进货要少。”他的这种批评也有一定道理。无论冒牌商品或盗版印刷品，均不会因为它们是“少量”的而改变性质，但是，如果要求各国海关都去追究无辜的旅客（他们一般都只为个人使用，而不为再出售而购买了侵权产品，许多人购买时并不知道该产品是侵权的）也显得不尽合理。[①] 另外，这种“可忽略不计”的例外不是 TRIPS 协定所独有的，也经常存在于 WTO 法律框架内，比如《反倾销协定》第 5 条第 8 款以及《反补贴协定》第 11

① 郑成思：《WTO 知识产权协议逐条讲解》，中国方正出版社 2001 年版，第 170—171 页。

条第9款。

（二）边境知识产权执法的特征

1. 强制性义务与选择性义务相结合

TRIPS协定规定的是WTO成员知识产权保护的最低标准，在整个知识产权执法规定中强制性义务与选择性义务都存在，边境执法措施也是如此，其主要表现在：（1）知识产权保护范围上，成员对于进出境的假冒商标和盗版货物具有强制性的执法义务，而对其他侵犯知识产权的活动，成员也可规定同样的申请程序。（2）执法环节上，成员对于进口环节发生的假冒商标和盗版商品具有强制性执法义务，而意图从其地域内出口的侵权商品，由海关当局中止放行，成员也可以提供相应的程序，对于除进口、出口之外的环节，如转运货物，TRIPS边境措施并未作规定，可以认为，其也是一种选择性的义务，WTO成员可以在国内立法中予以规定，也可以不作规定。

2. 发达成员与发展中成员利益相平衡

根据前文TRIPS协定产生的历史背景，TRIPS协定一开始即是以美国为代表的发达成员极力倡导推动的结果，发展中成员在美国“胡萝卜加大棒”的政策下，即“特殊301”与对纺织品、农业市场准入交换的条件下，经过长时间的谈判妥协而成。在知识产权执法问题上，一方面，“成员应保证本部分规定的执法程序，依照其国内法可以行使有效，以便能够采用有效措施制止任何侵权本协议所包括的知识产权的行为，包括及时地防止侵权的救济，以及阻止进一步侵权的救济。”知识产权的执法程序应公平和公正。这些程序不应不必要的复杂和费用高昂，也不应限定不合理的时限或造成无理的迟延。[①]“对一案件是非曲直的裁决，最好采取书面形式并说明理由。至少应使诉讼当事方可获得，而不造成不正当的迟延。对一案件是非曲直的裁决只能根据已向各方提供听证机会的证据作出。”[②]另一方面，第41条第5款强调“本部分并不产生任何建立与一般法律实施制度不同的知识产权实施制度的义务，也不影响各成员实施一般法律的能力。本部分的任何规定在实施知识产权与实施一般法律的资源分配方

① TRIPS，第41条第2款。

② TRIPS，第41条第3款。

面，也不产生任何义务。”① 此外，TRIPS 协定还规定，“发展中国家成员有权将按第 1 款规定的实施日期再推迟 4 年实施本协定的规定。”② 并且“为促进本协定的实施，发达国家成员应发展中国家成员和最不发达国家成员的请求，并按双方同意的条款和条件，应提供有利于发展中国家成员和最不发达国家成员的技术和资金合作。”③

除了第 41 条第 5 款，TRIPS 协定知识产权执法条款基本反映了发达成员，特别是美国、欧盟和日本有效维护其内部知识产权权利人利益的立场。由于第 41 条规定的是有关知识产权执法的总义务，其适用于民事与行政程序及救济、临时措施、有关边境措施的专门要求以及刑事程序，因此，其精神也必然贯穿于整个边境执法程序中。

3. 保护知识产权与防止滥用相平衡

在 TRIPS 协定知识产权执法条款中，一方面各成员要求要充分有效地保护知识产权；另一方面，要防止执法中权利滥用的发生。在有关边境执法措施的规定中，为防止申请人权利滥用，第 53 条规定“主管当局应有权要求申请人提供足以保护被告和该主管当局并防止申请人滥用权利的保证金或与之相当的担保，这类保证金或相当的担保不得不合理地妨碍上述程序的采用。”④“如按照根据本节提出的申请，海关根据非司法机关或其他独立机关的裁决对涉及工业设计、专利、集成电路布图设计或未披露信息的货物中止放行进入自由流通，而第 55 条规定的期限在获得适当授权的机关未给予临时救济的情况下已期满，只要符合所有其他进口条件，则此类货物的所有人、进口商或收货人有权在对任何侵权交纳一笔足以保护权利持有人的保证金后有权要求予以放行。该保证金的支付不得损害对权利持有人的任何其他可获得的补救，如权利持有人未能在一合理期限内行使诉讼权，则该保证金应予解除。”⑤“如在向申请人送达关于中止放行的通知后不超过 10 个工作日的期限内，海关未被告知一非被告的当事方已就关于案件是非曲直的裁决提出诉讼，或未被告知获得适当授权的机关已采取临时措施延长货物中止放行的期限，则此类货物应予放行，只要符

① TRIPS，第 41 条第 5 款。
② TRIPS，第 65 条第 2 款。
③ TRIPS，第 67 条。
④ TRIPS，第 53 条第 1 款。
⑤ TRIPS，第 53 条第 2 款。

合所有其他进口或出口条件：在适当的情况下，此时限可再延长10个工作日。"① "对于误扣商品造成的损失或因扣押按照第55条放行的货物而造成的损失支付适当的补偿。"② 同时，为防止主管当局权力滥用，第58条规定，"只有对政府当局及官员们系善意采取或试图采取特定救济措施的情况，成员才应负除其为采取措施而应负的过失责任。"③

4. 一体化与区别化相结合

期望着减少国际贸易中的扭曲与阻力，考虑到有必要促进对知识产权充分、有效的保护，保证知识产权执法的措施和程序不至于变成合法贸易的障碍，TRIPS协定作为"一揽子"协议要求WTO成员予以接受并遵守，在知识产权的效力、范围及利用的标准、知识产权执法、争端的防止与解决等方面都作了统一规定，但是考虑到不同成员间法律的区别，经济水平以及文化上的差异，规定完全一致的程序和救济措施不大可能。因此，发达成员意图制定一个全球适用的知识产权执法标准时，也不得不考虑不同成员知识产权执法体制上的差异，所有成员之间的知识产权执法条款都完全一致的想法是不现实的。采用一种最低标准的模式，并使用模糊的语言而不是具体的规定似乎更为有效和现实。因此，TRIPS执法条款中包含了一系列"有效"、"合理"、"不当"、"公平合理"、"不得过于复杂或花费过高"、"合理期限"、"适当补偿"等灵活性语言。同时，TRIPS协定也特别规定"协议有关知识产权执法之规定并不要求成员为知识产权执法而代之以不同于一般法律执行的司法制度，也不影响知识产权成员执行其一般法律的能力。"④

第三节　有关知识产权执法的WTO争端案例

在TRIPS协定之前，WIPO所管辖的公约（比如《巴黎公约》、《伯尔尼公约》）以及《罗马公约》都存在两个主要的缺陷。一是缺乏具体的执法规则；二是缺乏有效的、有约束力的争端解决机制。虽然有关知识产权保护的争端可以诉诸国际法院解决，但由于国际法院审判时间过长，其

① TRIPS，第55条。

② TRIPS，第56条。

③ TRIPS，第58条（c）项。

④ TRIPS，第41条第5款。

约束力也有限，各成员并不愿将知识产权争端案诉诸国际法院。

迄今为止，WTO 知识产权争端案共 29 起，而有关知识产权执法争端案只有 7 起。（1）美国诉丹麦影响知识产权执法的措施案（DS83）①。1997 年 5 月 14 日，美国就丹麦未能提供保护知识产权民事程序中的临时措施提出磋商请求。2001 年 3 月 20 日，丹麦议会通过《司法组织法》修正案，授予相关司法机关在知识产权执法的民事诉讼中采取临时措施的权力。2001 年 6 月 7 日，双方达成满意的解决方案。（2）美国诉瑞典“影响知识产权执法的措施案”（DS86）②。1997 年 5 月 28 日，美国就瑞典关于知识产权保护的民事程序中没有规定及时有效的临时措施提出磋商，1998 年 11 月 25 日，瑞典议会通过修改版权法、商标法、专利法等，授予司法机关在涉及知识产权的民事诉讼中，有权采取临时措施。1998 年 12 月 2 日，双方达成满意的解决方案。（3）美国诉欧盟“电影和电视节目的知识产权执法案”（DS124）③。1998 年 4 月 30 日，美国就希腊 50% 以上的小规模电视台经常播放未经授权的电影而导致知识产权执法不力向欧盟提出磋商，磋商请求后不久，希腊即制定相关法律关闭侵犯知识产权的电视台。2001 年 3 月 20 日，双方达成满意的解决方案。（4）美国诉希腊“电影和电视节目的知识产权执法案”（DS125）④，案情经过和解决方案与 DS124 相同。（5）美国诉中国“与知识产权保护和实施有关的措施案”（DS362）⑤，2007 年 4 月 10 日，美国根据《世界贸易组织争端解决与程序详解》第 1 条、第 4 条以及 TRIPS 协定第 64 条规定，请求与中国就其知识产权保护和实施措施问题进行磋商，美国此次申诉包括三项诉求：一是对在中国境内还未被授权出版或发行的作品拒绝提供保护问题；二是被中国海关没收的侵犯知识产权商品的处置问题；三是中国现行法律有关蓄意假冒商标或盗版案件刑事程序和门槛问题。2007 年 9 月 25 日，

① *Denmark-Measures Affecting the Enforcement of Intellectual Property Rights*, WT/DS83.

② *Sweden-Measures Affecting Enforcement of Intellectual Property Rights*, WT/DS86.

③ *European Communities-Enforcement of Intellectual Property Rights for Motion Pictures and Television Programs*, WT/DS124.

④ *Greece-Enforcement of Intellectual Property Rights for Motion Pictures and Television Programs*, WT/DS125.

⑤ *China-Measures Affecting the Protection and Enforcement of Intellectual Property Rights*, WT/DS362.

专家组成立，2009 年 1 月 26 日，专家组报告向 WTO 各成员公布，2009 年 3 月 20 日，DSB 召开会议审查通过专家组报告，美国表示不上诉并要求通过该专家组报告，中方也就此发表声明，世界贸易组织争端解决机构审议通过了 WTO 中美知识产权争端案专家组报告。（6）印度诉欧共体和荷兰“扣押转运通用药品案”（DS408）。2010 年 5 月 11 日，印度就荷兰海关扣押国境转运通用药品一案，向世界贸易组织请求磋商。（7）巴西诉欧共体和荷兰“扣押转运通用药品案”（DS409）。案情经过与 DS408 相同。

除此之外，在与 TRIPS 有关的争端案中，涉及知识产权执法条款的还有 1999 年 7 月 8 日欧共体诉美国“《1988 年综合拨款法》第 211 条”、2000 年 1 月 12 日欧共体诉美国“1930 年关税法”及其修正案第 337 条、2000 年 5 月 30 日美国诉阿根廷“有关专利和测试数据保护的某些措施案”以及 2003 年 4 月 17 日澳大利亚诉欧共体“有关农产品和食品的商标和地理标志保护案”。

有关知识产权执法争端案

序号	起诉方	被诉方	争端名称及涉及执法条款	是否成立专家组	解决方式
WT/DS83	美国	丹麦	影响知识产权执法的措施（TRIPS 50）	未成立	协商解决
WT/DS86	美国	瑞典	影响知识产权执法的措施（TRIPS 50）	未成立	协商解决
WT/DS124	美国	欧共体	电影和电视节目的知识产权执法（TRIPS 41，61）	未成立	协商解决
WT/DS125	美国	希腊	电影和电视节目的知识产权执法（TRIPS 41，61）	未成立	协商解决
WT/DS362	美国	中国	知识产权保护与执法（TRIPS 46，59，61）	成立	2009 年 1 月 26 日专家组报告
WT/DS408	印度	欧共体和荷兰	扣押转运通用药品	未成立	尚未通知解决结果
WT/DS409	巴西	欧共体和荷兰	扣押转运通用药品	未成立	尚未通知解决结果

从上表可以看出，有关知识产权执法的 7 个争端案中有 5 起是由美国提起的，发展中国家特别是印度和巴西最近才开始主动提起诉讼。自 1996 年知识产权争端开始运行，美国企业界代表就把实施 TRIPS 协定作为一项政治意志的测试，即要“选择一定能赢的案件，提起第一批诉讼，

形成第一批成功的例子，这是一个战略问题。”① 因此，美国充分利用 WTO 争端解决机制，率先提起争端并获得了满意的结果，头 4 起有关知识产权执法的争端案都未成立专家组，被诉方往往通过修改自己本国的法律或采取相应的执法措施满足美国的要求，只有在中国知识产权保护与执法案中，专家组成立。另外，如果注意一下提出磋商请求的日期，就会发现都在 4、5 月，每年的 4 月初，美国贸易代表都要作出贸易评估报告，美国有关企业、协会等利益攸关方把自己搜集到的各个国家侵权情况报告给贸易代表办公室，贸易代表办公室会对相关报告作出回应，比如有关中国知识产权保护和实施案，2007 年 4 月 9 日，美国代表苏珊·施瓦布在华盛顿宣布，将于 4 月 10 日就中国知识产权保护问题和出版物市场准入问题分别向 WTO 提出两起申诉。② 美国充分利用 WTO 知识产权争端机制，避免过度使用 301 条款，可以缓解使用 301 条款的压力，同时又可利用国际制度，实现自己的利益。

涉及知识产权执法条款的争端案

序号	起诉方	被诉方	争端名称及涉及执法条款	是否成立专家组	解决方式
WT/DS176	欧共体	美国	《1998 年综合拨款法》第 211 条（TRIPS 41，42）	成立	专家组报告上诉机构报告 2002 年 1 月 2 日
WT/DS186	欧共体	美国	《1930 年关税法》及其修正案第 337 条（TRIPS 41，42，49，50，51）	未成立	没有正式进展
WT/DS196	美国	阿根廷	专利和测试数据保护的某些措施（TRIPS 50）	未成立	协商解决
WT/DS290	澳大利亚	欧共体	农产品和食品的商标和地理标志保护（TRIPS 41，42）	成立	专家组报告 2005 年 3 月 15 日

从上表可以看出，除美国以外的其他 WTO 成员也积极利用 WTO 争端解决机制，维护自己的利益。与 TRIPS 协定有关的涉及知识产权执法条款的争端案，并没什么太大特点或规律可循，各成员在提起 WTO 争端案时，往往会提起尽可能多的诉讼请求，以获得更大的胜算。不过，综观

---

① Levy, Charles S., “Implementing TRIPS-A Test of Political Will”, *Law and Policy in International Business*, Vol. 31, 2000, p. 794.

② 另一起案件是美国诉中国“影响出版物和娱乐用音像制品贸易权和分销服务的措施案” WT/DS363。

表1和表2，也可看出，针对知识产权执法条款的案件多涉及第41条、第42条、第50条和第61条，即有关执法措施应“有效”和“公平合理”（第41、第42条），应提供充分有效的“临时措施”（第50条）以及提供符合TRIPS协定“刑事程序”。与GATT（1994）争端案相比，有关TRIPS执法条款的案件数量很少，而且大多是发达国家之间的争端。随着当前假冒盗版行为日益猖獗，发达国家越来越重视对自身知识产权的保护，知识产权执法成为发达国家日益关注的焦点，有必要加强对TRIPS-Plus知识产权执法的研究，这对于维护国家利益是非常重要的。

第二章

TRIPS-Plus 知识产权执法

第一节 TRIPS-Plus 知识产权执法的产生

自 20 世纪 80 年代中期，美国和欧盟联合使用单边施压与从双边到多边场所转移（forum shifting）的方式扩大知识产权国际贸易的比较优势，并最终缔结 TRIPS 协定。但自 TRIPS 协定规定的发展中国家过渡期结束起，美国和欧盟重新在单边、双边、区域和多边层面不断推行更有力的知识产权保护和执法标准，该标准明显超出 TRIPS 协定所规定的最低标准，而被学者们称为 TRIPS-Plus 标准（TRIPS-Plus）。美国是这场 TRIPS-Plus 知识产权保护和执法标准的最强有力的推动者，欧盟其次。

一 TRIPS-Plus 知识产权执法的界定

（一）“-plus” 的界定

“-plus” 亦即 “附加”、“递增”、“超” 的意思，这一概念自 WTO 建立后即被相关学者通过 “WTO-Plus” 这一概念提出。有学者认为 “WTO-Plus”（“超 WTO 义务”）即是超出 WTO 多边贸易协定所要求的义务，这种超 WTO 义务兼有积极和消极的影响。一方面给相关成员国施加了更为严格的约束标准，加强了 WTO 的纪律和约束，为 WTO 法填补了一定空白，解决了基于 WTO 体制不能解决的问题；另一方面，这也会破坏 WTO 规则的统一性，而保持 WTO 法律体制的统一完整性的意义远远超过施加给特定成员的附加规则所可能带来的额外的贸易利益。① 此观点强调 WTO

---

① Julia Ya Qin, “‘WTO-Plus’ Obligations and Their Implications for the World Trade Organization Legal System: An Appraisal of the China Accession Protocol”, *Journal of World Trade*, Vol. 37, 2003, pp. 483—522.

的法治精神，即建立在规则基础之上的体制需要的是法律之治（rule of law），而非权力之治（rule of power），因此，原则上不应对任何成员施加超 WTO 义务。这里的“-plus”针对的是 WTO 规则而言，具有“超出”、“超过”的意思，被学者批判。另有学者认为“WTO-Plus”条款涵盖两方面，一是条款解决当前 WTO 规则尚未解决的问题，二是条款优于 WTO 体制的处理方法。[①] 此观点指出“WTO-Plus”条款对 WTO 体制的积极意义，即解决了 WTO 体制不能解决的相关问题。这里的“-plus”是指“附加”的意思，被学者赞赏。

《与贸易有关的知识产权协定》（TRIPS 协定）缔结后，由于其实体规范成功纳入了 WIPO 管辖的“四大公约”，即《保护工业产权巴黎公约》（《巴黎公约》）、《保护文学艺术作品的伯尔尼公约》（《伯尔尼公约》）、《保护表演者、录影制品制作者和广播组织公约》（《罗马公约》）以及《关于集成电路知识产权条约》（《华盛顿公约》）的相关原则和规定。比如 TRIPS 协定在《巴黎公约》基本实体条款的基础上再加上了一些全新条款，如对所有技术领域给予专利保护，在《伯尔尼公约》实体条款的基础上增加保护计算机程序、数据库、出租权等新内容，在《华盛顿公约》的基础上增加了一些新的内容，形成了国际知识产权学界所说的“巴黎—递增”（Paris-plus）、“伯尔尼—递增”（Berne-plus）、“华盛顿—递增”（Washington-plus）。[②] 这里的“-plus”则是针对 WIPO 四公约所确立的标准而言，在四公约实体条款的基础上“附加”了一些新的内容。

（二）“TRIPS-Plus”的界定

“TRIPS-Plus”是 TRIPS 协定缔结后西方学者提出的概念，国内学者

---

① Andrew L. Stoler, “The Future of ‘WTO-Plus’ Provisions in Preferential Trade Agreements”, 2010 International Trade Law Symposium, Canberra, September 10, 2010. Alan Oxley, “AUSFTA-A ‘Plus’ Agreement: Aplus for Australia”, “WTO Plus” and a plus for APEC, 1 March 2004. S. M. Thangavelu and Toh Mun Heng, “Bilateral ‘WTO-Plus’ Free Trade Agreements: The WTO Trade Policy Review of Singapore”, *The World Economy*, Vol. 28, 2005, pp. 1211—1228.

② 郭寿康：《TRIPS 协议与国际知识产权四公约》，载陶鑫良《上海知识产权论坛》，上海大学出版社 2002 年版，第 3—5 页。

翻译为“超 TRIPS”[①]、“TRIPS—递增”[②]和“TRIPS 附加”[③]等。“TRIPS-Plus”针对的是 TRIPS 协定所规定的最低保护和执法标准，是指在 TRIPS 协定缔结和生效之后，一些双边安排、区域贸易安排或多边法律框架中提供了比 TRIPS 协议标准更高、范围更广、效力更强的任何知识产权保护承诺。“TRIPS-Plus”既包括旨在提高权利持有人保护水平和扩展专有权保护范围的、高于或者超出 TRIPS 协定最低保护标准的任何要求和条件，也涵盖旨在缩减权利限制和例外的范围或者削弱 TRIPS 协议变通性规定的一切措施。[④]具体而言，“TRIPS-Plus”主要包括三个方面的含义：一是增加知识产权的新领域；二是实施比 TRIPS 协定更高的知识产权保护标准；三是限制 TRIPS 协定的选择性或灵活性规定。[⑤]

（三）“TRIPS-Plus”协定的界定

TRIPS-Plus 协定是由美欧为首的发达国家撇开 WTO 和 WIPO 体制在单边、双边和多边场所不断推行超过 TRIPS 协定最低标准的协定，实质是发达国家推行其知识产权国际保护战略的一种方式，目的在于维护国家经济利益，保持国际竞争优势。TRIPS-Plus 协定并不是一个具体协定的名称，也不是类似于 WTO 协定那样的一揽子协议，更不是 TRIPS 协议的附加议定书或补充协定，而是对包含 TRIPS-Plus 知识产权标准或者能够产生 TRIPS-Plus 效果的各种条约的统称，涵盖双边或区域框架下的自由贸易协定、投资协定、知识产权协定以及多边框架下的相关协定。这些协定因为包含了高于 TRIPS 协定的知识产权保护标准或具有了高于 TRIPS 协

① 余敏友、廖丽、褚童：《知识产权边境保护——现状、趋势与对策》，《法学评论》2010 年第 1 期。余敏友、廖丽：《欧盟〈知识产权执法指令〉述评》，《欧洲研究》2009 年第 6 期。朱工宇：《与公共健康有关的 TRIPS-Plus 条款研究——兼论国际知识产权立法的双边趋势》，《世界贸易组织动态与研究》2010 年第 2 期。朱工宇：《美式 FTA 中与药品专利有关的 TRIPS-Plus 条款研究》，《广西政法管理干部学院学报》2009 年第 3 期。

② 张建邦：《“TRIPS—递增”协定的发展与后 TRIPS 时代的知识产权国际保护秩序》，《西南政法大学学报》2008 年第 2 期。

③ 衣淑玲：《国际人权法视角下〈TRIPS 协定〉的变革研究》，厦门大学出版社 2010 年第 1 版。

④ Sisule F. Musungu and Graham Dutfield, *Multilateral Agreements and a TRIPS-Plus World: The World Intellectual Property Organisation (WIPO)*, TRIPS Issues Papers 3, p. 3.

⑤ Bryan Mercurio, “TRIPS-Plus Provisions in FTAs: Recent Trends”, in Lorand BArt. els & Federico Ortino (ed.), *Regional Trade Agreements and the WTO Legal System*, Oxford University Press, 2006, p. 219.

定的知识产权保护效果，被学术界统一称为 TRIPS-Plus 协定。从条约的签订时间看，TRIPS-Plus 协定显然是指 TRIPS 协定签订之后的协定，是在 TRIPS 协定的基础上涵盖更高知识产权保护和执法标准。虽然 TRIPS 协定缔结前的某些协定，比如 NAFTA，也包含了高于 TRIPS 协定的标准，但这些协定只能被视为 TRIPS-Plus 标准的来源协定。[①]

（四）“TRIPS-Plus” 知识产权执法的界定

“TRIPS-Plus” 知识产权执法是指知识产权执法措施，包括民事执法、行政执法、刑事执法以及与边境有关的执法措施超过 TRIPS 协定所规定的执法标准，或减少 TRIPS 协定所规定的灵活性标准。TRIPS-Plus 知识产权执法这一概念既包括旨在提高权利持有人保护水平的、超过 TRIPS 协议最低执法标准的措施，也涵盖旨在降低权利限制和例外的范围或者削弱 TRIPS 协议变通性规定的一切执法措施。一般而言，TRIPS-Plus 知识产权执法并没有具体的定义，该术语仍处于不断发展的进程中，应依特定案例及特定国家而定。TRIPS-Plus 知识产权执法产生和不断发展的显著标志是在 TRIPS 知识产权执法的基础上，发达国家（特别是美国和欧盟）与发展中国家在双边和区域层面签署一系列涵盖 TRIPS-Plus 知识产权执法的双边或区域协定，或者在多边层面将 TRIPS-Plus 知识产权执法条款纳入到立法范本等软法中。

二　TRIPS-Plus 知识产权执法产生的原因

（一）利益集团的推动

TRIPS 极大地扩展了知识产权所有者的权利，彰显了利益集团在知识产权领域获得的巨大成功。在 TRIPS 的整个谈判过程中，私人利益集团联合在一起，发挥他们的影响力，有效限制了主权国家的选择权。在 TRIPS 这个例子中，私人行动者通过多种渠道追求自己的利益，并与多方达成协议，比如本国的行业同行、本国政府、外国政府、外国私人机构、国内外行业协会以及国际组织。他们积极地通过多种途径在各种可能的层面上追求自身的目标，并成功地将知识产权界定为与贸易相关的议题。知识产权推动者投合了决策者的喜好，从而说服了决策者将他们的私人利益

---

① 张建邦：《“TRIPS—递增” 协定的发展与后 TRIPS 时代的知识产权国际保护秩序》，《西南政法大学学报》2008 年第 2 期，第 18 页。

视为美国的国家利益。[①] 可以说，如果美国政府和美国私人部门没有紧密合作，那么将知识产权转化为一个贸易问题以及用贸易的方法改善知识产权保护将不会出现。

后 TRIPS 时期，商业利益团体以及亲商业利益团体在推动 TRIPS-Plus 保护和执法措施方面也起了很大的作用。推行 TRIPS-Plus 知识产权执法策略的一个主要原动力来自于一些产业（如医药、音像、影视、软件）利益团体要求对假冒盗版的控制和制止。这些利益团体不只是在本国国内予以讨论，要求政府部门执行知识产权法律法规，他们成功地说服本国政府和一些国际组织机构扩大知识产权执法标准，推行超过 TRIPS 协定所要求的最低标准。比如国际知识产权联盟（IIPA）成立于 1984 年，是美国版权产业的一个民间组织，宗旨是促进版权的国际保护。联盟由七个行业协会组成，代表着 1900 家公司，其中很多是赫赫有名的大公司。其下属协会及成员包括美国电影协会（包括华纳兄弟、索尼、迪斯尼、米高梅、20 世纪福克斯、派拉蒙等在内的好莱坞电影公司）、商业软件联盟（包括微软、ADOBE 等全球知名软件公司）、娱乐软件协会（包括游戏软件商任天堂和电子艺术公司）、美国录音工业协会、美国出版商协会、独立电影电视联盟及全国音乐出版商协会。这些利益集团与美国贸易代表办公室、商务部、财政部、司法部、国土安全部等部门有着密切的合作关系。IIPA 通过与美国贸易代表办公室及商务部等部门的合作，每年都公布若干重点国家版权盗版率及其给美国所带来贸易损失的情况，评估世界各国知识产权执法状况，为“特殊 301 报告”提供相关数据和信息，从而推动美国知识产权政策的制定和出台。[②] 典型的是，涵盖很多 TRIPS-Plus 知识产权执法条款的反假冒贸易协定（ACTA）即是产业利益集团推动的产物。ACTA 是在全球反假冒商业领导者联盟（GBLAAC）的赞助下开启的，其成员包括可口可乐公司、戴姆勒·克莱斯勒公司、辉瑞公司、普罗克特与甘布尔公司、美国烟草公司、菲利普·莫里斯公司、瑞士钟表公司、耐克公司和佳能公司。最初的游说机构还包括美国音像协会、美国唱片产业协会、国际知识产权联盟、商业软件联盟、全球医药大腕以及全

---

① ［美］苏姗·K. 赛尔：《私权、公法——知识产权的全球化》，董刚、周超译，中国人民大学出版社 2008 年版，第 8 页。

② 参见杨国华《美国民间机构在加强知识产权保护方面的作用》，中国保护知识产权网，2007 年 2 月 27 日。

球烟草公司。

总之，美国知识产权利益集团在知识产权方面的活动超越了普通的利益集团游说，已经深深渗透到美国政府的决策过程中，特别是在立法、执法、宣传和合作事宜上，这些利益集团的影响深远。

（二）TRIPS 协定本身的制度困境

虽然，TRIPS-Plus 的创设可以归咎于发达国家特别是美国和欧盟对发展中国家施行的压力，但 TRIPS 协定本身的制度困境推动了 TRIPS-Plus 的进程，特别是 TRIPS 的弹性条款为 TRIPS-Plus 提供了生存的空间。TRIPS 的弹性条款是发达国家与发展中国家进行博弈的结果，主要是宗旨、目标、原则及某些实体规则上的弹性安排，包括原则性条款、模糊性条款、授权性条款和待议性条款。① TRIPS 协定涵盖的一系列模糊的、语义不明的以及不可预知的条款允许各成员对协定做出不同的解释。发展中国家基于 TRIPS 协定提供的弹性空间和灵活性条款，也在 WTO 体制外缔结了一些有关传统知识、生物多样性及公共健康等方面的“软法”规则，比如 WTO 于 2001 年 11 月签订《与 TRIPS 协定和公共健康有关的多哈宣言》② 并于 2003 年 8 月通过《关于 TRIPS 协议和公共健康的多哈宣言第六段的执行决议》③，促进对公共健康的保护；CBD 缔约国大会于 2002 年 4 月通过《关于获取遗传资源并公正和公平地分享其利用所产生惠益的波恩准则》④ 要求对遗传资源的来源予以披露；联合国教科文组织于 2003 年 10 月通过《保护非物质文化遗产公约》⑤，扩大了非物质文化遗产的范围，并且在 2005 年 10 月通过《保护和促进文化表现形式多样性公约》⑥，

---

① 参见古祖雪、揭捷《“TRIPS-Plus”协定：特征、影响与我国的对策》，《求索》2008 年第 8 期，第 138 页。

② Doha WTO Ministerial 2001，WT/MIN（01）/DEC/2：Declaration on the TRIPS Agreement and Public Health，Adopted on 14 November 2001.

③ General Council，Implementaion of Paragraph 6 of the Doha Declaration on the TRIPS Agreement and Public Health（Aug.，30，2003），Doc. WT/L/540，September 1，2003.

④ Bonn Guidelines on Access to Genetic Resources and Fair and Equitable Sharing of the Benefits Arising out of Their Utilization，Secretariat of the Convention on Biological Diversity，2002.

⑤ Convention For the Safeguarding of the Intangible Cultural Heritage，MISC/2003/CLT/CH/14，Paris，17 October 2003.

⑥ Convention on the Protection and Promotion of the Diversity of Cultural Expressions，UNESCO，Paris，20 October 2005.

推动了对传统知识的保护；WIPO 于 2007 年 10 月通过了《WIPO 发展议程有关提案临时委员会（PCDA）提出的 45 项建议》①，要求从更广泛的社会利益以及与发展有关的问题入手，处理知识产权执法问题。

这样，发达国家当初发起 TRIPS 协定试图保护其国内知识产权，要求发展中国家和最不发达国家实施更严厉知识产权保护和执法的多边努力遭到破坏，并且美欧等发达国家担心发展中国家在各个场合推行的此类“软法”规则会对国际知识产权体制产生影响，并逐步渗透到 WTO 及 WIPO 多边体系。于是，它们不仅在多边场所设置障碍，防止这些“软法”规则转化成“硬法”规则，另外，也在相关多边场所，比如 WCO、WIPO、UPU、Interpol 等推行有利于自身利益的“软法”规则。由于有关知识产权保护的实体标准都已经在国际条约中制定出来，并且大部分发展中国家已经签订这些国际条约，发达国家近年开始意识到如果所签署的国际公约未得到有效实施，那么所制定的标准将是一纸空文，知识产权保护也只是口头承诺。因此，发达国家对知识产权实施问题表现出极大关注，不仅在单边、双边、诸边及多边场所呼吁加强知识产权执法，采取“各个击破”的方式分化发展中国家的联盟，迫使发展中国家签署涵盖 TRIPS-Plus 知识产权执法标准的双边、诸边协定，而且针对具体国家提起 WTO 知识产权执法争端，如美国诉中国知识产权保护和实施措施案。

第二节　TRIPS-Plus 知识产权执法的本质和特征

一　TRIPS-Plus 知识产权执法的本质

从本质上看，TRIPS-Plus 义务是美国国内法和欧盟域内法的条约化，从而给协定的缔约方（包括发展中国家和一些发达国家）施加了不合理的条约义务而限制了其行动自由，损害了其主权权力。此类不合理义务的履行，强化了美欧主导的知识产权全球强制体系的约束性。TRIPS-Plus 知识产权执法条款的实质是“胡萝卜”加“大棒”政策。发达国家基本采用的是“胡萝卜”加“大棒”的政策，促使发展中国家接受 TRIPS-Plus 知识产权执法条款。首先，如同 TRIPS 协定谈判使美国和欧盟等发达国

① The 45 Adopted Recommendations under the WIPO Development Agenda, WIPO General Assembly, October 2007.

家将农业和纺织品置于谈判，最终将 TRIPS 协定纳入到 GATT 1994 一样，发达国家重新利用胡萝卜的方式诱使发展中国家签订涵盖 TRIPS-Plus 知识产权执法条款的协定，签订这些双边或区域协定的国家要求提供比其他国家更严厉的知识产权执法标准，而交换条件则是获得美国更多的市场准入或者技术援助或者将科学、技术合作捆绑在一起。

许多发展中国家对发达国家在全球推行更高知识产权保护和执法标准的意愿感到震惊和不满，因为发展中国家认为 TRIPS 协定有关知识产权执法的规定已经对全球知识产权执法标准划定了界限。发展中国家接受 TRIPS 协定是期望一方面更容易在多边场所与发达国家处理与知识产权有关的问题；另一方面是发达国家能以减让农产品补贴为交易筹码。然而，现实状况则是 TRIPS 协定被发达国家作为在其他协定中不断提高知识产权保护的踏脚石。其次，美国动辄发动“特殊 301 条款”，将许多发展中国家列入“特殊 301 报告”中，一旦被列入观察名单，这些国家将遭遇潜在的贸易制裁，这种“大棒”政策促使发展中国家为了避免在政治和经济上被边缘化，不得不接受 TRIPS-Plus 知识产权执法标准，不得不为加入涵盖 TRIPS-Plus 知识产权执法条款的双边、区域或诸边协定。

二 TRIPS-Plus 知识产权执法的特征

TRIPS 协定是发达国家和发展中国家长时间博弈后所签署的协议。现在看来，TRIPS 协定很显然并不是一个终点，而是发达国家和发展中国家进一步谈判的起点。在 TRIPS 协定达成不久，发达国家就呼吁实施更强的知识产权保护，最大可能地推行 TRIPS-Plus 知识产权执法标准，其特征主要表现在：

第一，从内容上看，包括增强刑事、民事和行政知识产权执法措施。以边境措施为例，包括（1）扩大假冒的定义，海关中止放行货物的程序适用于“假冒或足以导致混淆的相似商标或盗版货物”，并使之包含任何知识产权侵权，从而夸大问题的严重程度；（2）无需正式的起诉，权利机关必须有权依职权发起对嫌疑货物的扣押，包括转口货物以及出口货物；（3）权利持有人仅需要依照其自己的合理认识提供充分的信息，以便权利机关能“合理地”而不是“容易地”识别嫌疑货物；（4）金融服务提供商可采用任何形式提供合理的保证或同等的担保；（5）所有案件中，权力机关都要销毁侵权产品，除非权利持有人同意另外的处理方式。

第二，从方式上看，发达国家推行 TRIPS-Plus 知识产权执法的方式呈现多样化趋势。发达国家通过双边贸易协定、WTO 入世协定、贸易制裁或威胁，以及 WTO 争端解决机制等一系列经济手段要挟发展中国家，特别是通过市场准入和投资威胁迫使发展中国家尽快实施 TRIPS 协定以及 TRIPS-Plus 协定条款规定。目前来看，发达国家已经锁定世界海关组织、万国邮政联盟等国际组织机构。同时，发达国家还撇开任何国际组织机构，秘密地谈判 ACTA 协议，试图不受任何组织机构的束缚。同时，发达国家充分认识到“国际立法进程，通常是从无拘束力的文件，如建议、指南、决议、原则声明与行为准则，到条约之类的有拘束力的文件的连续体。”① 其策略方式即通过在不同场合首先提供最佳实践建议或指南，继而使其标准化，接着让其合法化，最后全球化，亦即，先制定“软法”规则，再发展为“硬法”规则。

第三，从效果上看，TRIPS-Plus 知识产权执法带来知识产权的“全球棘轮”效应，这种“棘轮”效应依赖于三个因素：一是制定标准的议程必须从正遭遇困难的场所转移到更为容易的场所，知识产权保护从最初的双边、区域局面转移到 WIPO，再转移到 WTO，现在又转向双边、区域层面的现实正好验证了这点；二是必须联合使用双边和多边策略，美国在不断与发展中国家签订双边协定的同时，也在 WCO、WHO、WIPO、UPU 等多边场合加强知识产权保护和执法；三是为了稳固这种棘轮效应，必须通过多边体制重新制定最低标准，这种最低标准具有重要意义，它能够不断提高后续双边或多边协定的最低保护水平。② 这种阶梯式不断向上的“棘轮效应”导致知识产权执法标准由无到有，由低到高，再到更高目标的实现。

第四，从形式上看，TRIPS-Plus 知识产权执法标准以美国和欧盟域内的标准为模板，使发展中国家间接地实施与美国和欧盟域内法相似的知识产权执法标准。美国在 2002 年贸易法规的快速审议授权（fast-track authority）HR 3009 中称：“美国与贸易有关的知识产权主要的谈判目标在

---

① Allyn L. Taylor & Douglas W. Bettcher，“International law and public health”，*Bulletin of the World Health Organization*，Vol. 80，2002. 转自龚向前《试析国际法上的“软法”——以世界卫生组织“软法”为例》，《社会科学家》2006 年第 2 期，第 100 页。

② Peter Drahos，*Developing Countries and International Intellectual Property Standards-setting*，Study Paper 8，Commission on Intellectual Property Rights，p. 8.

于：确保任何有关美国参与的知识产权多边与双边贸易协议规定，都能够反映与美国国内法相似的保护标准；为知识产权领域内出现的新技术以及新手段提供强有力的保护。”而欧盟往往采取两种方式，一是要求缔约方提供充分有效的知识产权保护，符合最高国际标准；二是规定与欧盟现有的知识产权保护和执法水平相类似的标准。①

第五，TRIPS-Plus 知识产权执法还具有“场所转移”的特征。有学者认为，TRIPS-Plus 协定中的知识产权保护不断扩展的国际趋势类似于 18、19 世纪英国的圈地运动。② 在乌拉圭回合时期，有建议认为如果发展中国家同意 TRIPS 协定，美国将退出有关知识产权标准的双边谈判，美国贸易代表办公室（USTR）知识产权主任曾说道：“如果我们未达成 TRIPS 协定将会如何呢？我认为这将造成一系列后果。首先，双边主义将增加，对于那些认为双边主义是件坏事的人而言，坏事即将发生。”③ 然而，虽然 TRIPS 协定最终作为乌拉圭回合一揽子文件达成，但毫无迹象表明美国有关知识产权的双边活动就此减少。美国在 TRIPS 多边协定签订后又再次转向双边协定，而这种双边交易最终往往会再导致新的多边协定的产生。这种转向新的其他场所的形式被学者称为“场所转移”。“场所转移”意味着一些谈判从未真正结束。④

第三节　TRIPS-Plus 知识产权执法的合法性争论

一　“最低标准”下的知识产权执法

TRIPS-Plus 知识产权执法作为后 TRIPS 时期美欧推行全球知识产权战略的一部分，其产生有其原因，其存在也有其依据。在国际法上，TRIPS-

---

① Maximiliano Santa Cruz S.，*Intellectual Property Provisions in European Union Trade Agreements: Implications for Developing Countries*，ICTSD，Issue Paper No. 20，2007，pp. 10—11.

② Rafael Pastor，“The Impact of Free Trade Agreements on Intellectual Property Standards in a Post-TRIPS World”，p. 15，http：//www. bilaterals. org/IMG/doc/FTAs_ and_ IPS. doc（last visited on February 27，2013）.

③ Emony Simon，“Remarks of Mr Emony Simon，Symposium：Trade-Related Aspects of Intellectual Property”，*Vanderbilt Journal of Transnational Law*，Vol. 22，1989，p. 370.

④ Peter Drahos，“Four Lessons for Developing Countries from the Trade Negotiations over access to Medicines”，*Liverpool Law Review*，Vol. 28，2007，p. 35.

Plus 知识产权执法最主要的支撑依据是有关知识产权领域的“最低标准”（minimum standards）制度，该制度允许成员国规定比“最低标准”更高的知识产权保护和执法。

首先，涵盖 TRIPS-Plus 知识产权执法条款的协定具有国际法上的依据。《维也纳条约法公约》第 41 条规定，“多边条约两个以上当事国得于下列情形下缔结协定仅在彼此间修改条约：（a）条约内规定有作此种修改之可能者；或（b）有关之修改非为条约所禁止，且（一）不影响其他当事国享有条约上之权利或履行其义务者；（二）不关涉任何如予损抑即与有效实行整个条约之目的及宗旨不合之规定者。”[①] 因此，只要符合上述标准，缔约方可以对原条约进行修改。在知识产权法领域，《巴黎公约》第 19 条规定，“本联盟国家在于本公约的规定不相抵触的范围内，保留有相互间签订关于保护工业产权协定的权利。”这条规定的目的在于说明：一是缔约国之间就本公约所未涵盖的问题有缔结专门协定的充分自由；二是巴黎联盟各成员国可以签订保护工业产权的双边或多边条约形式的专门协定。[②]《伯尔尼公约》第 20 条规定，“本联盟各成员国政府有权在它们之间签订特别协议，以给予作者比本公约所规定的更多的权利，或者包括不违反本公约的其他条款。凡符合上述条件的现有协议的条款仍然适用。”《罗马公约》第 22 条规定，“缔约各国保留互相之间签订特别协定的权利，只要此类协定给予表演者、唱片制作者和广播组织的权利比本公约给予的权利更广泛，或包含其他不与本公约相反的条款。”由于 TRIPS 协定将《巴黎公约》、《伯尔尼公约》和《罗马公约》并入到协议文本中，这些修改协定的标准也就构成 TRIPS 协定项下的标准。从以上有关知识产权的规定可以看出，除《巴黎公约》只要求与本协定不相抵触外，其他都涵盖了可以签订比本协定更为广泛保护的协定，即赋予协定本身最低标准的性质。这为欧美等发达国家签订涵盖更高知识产权保护和执法标准的协定提供了国际法根据。

其次，WIPO 体制和 WTO 体制下的“最低标准”为 TRIPS-Plus 知

---

① Article 41, Vienna Convention on the Law of Treatie, 1969.

② 博登浩森：《保护工业产权巴黎公约指南》，汤宗舜、段瑞林译，中国人民大学出版社 2003 年版，第 114—115 页。

识产权执法提供了依据。WIPO 体制内，《伯尔尼公约》第 19 条规定，“本公约的规定不排除作者请求给予本联盟成员国的立法可能给予的任何更广泛的保护。”本条规定旨在阐明公约规定的权利只是最基本的权利，公约中没有任何规定阻止本联盟成员国国民及其权利继承人根据成员国的国内法或者成员国之间的国际安排，可以主张更高的著作权待遇。[①] 同样，《罗马公约》第 21 条规定，“本公约规定的保护不得影响表演者、唱片制作者和广播组织另外取得的任何保护。”虽然《巴黎公约》未对此作专门规定，但根据公约的起草和修订史，公约留给成员国本国法相当多的立法自由，即在不损害本公约所授予的权利的前提下，可以对工业产权授予比本公约的规定更为广泛的保护。[②] WTO 体制内，TRIPS 协定在第 1 条第 1 款明确规定，“缔约方可以但没有义务对知识产权提供比本协定更为广泛的保护，只要这样的保护不违反本协定的规定。”该规定主要有三层意思：第一，缔约方有权对知识产权提供比本协定更为广泛的保护，是一种选择性权利；第二，缔约方并无义务非此不可，即非强制性义务；第三，前提是不违反 TRIPS 协定的规定，包括不违反 TRIPS 协定的目的和宗旨、实体规定和程序规定。发达国家即根据此条款所规定的“可以对知识产权提供比本协定更为广泛的保护”即“最低标准”的要求，在单边、双边、区域及多边推行比 TRIPS 协定更高的知识产权保护和执法标准。

二　“最高标准”下的知识产权执法

在发达国家推行 TRIPS-Plus 知识产权执法战略的同时，发展中国家成员对此予以了强烈抵制。对于 TRIPS-Plus 知识产权执法“最低标准”的国际法依据，发展中国家认为，TRIPS 协定在第 1 条第 1 款明确规定“缔约方可以对知识产权提供比本协定更为广泛的保护”的同时，也规定“只要这样的保护不违反本协定的规定”，而这些不能违反的规定即是

① 刘波林译：《保护文学和艺术作品伯尔尼公约（1971 年巴黎文本）指南》，中国人民大学出版社 2002 年版，第 80 页。

② 博登浩森：《保护工业产权巴黎公约指南》，汤宗舜、段瑞林译，中国人民大学出版社 2003 年版，第 7 页。

TRIPS协定所规定的“最高标准”（maximum standards），[①] 包括有关知识产权保护的任何强制性限制，比如，第 52 条规定主管机关应在一合理期限内告知申请人是否已受理其申请，如主管机关已确定海关采取行动的时限，则应将该时限通知申请人。第 53 条规定，保证金的支付不得损害对权利持有人的任何其他可获得的补救，如权利持有人未能在一合理期限内行使诉讼权，则该保证金应予解除。TRIPS 协定通过“应”（shall）一词规定了成员方的强制性义务，这些义务不得违反。对知识产权执法，第 41 条重申了知识产权保护和自由贸易之间的平衡性，不仅要求 WTO 成员“应保证其国内法中包括关于本部分规定的实施程序，以便对任何侵犯本协定所涵盖知识产权的行为采取有效行动”，而且要求“这些程序的实施应避免对合法贸易造成障碍并为防止这些程序被滥用提供保障”。

除了这些总义务规定，TRIPS 协定还存在一些涵盖保护被告或防止对贸易造成阻碍的执法程序规定以及限制执法措施的专门义务规定（第 41 条第 1 至 4 款、第 42 条第 2 句、第 46 条第 3 句、第 48 条第 1 款、第 50 条第 3 款、第 4 款和第 6 款）。因此，TRIPS 协定不只规定了“最低标准”，成员方可超过此类标准实施知识产权保护或执法，这些“最低标准”是为了更好地保护知识产权权利人的利益，实现知识产权制度本身的价值，促进人类更好地改造技术，实现科技创新；另外，TRIPS 协定也规定了“最高标准”，成员方不得超过此类限制性标准，这些“最高标准”则是对权利人的一种限制，防止滥用知识产权，保护除权利人之外的其他人的利益，包括使用者的权利、公共健康的权利以及自由贸易的权利。上述两类标准的相互运作使 TRIPS 达成了一种平衡状态，其目的就是平衡知识产权保护和自由贸易。

“最高标准”概念的提出可从另一个角度全新地审查当前在单边、双边、区域和多边层面的 TRIPS-Plus 执法行动，也可审查当前美国、欧盟与发展中国家之间签订的自由贸易协定是否符合 TRIPS 协定规定，因为这些自由贸易协定中有关知识产权保护和执法的规定都只以 TRIPS 协定

---

① See Annette Kur & Henning Grosse Ruse-Khan, “Enough is Enough—The Notion of Binding Ceilings in International Intellectual Property Protection”, Max Planck Institute for Intellectual Property, Competition and Tax Law Research Paper Series No. 09-01; Henning Grosse Ruse-Khan, “China-Intellectual Property Rights: Implications for the TRIPS-Plus Border Measures”, *The Journal of World Intellectual Property*, Vol. 13, 2010, pp. 620—638.

"最低标准"为依据，并未考虑是否符合 TRIPS 协定的"最高标准"。若考虑到 TRIPS 协定是对知识产权保护、自由贸易以及其他社会经济利益之间设定的一种平衡，则很有必要通过 TRIPS 协定的"最高标准"审查发达国家的 TRIPS-Plus 知识产权执法策略。①

第四节　TRIPS-Plus 知识产权执法的合理性争论

以美欧为首的发达国家推行 TRIPS-Plus 知识产权执法的一个重要原因在于，后 TRIPS 时期假冒盗版现象依然猖獗，"打假"成为其不断加大知识产权执法力度的最有力口号。支持 TRIPS-Plus 知识产权执法的逻辑在于，后 TRIPS 时期假冒盗版盛行是知识产权执法不利的结果，强有力的知识产权执法有利于打击假冒盗版，有利于促进经济的发展。反对 TRIPS-Plus 知识产权执法的依据则在于假冒盗版的数据和影响被人为夸大，强有力的知识产权执法会加大执法负担，特别是加大发展中国家和最不发达国家的执法压力，其不一定与社会福利之间存在正比关系。

一　假冒盗版的危害与真实性考察

（一）　假冒盗版的危害

后 TRIPS 时期，假冒盗版行为依然猖獗。欧共体在 1998 年发表的《在单一共同体内打击假冒和盗版的绿皮书》就指出，"自 20 世纪 80 年代早期，假冒和盗版迅速增长，直至今日，假冒和盗版已成为对全球具有重要影响的行为。"② 发达国家认为，假冒盗版存在许多不利影响，具体表现在：

1. 假冒盗版对经济存在不利影响。据国际反假冒联盟（IACC）统计③，商业软件联盟估计仅软件盗版每年损失就达 120 亿美元；国际商会估计 6% 的世界贸易为假冒产品，假冒市场价值 3500 亿美元。一封对《在单一共同体内打击假冒盗版的绿皮书》的回复指出，在丹麦，音像制

---

① Henning Grosse Ruse-Khan, "China-Intellectual Property Rights: Implications for the TRIPS-Plus Border Measures", *The Journal of World Intellectual Property*, Vol. 13, 2010, p. 633.

② European Commission, Combating Counterfeiting and Piracy in the Single Market-Green Paper, COM (1998) 569 final, 15 October 1998, p. 4.

③ *Facts on Fakes*, The International Anti-Counterfeiting Coalition, p. 3.

品的假冒盗版份额占总额的2%至5%；在瑞士，CD的假冒盗版占市场份额的2%至3%，录像制品的假冒盗版则占市场份额的10%至15%。[①] 经济和商业研究中心（CEBR）代表全球反假冒组织（GACG）在2000年所做的一项研究指出，服装和鞋类产业因假冒和盗版每年平均利润减少12.66亿美元；香水和化妆品产业减少5.55亿美元；玩具和运动产业减少6.27亿美元；医药产业减少2.92亿美元。服装和鞋类产业因假冒和盗版造成每年税收平均减少75.81亿美元；香水和化妆品产业减少301.7万美元；玩具和运动产业减少37.31亿美元；医药产业减少15.54亿美元。[②] 在投资方面，假冒盗版所造成的主要损失在于外国投资的减少，因为投资者担心其所投资开发的产品将被其他人盗用，这种投资影响对于税收的影响是短期的，对于发展中国家经济的发展则是长期的。

2. 假冒盗版为有组织犯罪提供了经济资助。假冒盗版所获得的收益往往会被有组织的犯罪集团占有而发起其他犯罪活动，比如制造武器、毒品等。假冒盗版行为曾经只是少量的、手工作业的，但随着技术的提高，目前很多都具有了产业化性质，形成非常完善的产业链，因假冒盗版所获得的经济收益也大大增加。另外，网络的迅速发展，也为假冒盗版的产生和流通提供了一个快捷的通道，假冒盗版迅速蔓延，而且针对网络盗版的各国立法尚不成熟完善，侵权人能够有效地逃避法律的追究和制裁。因此，利用网络进行具商业规模的假冒盗版交易成为侵权人追捧的新趋势。有组织犯罪往往将假冒盗版和走私活动联结起来，走私毒品和武器的交易路径被用来交易假冒盗版产品，而从其中获得的利润收益则进一步加大，甚至刺激犯罪组织的犯罪活动。对于有组织犯罪与假冒盗版之间的联系，IACC报告[③]列举了很多相关实例：（1）2003年2月28日，Mohamad Hammoud因帮助一香烟走私活动并寄钱给Hezbollah而被判监狱刑15年；（2）有媒体报告恐怖组织Al Qaeda与贩卖假冒盗版产品之间存在联系。一项由几个国家联合开展的对杜拜开往哥本哈根的一运载假冒产品的货船的调查显示，Al Qaeda本身可能通过贩卖假冒产品而支助其恐怖活动，丹麦海关通过使用一种成熟的风险分析软件识别出一集装箱运载了1000筐

---

① *Response to the Green Paper on Combating Counterfeiting and Piracy in the Single Market*, Brussels, 26 January 1999, p. 4.

② *Economic Impact of Counterfeiting in Europe*, Global Anti-Counterfeiting Group, June 2000.

③ *Facts on Fakes*, The International Anti-Counterfeiting Coalition, pp. 4—9.

假冒产品，包括洗发液、润肤霜、科隆香水，这些假冒产品最终运往英国，英国随后发现该假冒货物的发送人即为 Al Qaeda 的一成员。该项联系随后被欧盟海关合作办公室予以了证明；（3）北爱尔兰的 Paramilitary 组织通过销售假冒产品，赞助其恐怖主义活动；（4）西班牙南部的巴斯克恐怖主义组织 ETA 牵涉到贩卖假冒服装和手提包。

3. 假冒盗版会威胁消费者的健康和安全。假冒盗版对消费者造成一定的消极影响，表现在：（1）欺骗消费者；（2）假冒产品对消费者的安全和健康会构成威胁；（3）假冒产品没有售后服务，在发生损害或伤害的情况下，消费者无法获得救济。据世界卫生组织（WHO）官方网站报道，世卫组织、经济合作和发展组织及制药安全协会最近合作得出的评估显示，在拉美、东南亚和亚洲，市场上假药的比例高达 30%，富裕国家假药也有 1%。评估同时指出，通过互联网出售的药品有约 ·半是假冒的。[①] 据印度药品联盟秘书长估计，在印度各地药房出售的药品中，从止咳药到抗生素，从高血压药片到速效救心丸，有 15% 到 20% 是假货，有的药厂甚至白天生产真药，晚上生产假药。有些假药是由价格低廉并且无害的粉状物或液体制成的，病人服用后会延误治疗并导致死亡；而有些假药则含有剧毒物质，病人服用它们无异于服毒自杀。[②] IACC 报告对此也列举了一些实例，比如：（1）尼日利亚医药研究机构调查发现，尼日利亚一药房里 80% 的药品为假药；（2）根据 2002 年的一项联邦控诉，美国海关在马塞诸塞州的一间仓库查获 59000 瓶假冒伏特加；（3）2002 年，纽约州一律师起诉 7 人以及在美国、中国和印度的 5 家公司通过网络销售假冒伟哥，便衣警察发现大约 25000 粒药丸。一些药丸被走私运往美国，一名提供商声称其每日能够提供 250 万粒假冒伟哥；（4）2001 年，含有甲醇的非法伏特加造成爱沙尼亚 60 人死亡；（5）在加利佛尼亚一案件中，法院裁决被告出售假冒飞机零部件造成几架直升机坠毁并导致人员伤亡。[③]

4. 假冒盗版扰乱了公平竞争。在当今社会，创新已成为经济可持续发展的重要因素，企业欲占有一定的市场份额，就必须提高或更新产

① 《世界卫生组织指出：网上售药半数为假药》，《光明网》2009 年 2 月 19 日。

② 《印度要铲除假药商人》，《重庆晚报》2003 年 8 月 27 日。

③ *Facts on Fakes*, The International Anti-Counterfeiting Coalition, pp. 9—12.

品。在此背景下，企业往往投资大量金额用于科研和创新，并对其产品投资大量广告和营销费用，而知识产权保护能为企业带来投资回报，能为企业建立投资的信心。假冒和盗版对于竞争的正常运行具有致命的影响。假冒和盗版人员不用投资科研，也不用通过广告推销其产品，他们只是用廉价的成本，依靠一定的设备，就能生产大量的产品。这种“搭便车”的方式使他们迅速占有一定的市场，从而导致劣币驱逐良币，并使合法产品的流通受到一定限制。合法企业因此不仅无法获得预期的投资回报，而且其投资生产的产品信誉也会受到损害，广告所推行的品牌效应也会大打折扣。

（二）假冒盗版的真实性考察

虽然，以美欧为代表的发达国家推行 TRIPS-Plus 知识产权执法的口号是呼吁打击假冒盗版，假冒盗版也确实对国家的税收、有组织犯罪、消费者健康和安全以及公平竞争上都存在一些不利影响，但其所造成的不利影响却被发达国家人为夸大，其计算方法并不一定准确。比如，有学者指出，阻止假冒和盗版商业联合会（BASCAP）估计全球每年因假盗和盗版损失 6000 亿美元，而经济合作组织（OECD）有关假冒和盗版对经济影响的一项调查则估计 2005 年国际交易中假冒和盗版的数额达 2000 亿美元。同时，该项调查认为，至今，所有用于衡量假冒和盗版数量范围的定量分析方法都不严密……假冒和盗版产品的整体程度并不为人所知，似乎没有哪一种方法能够评估出令人接受的结果。可获得的评估数额一般都由商业利益团体提供，其分析方法具有强烈的主观性和错误性。在某些案件中，他们所声称的侵权损失额几乎等同于全部合法交易额。如果按照商业软件联合会（BSA）所主张的，中国软件盗版率为 90%（2005 年数据），那么盗版数量几乎是原件数量的 10 倍。如果这些都是原件，中国软件产业的市场总量将达到 40000 亿元，几乎达到 2005 年中国 GDP 的 25%。而由中国国家知识产权局开展的有关中国软件盗版率的权威调查显示，基于 2006 年新安装的软件数据，中国软件盗版率为 20%。①

另有学者指出，OECD（2007）估计国际贸易中侵权产品的价值达

① Carlos M. Correa, *The Push for Stronger Enforcement Rules: Implications for Developing Countries*, The Global Debate on the Enforcement of Intellectual Property Rights and Developing Countries, ICTSD, February 2009, p. 31.

2000 亿美元，比 2005 年全球商品交易的 2% 多一点，但对该计算方法所做的近距离调查发现，该数据最多只是“一种依经验的猜测”，而不是真实的评估……代表版权所有人的产业协会总是定期地发布盗版所导致的损失额，但是这些数额的评估往往依据对市场要求的一种猜测，这种猜测是不可靠的、值得怀疑的。[①] 比如，BSA（2007）简单地认为，如果没有盗版，所有购买盗版软件的消费者将转向购买合法软件。这种结论显然是不现实的，特别是针对那些低收入的发展中国家，很多消费者将不会购买任何合法软件。因此，软件制造商所估计的损失额往往被过度夸大了。南方中心知识产权与创新部主任李轩博士也在其文章中[②]指出，认为全世界盗版猖獗的观点是存在误区的，BSA 所谓中国软件盗版率占 90% 的评估是不切实际的；并认为侵权损失巨大的言论也存在误区，比如世界海关组织估计假冒交易占世界交易的 7%；OECD 报告认为 2005 年假冒和盗版额达到 2000 亿美元。这些数据并不可信，因为该数据至少存在两个问题，一是数据的可靠性，大部分数据都是假设的，并不具有可信的数据来源；二是损失的计算，损失是假设每一盗版软件都代表软件公司的直接损失，该计算方法事实上缺乏合法的基础，因为损失的利润应基于合法期待而计算，而不是基于潜在的收入。美国审计署于 2010 年 4 月向国会提交了一份《关于量化假冒和盗版货物对经济影响的研究报告》，对假冒和盗版等知识产权侵权现象对美国经济的影响进行了量化分析。报告指出，“由于假冒，美国商业界每年要损失 2000 亿—2500 亿美元”、“由于商品货物的假冒，美国商业界和产业界每年要损失 2000 亿美元的收入和 75 万个工作岗位”、“美国汽车配件工业因假冒货物已损失了 30 亿美元的销售额”等三个数据均缺乏依据，无法得到证实。[③]

除了对假冒盗版的评估数据和方法存在一定质疑外，假冒盗版所带来的影响也不全是消极影响，假冒盗版对于发展中国家和最不发达国家还具

① Carsten Fink, *Enforcing Intellectual Property Rights: An Economic Perspective*, The Global Debate on the Enforcement of Intellectual Property Rights and Developing Countries, ICTSD, February 2009, p. 13.

② 李轩：《知识产权实施的十大误区》，载《2008 年知识产权南湖论坛论文集 I》，中南财经政法大学知识产权研究中心，2008 年，第 12 页。

③ 《美审计署报告：假冒盗版给美国经济造成巨大损失的数据缺乏依据》，《新华网》2010 年 8 月 6 日。

有某种程度上的积极意义。比如，在 18 世纪以及 19 世纪早期，为了应对先进国家阻止技术外流的这些措施，较落后的国家采取了各种非法手段获取先进技术，这些国家的企业家和技术工人经常在国家明确表示同意甚至是积极鼓励（包括对获取特殊技术的奖励）下从事工业间谍活动，Landes（1969）、Harnis（1991，1992）以及 Brulard（1991）用文件证明法国、俄国、瑞典、挪威、丹麦、荷兰和比利时对英国进行了广泛的工业间谍活动。[①] 因此，在当代发达国家进行工业化的早期，知识产权，尤其是其他国家的知识产权并没有得到很好的尊重。[②] 盗版对于现在的许多发展中国家和最不发达国家而言，在为大众普及新技术知识方面也能起到一定作用，毕竟盗版使这些国家的一部分人能够提高自身的福利水平，获得分享科学技术的机会。由于盗版产品的价格十分低廉，收入不高的公众也能买得起，这给社会成员提供了享受同等物质待遇的机会。另外，对于这些国家的企业而言，盗版产品也能够遏制国外大公司大企业入侵本国市场，能够在初期帮助本国企业在市场上站稳脚跟。

二　TRIPS-Plus 知识产权执法与经济发展

TRIPS-Plus 知识产权执法的支持者认为 TRIPS-Plus 知识产权执法会保护知识产权，激励更多发明和创新，会促进经济的发展，有利于社会福利的最大化。反对者则认为超知识产权保护和执法并不一定会促进经济的发展，特别是发展中国家和最不发达国家的经济发展。超知识产权保护和执法反而会加大发展中国家执法成本，对社会福利的影响也很难预测。

（一）TRIPS-Plus 知识产权执法对经济的积极影响论

强知识产权执法促进经济发展的理论依据在于知识产权本身对经济具有促进作用，而加强知识产权执法有利于知识产权的保护和实施。知识产权促进经济发展的观点可从理论和实证两方面予以论证。

理论上，捍卫知识产权的最重要的理论是经济激励理论，经济激励理论是功利主义思想适用到知识产权制度中的具体体现。知识产权功利论的

---

① HA-JOON CHANG, "Intellectual Property Rights and Economic Development: historical lessons and emerging issues", *Journal of Human Development*, Vol. 2, 2001, p. 290.

② HA-JOON CHANG, "Intellectual Property Rights and Economic Development: historical lessons and emerging issues", *Journal of Human Development*, Vol. 2, 2001, p. 293.

基本思想可以表述为：知识产权的授予，为知识产权的创造者带来了巨大的激励，促使其愿意投入到知识产品的创造活动中去，努力为社会创造出丰富而有价值的知识产品，从而使社会公众能够充分利用这些知识产品，进而促进社会总福利或社会净福利的最大化，最终造就整个社会的繁荣与进步。[①] 其中，兰德斯（William Landes）和波斯纳（Richard Posner）从法律经济学的视角依循功利主义的路线对知识产权进行了最系统的论证。他们认为，大多数知识产权的显著特征在于它们易于复制且某个人对它们的使用并不妨碍他人对其使用。这便造成了一种风险，即知识产品的创造者将无法收回其“表达成本”，因为复制者们降低了这些知识产品的价格。在意识到该风险之后，创造者就不会去首先从事具有社会价值的知识产品的创造。为此，通过把制作其作品复制品的排他性权利在一定期限内分配给创造者，我们就能避免这一在经济上无效的产出。所以，作者应当享有著作权。专利法的标准解释在于它是一种有效方法，使得研究与开发的收益获得了内部化，从而促进了创新和技术进步。[②] 虽然，对于功利主义的经济激励理论适用于知识产权制度的观点，理论界存在诸多质疑。[③] 但知识产权促进创新，推动经济发展，提高国家竞争力的思想已经得到广泛认同。此外，新经济增长理论也认为，知识创新和技术进步是一国经济持续增长的核心动力，国家间经济发展水平差异的原因在于他们知识创新和技术进步水平的差异。知识创新和技术进步水平提高的关键因素是该国内部自主的研发能力和外部技术溢出的吸收。作为一国经济基础制度之一的知识产权制度，正是以提高知识创新和技术进步水平为直接目的，以促进经济发展为最终目标，其具体体现在包括激励知识创新和技术发明，促进信息的获取和传播以及促进技术转移。[④]

实证研究中，在有关知识产权和经济发展之间的关系方面，学者对此

---

① 饶明辉：《当代西方知识产权理论的哲学反思》，科学出版社 2008 年版，第 38 页。

② ［美］威廉 · M. 兰德斯、理查德 · A. 波斯纳：《知识产权法的经济结构》，金海军译，北京大学出版社 2005 年版，第 374 页。

③ 参见胡朝阳《知识产权的正当性分析——法理和人权法的视角》，人民出版社 2007 年版，第 179—187 页；饶明辉：《当代西方知识产权理论的哲学反思》，科学出版社 2008 年版，第 45— 51 页。

④ 许春明、单晓光：《知识产权制度与经济发展之关系探析——兼论我国知识产权战略的背景和原则》，《科技与法律》2006 年第 4 期，第 39 页。

的研究和认识并不是统一的。一部分研究认为两者之间具有紧密的联系①，另一部分研究认为两者的联系很弱②。但有些国家在知识产权保护较弱时，其经济增长迅速。这些国家是在最初阶段的经济增长发展后，知识产权保护才开始加强的，包括大多数第一代新工业化国家，如韩国、日本以及一些发展中国家，如巴西、印度、马来西亚。但这也不是说知识产权法对发展并不具有积极影响。比如，对外直接投资（FDI）往往被认为是经济增长重要的组成部分，对被投资国会带来积极利益。大多数研究也认可知识产权与对外直接投资的增长间存在关联性。③ 保护知识产权不充分的国家也会限制其自身的经济发展。④ 国外学者对知识产权制度与经济发展的关系进行了一系列的实证研究，包括 Gould 与 Gruben（1996）、Thompson 与 Rushing（1996）、Thompson 与 Rushing（1999）和 Park（1999），见下表。

知识产权与经济发展⑤

研究者	样本及数据	独立变量	知识产权保护指数	结论
Gould 和 Gruben（1996）	95 个国家；1960—1988 年期间的横截面平均数据	实际人均 GDP 增长率	Rapp 和 Rozek 指数	知识产权保护对经济增长具有积极影响，在更开放的国家其影响更大

① P. Moser, "How Do Patent Laws Influence Innovation? Evidence from Nineteenth-Century World's Fairs", *American Economic Review*, Vol. 95, 2005, p. 1214.

② Keith E. Maskus, *Intellectual Property Rights in the Global Economy*, Institute for International Economics, 2000, p. 169; Keith E. Maskus, "Incorporating a Globalized Intellectual Property Rights Regime into an Economic Development Strategy", in K. E. Maskus (ed.), *Intellectual Property, Growth and Trade*, Elsevier, 2008, pp. 498—499.

③ Carlos A. Primo Braga and Carsten Fink, "The Relationship between Intellectual Property Rights and Foreign Direct Investment", *Duke Journal of Comparative & International Law*, Vol. 9, 1998, pp. 163—187.

④ Jonathan M. Barnett, "Property As Process: How Innovation Markets Select Innovation Regime", *Yale Law Journal*, Vol. 119, 2009, pp. 384—456.

⑤ Rod Falvey and Neil Foster, The Role of Intellectual Property Rights in Technology Transfer and Economic Growth: Theory and Evidence, United Nations Industrial Development Organization, Vienna, 2006, p. 12. 许春明、单晓光：《知识产权制度与经济发展之关系探析——兼论我国知识产权战略的背景和原则》，《科技与法律》2006 年第 4 期，第 42 页。

续表

研究者	样本及数据	独立变量	知识产权保护指数	结论
Thompson 和 Rushing (1996)	112 个国家；1970—1985 年期间的横截面平均数据	实际人均 GDP 增长率	Rapp 和 Rozek 指数	仅在初始人均 GDP 达到特定水平的国家，知识产权保护才对经济增长具有积极影响
Thompson 和 Rushing (1999)	55 个国家；对 1971—1990 年期间的横截面数据	实际人均 GDP 增长率；1971—1990 年的全要素生产率 (TFP)	Rapp 和 Rozek 指数	对相对富裕的国家，知识产权保护对 TFP 具有积极影响，从而对经济增长产生积极影响
Park (1999)	60 个国家；对 1960—1990 年期间的横截面数据	实际 GDP 增长率	Ginarte 和 Park 指数	知识产权保护对经济增长没有直接影响。在最发达国家，知识产权保护通过实物资本投资和 R&D 间接地对经济增长具有积极影响

Rod Falvey 和 Neil Foster 在对上述研究进行比较之后，总结认为，强化知识产权制度能促进经济增长，但取决于各个国家本身的特点。在其他条件相同的情形下，知识产权保护在更开放的经济中似乎能带来更高的增长。同样，在其他条件相同的情况下，知识产权似乎能为最富裕的国家和最贫穷的国家带来更高的增长，但对于中等收入国家，其对经济增长的影响并不明显。①

综上，知识产权能促进经济增长具有理论和实证的依据，但研究也发现，知识产权对于发达国家经济增长的作用更明显，这也是以美欧为主的发达国家在全世界不断宣传知识产权保护，强化知识产权执法，推行 TRIPS-Plus 知识产权执法的经济诉求。

(二) TRIPS-Plus 知识产权执法对经济的消极影响论

如上所述，强化知识产权制度能促进经济增长，但也取决于各个国家本身的特点。TRIPS 协定签订后，发展中国家已经尽力履行 TRIPS 协定所规定的义务，在知识产权执法方面也努力与国际接轨，但在发达国家不断强化 TRIPS 知识产权执法，推行 TRIPS-Plus 知识产权执法的同时，也有

① Rod Falvey and Neil Foster, The Role of Intellectual Property Rights in Technology Transfer and Economic Growth: Theory and Evidence, United Nations Industrial Development Organization, Vienna, 2006, p. 16.

研究发现 TRIPS-Plus 知识产权执法会带来一些消极影响，主要表现在：

1. TRIPS-Plus 知识产权执法会加大发展中国家执法成本

人类当前正经历着各式各样的挑战，比如饥饿、贫困、污染、水资源短缺、森林萎缩、毒品泛滥、贩卖人口、食品安全、社会动荡以及反恐怖主义等，所有这些都需要通过政府干预实施公共执法。而知识产权是一种私权，理论上，执法成本应由私人负担，除非侵权所致的损失达到了刑法规定的严重社会危害程度。然而，现实社会中，在跨国公司有力的游说及发达国家的外来压力下，许多发展中国家包括中国在有限的公共资源下都优先实施知识产权执法。TRIPS 协定有关知识产权执法的规定涵盖民事和行政程序、有关边境措施的专门规定、救济措施以及刑事措施。如学者所言，知识产权边境执法体制或任何形式的执法体制，只要授权权力机关采取依职权的行动，就会对执法官员产生更多的责任。无论是警察、海关人员或其他人员都得有能力识别可能存在的知识产权侵权，继而采取相关执法措施。这种能力要求知识产权所有者和执法机构之间大力开展培训项目，从而使执法官员具备识别知识产权侵权行为的能力。[①] 据估计，发展中国家遵守 TRIPS 协定每年将支出 600 亿美元的开支。[②] 而这些开支要超过它们期待通过增加农业和纺织业的市场准入所获得的利益额。任何一项知识产权执法，包括培训、建立相关执法机构以及提高执法能力项目都会造成发展中国家大量的财政支出。

发达国家为换取 TRIPS-Plus 条款，承诺给予发展中国家在贸易方面的优惠安排，在一定程度上促进了这些国家的经济发展，提高了这些国家的出口额，并同欧盟、美国等建立了伙伴关系。然而，与出口额一同提高的是发展中国家知识产权立法、执法成本的增加。TRIPS-Plus 条款要求发展中国家修改其国内立法，建立更高标准的知识产权保护体系，增强知识产权刑事、行政保护的执法水平。TRIPS-Plus 知识产权执法条款在某一方面或几个方面扩大了 TRIPS 协定执法的范围，遵守 TRIPS-Plus 执法规定需要在相关执法部分投入大量的人力物力资源。对法律体制还不足以解决复杂执法程序的发展中国家而言，TRIPS-Plus 执法条款无疑是雪上加霜，

---

① Timothy P. Trainer & Vicki E. Allums, *Protecting Intellectual Property Rights Across Borders*, Thomson West, 2006, p. 685.

② J. Michael Finger, *The Doha Agenda and Development: A View from the Uruguay Round*, Asian Development Bank, Economics & Research Department, Working Paper Series No. 21, 2002, p. 9.

造成巨大的资源负担，使发展中国家面临更大的压力，也将阻碍发展中国家解决其他重要的问题。除了这些人力物力资源开支外，有些自由贸易协定比如美国—新加坡自由贸易协定强调资源限制不应作为不遵守知识产权条款的一个理由,① 明确限制任何制度上的灵活性。Sanya Reid Smith 为 TRIPS-Plus 对一些发展中国家和发达国家造成的影响搜集了相关数据。② 比如，数据表明美韩自由贸易协定所涵盖的延长专利期限三年的规定将造成韩国 7.57 亿美元的损失。世界卫生组织预测美国有关药品价格的 TRIPS-Plus 规定所带来的全部影响直到自由贸易协定生效后 15 年才会有所体现。③

世界银行项目④

国家	项目	支出
巴西（1997—2002）	培训知识产权机构的员工——科学技术改革项目	$ 4000000
印度尼西亚（1997—2003）	提高知识产权监管制度——信息基础建设发展项目	$ 14700000
墨西哥（1992—1996）	建立一个实施工业产权的机构——科学技术发展项目	$ 32100000

UNCTAD 对改革和加强知识产权支出的评估⑤

国家	改革	支出
孟加拉国	起草新法；提高执法	最初 $ 250000 每年 $ 1100000
智利	起草新法；培训知识产权机构的员工	最初 $ 718000 每年 $ 837000
埃及	培训知识产权机构的员工	$ 1800000
印度	使专利局现代化	$ 5900000
坦桑尼亚	起草新法；执法能力建设	$ 1000000—1500000

---

① Art. 16.9（4） of the U. S. – Singapore Free Trade Agreement.

② Sanya Reid Smith, *Intellectual Property in Free Trade Agreements*, Third Word Network, 2008, pp. 14—16.

③ Ibid., p. 14.

④ J. Michael Finger & Philip Schuler, *Implementation of the Uruguay Round Commitments: The Development Challenge*, World Bank Development Research Group, Policy Research, Working Paper 2215, 1999, p. 9.

⑤ Ibid., p. 25.

2. TRIPS-Plus 知识产权执法不一定带来社会福利

WIPO 首席经济学家 Carsten Fink 在《有关知识产权执法和发展中国家全球大辩论》中报告从商标、版权和专利方面对更强知识产权执法对社会福利的影响做了深入研究，最后的结论是其影响是不确定的，更强知识产权执法只限于对一部分产品会给社会福利带来积极影响，有些则是模糊的，甚至是消极的。

更强知识产权保护对社会福利的影响①

知识产权	市场特征	产品特例	更强知识产权执法带来的福利影响
商标	消费者会被误导的产品	医药品、化学品、杀虫剂、汽车配件、食品饮料、烟草、电子产品、玩具	消费者：积极 制造商：积极 经济：积极
	消费者不会被误导的产品	时装、袜子、包、私人用品（太阳镜、手提包、皮草、手表、香水）	购买假冒产品的消费者：消极 购买原产品的消费者：积极 制造商：积极 经济：模糊
版权、专利及相关权	与需求不相关的产品	设计（汽车、工具、玩具）、工业技术、文学作品	购买侵权产品的消费者：消极 购买原产品的消费者：模糊 制造商：积极 经济：积极
	与需求相关的产品	有关型号的计算机软件、涉及工业标准的专利技术、音像录影设备、DVDs、PC 和电子游戏	购买侵权产品的消费者：消极 购买原产品的消费者：消极 制造商：模糊 经济：模糊

此外，在 2009 年 8 月 19 日至 20 日举行的第三届国际反假冒盗版会议上，一封反对 TRIPS-Plus 知识产权执法的信函②指出，此次会议所设定的基本目标和特定活动都旨在强化知识产权标准，强化知识产权标准意味着使用更多的公共财富来保护私权，常常是保护跨国公司对无形财产权的垄断，而这种保护是在加大国家资源分配压力的基础上实现的。这是因为（1）TRIPS 知识产权执法为民事执法体制增添了很多附加要求，这些要求

① Carsten Fink, *Enforcing Intellectual Property Rights: An Economic Perspective*, The Global Debate on the Enforcement of Intellectual Property Rights and Developing Countries, ICTSD, Issue Paper No. 22, p. 10.

② Pranesh Prakash, Civil Society Letter Against TRIPS-Plus IP Enforcement, http: //www. cis-india. org/advocacy/ipr/blog/civil-society-letter-against-TRIPS-Plus-ip-enforcement (last visited on February 27, 2013).

将进一步加重法院承担的责任。对知识产权类型的扩大化意味着法院将面临更为复杂的诉讼，一方面需要对司法人员进行培训以便处理各种不同类型的知识产权问题，另一方面需要增加更多资源或建立专门的知识产权法庭，这会消耗相关国家更多的公共资源。由于网络和科学技术的不断发展，有关知识产权的案件变得更加专业化和复杂化，特别是一些知识产权侵权者往往利用最新技术实施知识产权违法行为，因此对司法人员和行政人员的培训就具有长期性的特点，并且要与时俱进，不断更新，但问题是各国特别是发展中国家和最不发达国家是否拥有足够的资源解决该问题。（2）对边境执法措施扩大至出口和转运环节同样需要大量的技术援助，也需要政府和产业部门更为紧密的合作以便边境执法机构更好地了解知识产权，获得更多信息从而阻止嫌疑货物的流通。此外，由于国际社会贸易往来日益频繁，边境执法机构的责任进一步加大，有必要建立相关的国内机制使海关执法机构之间对专门的知识产权问题通过信息传播进行经验交流，因此，边境执法机构不仅需要对不同类型的知识产权进行基础培训，还需要建立有关知识产权的数据库以及涵盖进口商、出口商、权利人、发货人等与侵权产品进口和出口有关的个人信息数据库。因此，有充分证据表明 TRIPS-Plus 执法标准，不仅对各国间的合法贸易，也对人们的日常生活，特别是发展中国家人民的日常生活造成了消极影响。

三　互惠原则与最惠国待遇原则

TRIPS-Plus 知识产权执法条款除了在假冒盗版的真实性以及对经济的促进作用方面存在质疑外，研究认为 TRIPS-Plus 执法标准还通过互惠原则和最惠国待遇原则加剧了这种不合理性。

互惠是指在国际贸易中两国互相给予对方以贸易上的优惠待遇，它也是建立 WTO 共同行为规范、准则过程中的基本要求。互惠原则有着两方面的意义：一方面它不仅明确了各缔约国在关税谈判中相互之间应采取的基本立场；另一方面从关贸总协定以往的八轮谈判来看，互惠原则是谈判的基础，其作用也正是在互惠互利的基础上实现的。互惠的范围从最初的关税减让延伸到非关税措施、服务贸易和知识产权等领域。考虑到发展中国家的特殊需要，互惠原则允许合法的例外，表现为非互惠的普遍优惠待遇和特殊和差别待遇。但是，晚近缔结的自由贸易协定消除了发展中国家的特殊和差别待遇，使发展中国家处于不利地位，而 TRIPS-Plus 协定中的完全互惠原则进一步加剧了发达国家和发展中国家在知识产权关系中的不平等地位。①

另外，TRIPS 协定所规定的最惠同待遇原则（MFN）进一步帮助美国重新制定知识产权保护和执法的国际标准，根据 TRIPS 协定第 4 条规定，在知识产权保护上，某一成员提供给其他国国民（无论该国是否为 TRIPS 协定成员）的任何利益、优惠、特权或豁免，均应立即无条件地适用于全体其他成员之国民。该条款不同于 GATT 第 24 条，GATT 第 24 条规定 MFN 的例外，排除了 FTAS 的适用，而 TRIPS 协定第 4 条并未规定相似的条款，因此，TRIPS 协定中的 MFN 原则适用于 FTAS，其意味着如果美国与某一发展中成员签订 FTAS，则该发展中成员所做出的承诺将无条件地适用于其他所有成员。该原则很显然进一步加大了国际知识产权保护的棘轮效应。因此，如果很多 FTAS 中都包含了 TRIPS-Plus 知识产权执法条款，这些条款最终会成为 WTO 贸易回合谈判新的最低标准。② 在美国—智利自由贸易协定谈判过程中，智利提出 TRIPS-Plus 条款在适用 MFN 原则上的问题，即根据 MFN 原则，协定所涵盖的 TRIPS-Plus 条款可“立即、无条件地”适用于其他 WTO 成员国，该问题在谈判阶段被屡次提出，但美国认为这并不是一个问题，理由在于谈判是基于自身国内保护水平而开展的。③

第五节　TRIPS-Plus 知识产权执法的国际实践

一　支持 TRIPS-Plus 知识产权执法的国际实践

（一）以单边、双边、区域及多边全方位布局的直接方式

欧盟和美国已经界定知识产权执法为跨大西洋合作的核心领域。④ 对

① 张建邦：《WTO 发展中成员在 TRIPS-Plus 协定下的知识产权保护义务研究》，《武大国际法评论》（第九卷），第 69 页。

② Bryan Mercurio，“TRIPS-Plus Provisions in FTAs：Recent Trends”，in Lorand Bartels & Federico Ortino（ed.），*Regional Trade Agreements and the WTO Legal System*，Oxford University Press，2006，p. 223.

③ Pedro Roffe，*Bilateral Agreements and a TRIPS-Plus World：The Chile-USA Free Trade Agreement*，TRIPS Issues Papers 4，p. 18.

④ Vienna EU-US Summit Declaration，21 June 2006，European Union.

知识产权保护的逐步施压反映了资本主义产业结构的转换以及发达国家贸易政策的改变，为将此种保护落到实处，发达国家认识到只有强化执法措施，保证知识产权实体规范的有效实施，才能真正维护和巩固自身产业的国际竞争力。发达国家政策上的新趋势表明对知识产权执法最低标准的要求予以最大关注，从实体上的规则制定阶段转移到执法标准上。发达国家通过单边、双边、区域及多边的全方位布局直接推行 TRIPS-Plus 知识产权执法。

单边层面，美国一方面通过在国内实施“打击有组织盗版战略”，设立“全国知识产权执法协调委员会”和“国际知识产权执法协调员”，制定《知识产权优化资源和组织法案》加大国内的知识产权执法力度；另一方面通过“特殊 301 条款”审查，对其他国家的知识产权实施予以评估，这种单方面的评估及贸易报复措施对发展中国家构成了极大的威慑力，迫使发展中国家遵守美国在各种场合所呼吁的知识产权执法标准。欧盟则一方面在其共同体内制定明显超出 TRIPS 标准的《知识产权执法指令》和《1383/2003 号条例》，加大欧共体内各成员国国内的知识产权执法标准，同时按照这些标准在全世界范围内予以推行；另一方面，欧盟通过《对第三世界知识产权执法战略》促使其他国家提高知识产权执法。

双边和区域层面，美国通过扩大自由贸易协定的涵盖范围，增加自由贸易协定的参与国数量，在知识产权章节中囊括更广泛的知识产权执法条款，加大知识产权执法力度，扩大投资协定中有关投资的定义等方式加大双边、区域和诸边协定中有关知识产权执法的标准。在边境知识产权执法中，不仅包括 TRIPS 协定规定的假冒盗版货物，还包括容易混淆的类似商标产品等；明确中止货物放行的有效期限，规定中止货物放行的申请有效的期限应自申请之日起不少于一年或货物受版权或商标注册保护的期限，以期限短者为准；扩大保证金的形式，除金钱担保外，还可以文件担保的形式；对海关依职权行为不附加任何限制条件，扩大海关权限；还要求更多额外义务，在互相同意的基础上，各成员方应为其他成员方提供有关知识产权边境执法的技术建议，并应推动有关知识产权执法的双边和区域合作。欧盟则对知识产权执法的规定一般要求符合“最高国际标准”，不过近年来，欧式自由贸易协定对知识产权的规定也跟随美国越来越具体化，不再只是规定要符合“最高国际标准”。

多边层面，发达国家则放弃 WTO 和 WIPO 这两个“老牌”知识产权谈判场所，转向一些新的“次佳”场所，比如 WCO、UPU、WHO 等，并改变之前主要是外交官参与谈判的状况，转向现在主要由海关官员、警署官员、专利审查员等参与的，主要是“技术”层面的对话。同时，发达国家还撇开任何国际组织机构，秘密地谈判 ACTA 协议，试图不受任何组织机构的束缚。

（二）以技术援助为主的间接方式

技术援助是美国和欧盟加强第三世界知识产权执法的另一有力工具。发达国家提交给 TRIPS 委员会的材料表明大多数技术援助的目标都在于加强发展中国家知识产权保护和执法的能力。比如美国政府在中国、亚洲其他地区、拉丁美洲和加勒比海地区、非洲、中东和其他国家已展开了广泛的培训项目，包括机构间的交流讨论、学术培训以及对来自 23 个国家最高法院和上诉法院法官的知识产权执法培训项目。[①] 通常，技术援助可采取双边方式，即由一 WTO 成员提供技术援助给另一 WTO 成员，也可采取多边方式，即由多边组织，包括 WTO、WIPO、UNCTAD、UNDP 或一些产业组织及非政府组织提供。TRIPS 协定第 67 条规定，为促进本协定的实施，发达国家成员应根据发展中国家成员和最不发达国家成员的请求，并按双方同意的条款和条件，应提供有利于发展中国家成员和最不发达国家成员的技术和资金合作。此种合作应包括帮助制定有关知识产权保护和实施以及防止其被滥用的法律和法规，还应包括支持设立或加强与这些事项有关的国内机关和机构，包括人员培训。有关技术援助的具体形式，TRIPS 没有具体规定，但在 TRIPS 协定生效后的一年，1996 年 4 月 26 日，TRIPS 委员会总结第一年 WTO 成员开展的技术合作时，对技术援助做了大致的描述，即包括（1）发展人力资源的一般援助活动；（2）制定有关知识产权保护和执法及防止其被滥用的法律法规；（3）设立或加强与这些事项有关的国内机关和机构；（4）其他形式的援助活动，特别是提高知识产权公共意识和促进知识产权实施的活动。国际贸易和可持续发展中心（ICTSD）开展了关于知识产权和可持续发展研究项目，2004 年政策分析员汤姆·彭格里（Tom Pengelly）写了一份关于《发展中国家和转型经济国家知识产权政策建立和执行的技术援助》的报告对技术援

---

① United States National Intellectual Property Law Enforcement Coordination Council, 2005, pp. 48—60.

助的主要类型及主要提供者做了总结，见下表。①

援助者	提供知识产权服务的主要形式					
	培训 & 人力资源开发	知识产权立法 & 政策改革的建议	组织机构发展 & 自动化	推动国内改革和创新	专利信息合作	知识产权问题的研究 & 对话
国际组织机构 & 区域组织机构						
WIPO	√	√	√	√	√	√
WTO	√	√				
WHO	√	√				√
UNCTAD	√	√				√
世界银行	√	√	√	√		√
欧洲专利局	√	√	√	√	√	√
双边政府资助代办处						
美国	√	√	√	√	√	
欧委会	√	√	√	√	√	
日本	√	√	√	√	√	
澳大利亚	√	√	√	√	√	
非传统资助者和提供者						
ICTSD		√				√
南方中心		√				√
教友会驻联合国办事处						√
国际发展研究中心 IDRC		√				√
无国界医生组织		√				√
乐施会 OXFAM		√				√

除了 TRIPS 协定第 67 条对技术援助规定了相关义务之外，这些援助方还必须每年向 TRIPS 委员会提交其最新的有关技术援助活动的信息。但由于没有有关技术援助的国际准则，发达国家可自由决定其优先援助的对象及活动。事实上，双边层面上的技术援助趋向于强调知识产权保护和执法以维护发展中国家权利人的权利，这些权利人主要是发达国家人员。

① Tom Pengelly, Technical Assistance for the Formulation and Implementation of Intellectual Property Policy in Developing Countries and Transition Economies, *Issue Paper No.* 11, ICTSD, p. 13.

发达国家乐于提供最佳实践方案提高知识产权执法标准，但很少考虑是否满足 TRIPS 协定第 7 条和第 8 条所规定的目标和原则，也不考虑实施 TRIPS 协定的灵活性条款。有关知识产权执法的一般义务规定程序的实施应避免对合法贸易造成障碍并为防止这些程序被滥用提供保障。这些程序不应不必要的复杂和费用高昂，也不应限定不合理的时限或造成无理的迟延。同时，不产生任何建立与一般法律实施制度不同的知识产权实施制度的义务，也不影响各成员实施一般法律的能力。在实施知识产权与实施一般法律的资源分配方面，也不产生任何义务。[①] 这些意味着 WTO 成员可自由决定其采取执法措施的形式，而不需要以发达国家为模板或按照发达国家知识产权执法的标准实施。但是发达国家通过技术援助在发展中国家不断要求更高知识产权执法的标准，加大了发展中国家负担，造成了不必要的复杂和费用高昂。因此，发达国家对发展中国家的技术援助活动不仅没有降低发展中国家负担，反而会造成相反的结果。

二 反对 TRIPS-Plus 知识产权执法的国际实践

（一）WIPO 体制内的国际实践

虽然 WIPO 管辖条约对知识产权执法规定甚少，但与执法有关的咨询委员会早已存在。1998 年至 1999 年，即呼吁建立了工业产权执法咨询委员会（ACE/IP）和全球信息网络中版权及相关权管理和执法咨询委员会（ACMEC），两委员会于 2002 年重组建立了 WIPO 执法咨询委员会（ACE）。2003 年 6 月，ACE 在日内瓦举行第一次会议，此次会议中，成员方讨论了各种执法问题，包括执法战略的合作、培训、发展以及以电子形式进行信息交流等。[②] 在第二届会议召开后不久，巴西和阿根廷即建议建立《WIPO 发展议程》。2006 年 5 月的第三届会议上，发展中国家基于新的《WIPO 发展议程》，希望讨论包括限制性和例外条款、竞争问题以及生物剽窃行为，不过发达国家则对相关执法问题并不关心。[③] 2007 年 10 月世界知识产权组织通过有关《WIPO 发展议程》的行动建议，该议程的通过是发展中国家在努力推动发展、知识产权和创新史上的一座里程

---

① Article 41 of TRIPS.

② ACE, WIPO/ACE/1/7Rev., June 13, 2003.

③ ACE, WIPO/ACE/3/1, Mar. 23, 2006.

碑。《WIPO 发展议程》要求 WIPO 在对知识产权、创新、社会文化和经济发展更广泛的认识基础上，调整其行动及起到应有的作用，在开发全球知识产权政策中完全纳入“发展”理念，而不只是提供技术帮助和能力建设。《WIPO 发展议程》在以下几个主要方面进行了改动和提高：（1）联合国体制下所追求的共同发展目标，包括《千年宣言》所涵盖的目标；（2）创新和获得知识的机会；（3）WIPO 规则制定应涵盖一切，由成员国驱动并考虑不同的发展水平以及平衡知识产权保护和执法的成本收益率；（4）知识产权影响研究，WIPO 将基于基础性的政策尺度开展不同影响的研究以保证政策制定中实施体系化的、正式的以及客观的研究；（5）提高促进发展（pro-development）的技术援助并改变 WIPO 的工作方式，“发展”将作为 WIPO 所有活动必不可少的一部分。2007 年 11 月的第四届会议试图解决国内、区域和国际层面有关执法机构之间的合作和协调问题，虽然意大利希望委员会能在 2007 年 WIPO 大会上讨论包括建立知识产权执法的指南和最佳实践，该建议在大会和 ACE 会议上都未获通过，而巴西则建议应考虑新通过的《WIPO 发展议程》。[①] 2009 年 11 月，ACE 在考虑《WIPO 发展议程》的 45 项建议的基础上，审查权利人在执法中的贡献和损失。[②] 这些都显示了《WIPO 发展议程》正逐步开始影响 ACE 的运作。

另外，对于发达国家通过技术援助措施间接推行 TRIPS-Plus 知识产权执法的策略，2007 年 2 月 19 日至 23 日 WIPO 召开发展议程相关提案临时委员会（PCDA）第三届会议，对一些重要提案达成一致意见，其规定包括：（1）WIPO 的技术援助应面向发展，按需求提供，并且透明，应兼顾发展中国家尤其是最不发达国家的优先重点和特别需求，以及各成员国不同的发展水平；对各项活动应规定完成期限。在此方面，技术援助计划的制订和执行机制以及评价程序，都应符合各国的国情。（2）通过捐助国提供资金，增加 WIPO 提供的援助，在 WIPO 设立最不发达国家专项信托基金或其他自愿基金，同时继续优先重视通过预算内和预算外资源为在非洲开展活动提供资金，以优先促进这些国家在法律、商业、文化和经济方面适用知识产权。由此可知，WIPO 有关技术援助的规定考虑到了发展

① ACE, WIPO/ACE/4/10, Nov. 5, 2007.

② ACE, WIPO/ACE/5/1 Prov. Rev, Sept. 28, 2009.

中国家和最不发达国家的需要。

（二）WTO 体制内的国际实践

2006 年 6 月的 TRIPS 理事会会议上，欧共体希望“深入讨论（in-depth discussion）执法问题”。[①] 但发展中国家，比如阿根廷、巴西、中国和印度极力反对该提议，认为其背离了 WTO 着重于发展的谈判目标。中国官方人士表示 TRIPS 理事会“非适合时间也非适合场所”来讨论执法问题。[②] 在接下来的 2006 年 10 月的 TRIPS 理事会会议上，欧共体在日本、瑞士和美国的支持下，发表了一份联合文件，意图加强 TRIPS 协定中执法条款的实施。其主张“TRIPS 理事会是检查和帮助成员国实施 TRIPS 协定执法条款的适合场所。在此方面，TRIPS 理事会的工作应鼓励各成员国使用其他合作机制解决知识产权执法问题。”并“邀请其他成员参与讨论如何更有效地实施 TRIPS 协定执法条款，讨论有效提高各国实施立法和执法努力的措施”。[③] 但由于遭遇发展中国家的极力反对，该建议最终被拒绝。2007 年 1 月的 TRIPS 理事会会议上，美国提交了另外一份文件，分享其知识产权边境执法经验。[④] 该文件探讨了美国在解决知识产权侵权方面发现的各种技术，并呼吁 TRIPS 理事会应通过交流建设性的观点和经验在解决知识产权执法问题上做出积极的贡献。不过发展中国家仍然坚持其之前的观点，即执法问题不应由 TRIPS 理事会管辖。

此外，2010 年 5 月印度与巴西分别以欧盟和荷兰为对象，就荷兰海关扣押过境转运通用药一事，向 WTO 提出磋商请求。[⑤] 这是发展中国家

---

① Council for Trade-Related Aspects of Intellectual Property Rights, Communication from the European Communities, Enforcing Intellectual Property Rights: Border Measures, IP/C/W/471, June 9, 2006.

② EU Gets Little Support for Enforcement Proposal at WTO; CBD Issue Unresolved, Intellectual Property Watch, June 16, 2006.

③ TRIPS Council, Joint Communication from the European Communities, United States, Japan and Switzerland, Enforcement of Intellectual Property Rights, IP/C/W/485, Nov. 2, 2006.

④ TRIPS Council, Communication from the United States, Enforcement of Intellectual Property Rights (Part Ⅲ of the TRIPS Agreement): Experiences of Border Enforcement, IP/C/W/488, Jan. 30, 2007.

⑤ *European Union and a Member State-Seizure of Generic Drugs in Transit-Request for Consultations by India*, WTO Doc. WT/DS408/1 (May 19, 2010), *European Union and a Member State-Seizure of Generic Drugs in Transit-Request for Consultations by Brazil*, WTO Doc. WT/DS409/1 (May 19, 2010).

在国际上反对发达国家 TRIPS-Plus 知识产权执法措施的一次有力对抗。针对发达国家放弃 WTO 和 WIPO 两个“老牌”知识产权谈判场所，转向一些新的“次佳”场所比如 WCO、UPU、WHO 的策略，发展中国家并未保持沉默，而是在这些场所采取积极的抵制，最终导致发达国家在这些场所的 TRIPS-Plus 知识产权执法议程都“付诸东流”。

第三章

美欧 TRIPS-Plus 知识产权执法

第一节　美国国内加大知识产权执法的战略

一　美国国内加大知识产权执法的原因

美国宪法第 1 条第 8 款规定，“为促进科学和实用技艺的进步，对作家和发明家的著作和发明，在一定期限内给予专利权的保障。”可见，美国在立宪之初就为美国社会经济的发展、科技的进步提供了一个完整的法律框架。美国对于知识产权的重视程度在全世界可以说是首屈一指的，也是推行知识产权执法战略最重要的国家。美国是当今世界知识产权的最大输出国，其高科技产品遍布全球。美国认为世界上许多国家尤其是发展中国家在电子产品、药品、软件、出版物和录音制品等方面大量仿制其出口产品，极大损害了美国的经济利益。美国认为知识产权侵权行为不仅对美国造成了一定的经济损失，而且也对人身安全构成了威胁。美国司法委员会主席约翰·科尼尔斯（John Conyers）认为，“知识、创造和产业对于美国的经济强盛至关重要，而知识产权法律为鼓励新发明提供了重要动力。知识产权是美国经济增长的基础，但美国和全球日益增加的知识产权盗窃行为，正在威胁着美国未来的经济繁荣。保守的估计是，知识产权盗窃每年给美国经济造成的损失达 2 亿到 2. 5 亿美元，损失 75 万份工作。不仅如此，知识产权盗窃还对公共健康与安全造成了威胁，因为处方药、食品、电器、汽车和飞机零部件等越来越多成为知识产权盗窃的目标。”①

美国政府责任办公室（GAO）在 2007 年发布的《知识产权：风险和

---

① Full Committee Markup Transcript of H. R. 4279, H. R. 5690, H. R. 1650, H. R. 5593, and H. R. 4044, 4/30/08.

执法挑战》报告[①]中指出，知识产权侵权行为呈上升趋势的原因在于：（1）美国企业的全球运作。比如许多美国半导体公司投资海外（印度、中国等）生产相关设备，以享有劳动密集型即廉价劳动力所带来的低成本，再低价出口到美国。但由于这些国家的技术和生产能力大幅提高，导致很多受知识产权保护的先进技术很容易在海外被更为先进的技术非法剽窃。（2）经济上的刺激和技术的发展。经济上的刺激包括进入假冒盗版产业的低障碍、潜在的高利润以及有限的或过低的法律制裁。假冒产品的低价格对消费者构成很大的吸引力，对生产和销售假冒产品的有组织犯罪集团也同样具有相当的吸引力。而技术的发展使得假冒盗版产品具有高质量、低成本的可能，并且促使某些产品更容易被复制和销售。生产设备可从一个地方运输到另一个地方，这种灵活性特征使执法变得更加困难。另外，网络也为非法软件或音乐的全球传播和销售提供了便捷的渠道。（3）执法不力加速了知识产权盗窃的风险。报告指出，中国知识产权执法一直非常薄弱，GAO 在 2003 年的调查显示，中国只在一定程度上或者很小的程度上履行了其加入世贸组织所做的有关知识产权执法的承诺。其采访的 30 家公司中有 16 家认为中国是生产和销售知识产权侵权产品的主要国家，中国几乎每年都出现在特殊 301 观察名单之列。因此，在盗版屡禁不止甚至愈发猖狂的今天，在立法相对完善而执法不力的今天，加大知识产权执法力度成为美国维护其知识产权领域经济利益的必然诉求。

二　美国国内知识产权执法战略

针对上述原因所引起的知识产权侵权行为，美国采取了一系列知识产权执法措施。1999 年，美国国会通过立法，宣布成立“全国知识产权执法协调委员会”（National Intellectual Property Law Enforcement Coordination Council，NIPLECC），作为贸易代表办公室、司法部、海关、商务部、专利商标局、国务院等部门之间的协调机制。NIPLECC 是根据 2000 年《财政及政府总拨款法》成立，职责是在联邦和驻外机构之间协调国内国际知识产权执法，并就各部门协调活动的情况，向总统及参众两院的拨款和司法委员会提交年度报告。委员会的成员包括：副贸易代表、负责刑事局的助理司法部长、海关委员、商务部副部长及专利商标局局长、负责国际

① GAO, *Intellectual Property: Risk and Enforcement Challenges*, October 18, 2007, pp. 6—12.

贸易的商务部副部长、负责经济及农业事务的副国务卿。司法部和专利商标局担任委员会的共同主席。2005 年，国会又通过立法，设立了“国际知识产权执法协调员”（Coordinator for International Intellectual Property Enforcement），其职责是协调联邦政府的资源，在美国国内外加强知识产权保护。其具体工作包括：与相关联邦机构进行协调，担任全国知识产权执法协调委员会主席，制定政策解决国际知识产权侵权问题，执行知识产权法律，在海外实施保护美国知识产权的战略。

2004 年 10 月，美国总统宣布了一项“打击有组织盗版战略”（Strategy Targeting Organized Piracy Initiative，简称“STOP 战略”），要求政府各部门积极合作，摧毁贩卖假货的犯罪网络，在美国边境阻止假冒盗版货物的流通，在全世界打击冒牌货，并且帮助小企业在海外市场维护权利。美国司法部形容其为“打击知识产权犯罪的一次全方位的、多角度的战略”。“STOP 战略”的原则主要包括：严格执行知识产权保护法；政府和知识产权权利人共同承担打击知识产权违法行为的责任；政府部门应在最严重侵犯著作权、商标权和商业秘密的控诉中起引导作用；政府应惩罚对创新技术的盗用行为，而不是技术本身。

2007 年，美国商会发起“联合打击假冒和盗版的知识产权执法行动”（简称“联合执法”），为美国所有其他知识产权执法活动奠定了基础工作，勾勒出了美国产业及政府当前所追求的全部策略。虽然联合行动只是美国国内发起的一场执法行动，但由于美国是不断推行更高知识产权执法标准的最重要国家，因此，“联合行动”一定程度上也映射出发达国家在全球推行的知识产权执法策略。该活动主要包括六项具体行动：1. 增强联邦政府知识产权执法之间的合作。为达此目的，“联合行动”意在白宫指定一名知识产权执法官员（IP czar），2008 年 5 月，白宫代表通过《知识产权优化资源和组织法案》（PRO-IP），[①] 并于 2009 年 10 月最终通过，该法案专门规定了知识产权执法官员的任命及具体职责。2. 着重强调打击假冒和盗版的边境执法。包括增强信息共享能力、开发数据库以阻止嫌疑船只，资助更多机构和培训项目，授予海关和边境保护机构更多法律权限，对那些实质上促使假冒和盗版货物非法进入美国的进口商、出口商或

---

① Prioritizing Resources and Organization for Intellectual Property Act of 2008，PRO-IP Act H. R. 4279.

其他相关方处以罚金，减少“个人使用”的例外规定以及禁止进口任何数量的，包括通过邮件或特快渠道的假冒或盗版产品。3. 加强打击“知识产权盗窃”的执法能力。包括提高对执法部门的资助（美国律师办公室、FBI、培训州和地区的执法），加强对造成身体伤害或死亡的假冒人员的刑事处罚力度，以及深化执法部门和产业的合作。4. 促进边境和海外执法机构和海关关员的合作。包括培训知识产权政府执法官员，在美国大使馆建立知识产权专员，以及增加对知识产权执法协调员的资助。另外，与美国贸易代表办公室联合使用普惠制（GSP）及区域贸易优惠项目以鼓励知识产权执法。5. 寻求建立法官处理假冒和盗版案的试行项目，以及制定针对复杂假冒犯罪予以三倍赔偿的制度。6. 举办一场全国范围内的提高消费者意识的活动，旨在提高消费者对假冒和盗版所造成危害的意识（包括在电视、广播电台、网络上刊登广告）。除此之外，还强调构建大学校园网以打击 P2P 网络行为，并资助那些在打击假冒方面取得最大成绩的校园。

虽然美国实施了一系列知识产权执法战略，但这些活动并未受到一致好评，比如 2006 年 11 月，美国国家责任办公室向国会提交了一份调查报告，即《知识产权：为了长期成效，打击有组织盗版战略需要改变》。报告指出，美国知识产权执法协调机构协调不力，“STOP 战略”不像战略。联邦政府有关部门虽然在对外谈判推动和对内执法宣传等方面成绩卓著，但基本上是各自为战，没有人牵头实施一项目标明确的战略，实现资源利用的最大化，也没有人对各部门的业绩进行统筹评估，借此督促大家更加努力。美国除在国内实施这一系列执法战略外，也通过一些新的法案加大知识产权执法力度。

三 《知识产权优化资源和组织法案》（PRO-IP 法案）

（一）PRO-IP 法案的制定过程

2007 年 12 月 5 日，众议院司法委员会提交《2007 年优化知识产权资源和组织法案》（Prioritizing Resources and Organization for Intellectual Property Act of 2007，以下简称 PRO-IP 法案），供众议院讨论。2007 年 12 月 13 日，众议院负责法庭、因特网和知识产权事务的小组委员会就《优化法案》举行听证会，参加听证会的包括司法部、工会、打击假冒和盗版联盟（CACP）以及公共利益团体等机构的代表，支持之声占绝对上风。

2008 年 5 月 8 日，美国国会众议院以 410 票对 11 票的比分，通过了这一法案。2008 年 9 月 26 日，美国参议院也通过了这一法案。该法案于 2008 年 10 月 13 日经布什总统签署成为正式法令。

（二）PRO-IP 法案的主要内容

PRO-IP 法案总共五章。第一章和第二章是关于加强民事和刑事法律的内容，包括对假冒盗版行为加大处罚，统一没收程序，规定出口假货为非法，消除影响已注册版权执法的漏洞。第三章设立了知识产权执法代表，负责协调整个联邦政府的执法行动。该代表在其他各部门的配合下，为全国知识产权执法制订“联合战略计划”。第四章和第五章加强了行政部门的能力，包括在司法部重组知识产权执法，增加调查和起诉犯罪的资源，设立知识产权执法协调员和增加知识产权专员。

1. 民事救济。PRO-IP 法案第 101 条规定登记中即使存在不准确信息，登记有效并且可获得法定赔偿，除非申请登记时，主观上存在故意并且版权局长会因此拒绝登记。此类案件中，法院应咨询版权局长的意见。该条是对美国法典第 17 编第 410 条的修改，对于登记文件上出现错误时，是否能获得法定赔偿予以了明确规定，这防止了一部分人利用现有法律漏洞实施侵权行为的现象。第 103 条授权法院可以没收记录制造、销售或接受侵权产品的文件。第 104 条规定对于商标侵权的行为，无论是直接故意侵权行为，还是故意诱使他人实施侵权行为，抑或故意为他人提供货物或服务以便实施侵权的行为，法院应判处三倍的赔偿并且承担律师费。第 105 条规定对于使用假冒商标的行为，法定赔偿额度从最低 500 美元增加到 1000 美元，最高从 100000 美元增加到 200000 美元。此外，第 106 条明确规定除了进口假冒盗版货物，出口行为也构成对商标法的违反。

2. 刑事救济。第 201 条对侵犯著作权的重罪（felony）予以了新的规定。为商业利益或个人牟利的侵权、非商业目的但总零售值超过 1000 美元的侵权和将未发布作品上传到公共计算机网络的侵权，两次实施这三种犯罪中的任何一种行为，都被视为重犯，都应受到加重处罚。第 202 条统一协调了在知识产权侵权案件中民事和刑事没收程序。在过去，由于制定时间不同，针对不同假冒盗版的没收程序的规定也不一样。为此，本法案修改了一系列法律，对于民事和刑事没收程序予以了统一规定。第 203 条要求美国刑罚委员会（Sentencing Commission）审查，合适就修改《联邦刑罚指南》（Federal sentencing guidelines）及政策声明以确定对侵权行为的处罚措施是否应扩大到出口行为。第 204 条修改了关于假冒货物或服务的处罚规定（18 U. S. C 2320），对于贩卖假冒货物案件中被告故意、疏忽或试图导致严重身体伤害的，应处以罚款或 20 年以下监禁，或者两者并罚。上述行为导致死亡的，应处以罚款或任何期限的监禁或终身监禁，或者两者并罚。第 205 条规定，如果假冒产品或服务致人重伤或死亡，可判处侵权人监禁（甚至终身监禁）。

3. 协调及打击假冒和盗版战略计划。第 301 条在总统行政办公室设立“知识产权执法代表”，由总统任命。执法代表的主要职责包括：开展打击假冒盗版的联合战略计划（JSP）；作为总统在国内外知识产权执法事务上的主要顾问和发言人；帮助美国贸易代表涉及知识产权执法的谈判；协调联邦部门有关知识产权执法的政策；向国会汇报国家面临的挑战以及联合战略计划的实施情况；领导知识产权执法顾问委员会，以及总统可能指派的其他事项。知识产权执法顾问委员会至少由司法部、专利商标局、贸易代表办公室、国土安全部、国际贸易委员会、食品药品局、版权局及其他部门的代表组成，每个代表都应参与联合战略计划的制订。第 321 条具体规定了联合战略计划，包括目标、期限、执法代表的职责、其他部门和机构的职责、联合战略计划的详细内容、提高外国政府执法的努力以及联合战略计划的公开。

4. 国际知识产权执法和协调。第 401 条至第 405 条规定，美国商务部主管知识产权的副部长兼美国专利商标局局长，与对外商业服务机构主任，在本法案制定两年内，应再任命至少 10 位知识产权专员，服务于美国使馆及其他外交代表机构。

5. 司法部项目。第 501 条要求在司法部副部长办公室设立“知识产权执法机构”，其领导者为知识产权执法官，由司法部部长任命，并直接向副部长汇报。其主要职责在于协调司法部有关知识产权执法及打击假冒和盗版的相关事务。第 511 条规定司法部的司法项目办公室应准许设立一些国家或地方法律执法机构，包括地方政府的执法机构以及公众教育机构，目的在于培训、预防、实施和起诉知识产权侵权和犯罪行为。第 512 条要求司法部部长应审查联邦司法地区的“计算机犯罪与知识产权组”的分布和活动情况。为更好地调查知识产权犯罪，司法部部长与联邦调查局局长商量后应保证在全国检察官办公室至少增加 2 名联邦调查局探员、1 名助理检察长、10 个联邦司法地区以及 5 个联邦调查局机构。第 521 条规定本法案制定后180日内，司法部部长应增加5位“国际知识产权执法协调员”，以便最有效地减少美国市场上的假冒和盗版产品，保护美国国民的知识产权。其任务是联络外国执法机构及处理知识产权刑事事务的外国官员；为外国政府人员提供培训；协助美国涉及知识产权犯罪的执法活动等。

（三）PRO-IP 法案加大知识产权执法的具体表现

1. 加大民事执法力度。PRO-IP 法案第103条授权法院可以没收记录制造、销售或接受侵权产品的文件。法院应对请求人发现的任何记录下达保护令，保护令应依适当的程序以保证秘密信息。该条在目前是比较有争议的，这意味着任何人只要在家免费下载了一首音乐，法院即可没收该电脑。而美国目前的版权法（17 U. S. C 503a）只是规定了法院可以没收侵权产品本身以及制造工具，并不能延伸到记录侵权的文件。第104条规定对于商标侵权的行为，无论是直接故意侵权行为，还是故意诱使他人实施侵权行为，抑或故意为他人提供货物或服务以便实施侵权的行为，法院应判处三倍的赔偿并且承担律师费。这使得三倍赔偿额的处罚规定不再只适用于直接故意行为，还包括引诱或帮助行为，扩宽了处罚的范围。第105条规定对于使用假冒商标的行为，法定赔偿额度从最低500美元增加到1000美元，最高从100000美元增加到200000美元。这大大提高了民事处罚的力度，对于侵权人具有一定的遏制效应。

2. 强化刑事打击力度。美国目前版权方面的法律（18 U. S. C. 2319）规定，为商业利益或个人牟利的侵权、非商业目的但总零售值超过1000美元的侵权和将未发布作品上传到公共计算机网络的侵权，这三种刑事侵权行为的重犯将受到加重处罚，但加重处罚只适用于重复同一种犯罪的行为。PRO-IP 法案第201条则规定，两次实施这三种犯罪中的任何一种行为，都被视为重犯，都应受到加重处罚。PRO-IP 法案扩宽了重犯的限定条件，加大了刑事打击力度。

3. 增加执法人员。PRO-IP 法案第301条规定在总统行政办公室设立“知识产权执法代表”，由总统任命，参议院建议并同意。在本法案制定两年内，应再任命至少10位知识产权专员服务于美国使馆及其他外交代表机构。第521条规定本法案制定后180日内，司法部部长应增加5位“国际知识产权执法协调员”。因此，美国国内专门负责知识产权执法的人员数量大量增加，处理知识产权执法的机构也相应增多。

（四）　对 PRO-IP 法案的立法评析

在全球竞争性的环境中，强有力的知识产权法律环境对于美国就业和经济都异常重要。美国出口的高附加值产品主要依赖于具有知识产权的高科技。法案的出台正是美国在内忧外患以及产业界不断施压的情况下，适时而出的法案，其试图进一步打击假冒盗版行为，改善美国目前经济状况。2008 年 8 月 20 日，美国司法部立法事务办公室对司法委员会主席 Patrick Leahy 参议员的答复中对于法案第 1 和第 4 标题的内容表示关心，其认为法案会损害既定的知识产权执法努力，因为其会削弱有限的刑事执法资源并创设一些不必要的机构。司法部强烈反对第 1 标题下授权总检察长要对侵犯著作权的行为进行民事起诉。首先，著作权民事执法一直是著作权人应承担的责任和享有的权利。美国法已经为此提供了有效的法律保护手段，比如他们可获得禁令（17 U. S. C §502），扣押和销毁侵权物品（17 U. S. C §503），获得实际赔偿（17 U. S. C §504b），获得相当于惩罚赔偿金的法定赔偿（17 U. S. C §504c），在部分情况下还可获得起诉成本和律师费（17 U. S. C §505）。其次，第 1 标题对于既定法律框架的偏离，可能会导致司法部检察官成为著作权人的免费律师，而不考虑其资源状况。再次，司法部有限的资源只能用于特定的事项，民事执法将会以牺牲刑事执法为代价，因为刑事执法只能由司法部提起。司法部的资源应用于公共利益，而不是代表特定产业的利益，产业完全可适用既定的民事执法条款。①

以美国电影协会、美国商会、商业软件联盟、制造业、医药业及媒体等为代表的支持者则认为法案将刺激美国目前缓慢的经济复苏。另外，支持者也着重强调知识产权侵权行为对美国消费者的健康和安全会带来威胁，法案意味着打击假冒和盗版的一次“战争宣言”。那些希望加强美国创新能力和就业的人而言，该法案正如天籁般的音乐那样美妙，法案进一步保护了美国引领全球竞争力的财产。② 而以消费者协会、各种博物馆、图书馆等为代表的反对者则认为该法案额外添加了一些负担，因为立法已经为著作权人提供了充分的救济。比如《PRO-IP 法案》中的版权执法条

---

① U. S. Department of Justice, Office of Legislative Affairs, Washington, D. C. 20530, http: //www. eff. org/files/DoJ%20letter%20re%20s3325. pdf, last visited on February 27, 2013.

② New US law strengthens intellectual property enforcement regime, http: //www. out-law. com/page-9506, last visited on February 28, 2013.

款适用于防止商业侵权行为，部分条款却有可能损害普通消费者的权益，尤其是加大赔偿金额的规定，是美国司法委员会最不应该采取的、最有可能适得其反的举措之一。Google 公司的高级版权顾问威廉姆·帕特里认为，该法案是美国历史上“最贪婪露骨”的知识产权法案，其赔偿金条款只会保护唱片行业的利益，但对其他行业却将产生负面影响，对于打击假冒盗版行为也不能发挥作用。[①] 法案对侵犯版权的法定赔偿金的新规定，过度保护了版权人的利益，打破了版权人与社会公众利益之间的平衡，并且可能造成滥诉，阻碍创新，妨碍合法使用等严重后果。另外，该法案创设了一位知识产权“沙皇”，直接向美国总统汇报如何在国内和国际上更好地保护著作权，该职位的创设将会削弱美国司法部的权力。

四　“337 条款”和“特殊 301 条款”

美国针对知识产权侵权行为，对内对外建立了较为完善的法律体系，对内通过“337 条款”在美国边境对侵犯美国知识产权的行为实施制裁；对外一方面通过“特殊 301 条款”要求外国政府对美国的知识产权提供有效保护，另一方面通过与外国政府签订双边、区域或多边协定推行强有力的知识产权保护。因此，美国在知识产权执法方面采取的单边措施主要通过“337 条款”和“特殊 301 条款”实施。

（一）“337 条款”

美国是最早实施知识产权边境保护的国家，美国 1930 年关税法第 337 节即对“进口贸易中的不公平做法”予以规范，成为知识产权边境保护的雏形。但美国并没有知识产权边境保护的单行法律法规，而是体现在《关税法》、《商标法》、《专利法》及《版权法》等相应的法律法规中。

美国实施知识产权边境保护的执法主体主要是海关与边境保护局（CBP）和美国国际贸易委员会（ITC）。美国海关与边境保护局于 2003 年 3 月 1 日成立，隶属国土安全部，统管边境执法，包括对知识产权实施边境保护。美国国际贸易委员会是在美国国会领导下的准司法机构，负责对违反“337 条款”的案件做出终局判决并采取相应的救济措施。美国

① 美众议院正讨论推出《2007 年知识产权资源和机构优先法案》，中国国家知识产权局，http：//www. sipo. gov. cn/dtxx/gw/2008/200804/t20080401_ 353837. html ，最后访问日 2013 - 2 - 28。

“337 条款”是指 1994 年修订的 1988 年综合贸易竞争法（Omnibus Trade and Competition Act 1988）的第 1342 条，美国法典中为第 19 编第 1337 条。“337 条款”是美国贸易法的一条特殊条款，属于美国针对不公平的贸易行为采取的一种行政救济措施。337 条款规定的非法行为包括：“1. 所有人、进口商、承销人（包括他们的代理人）将货物（非下属 2、3、4 所指货物）进口美国或销售中的不公平竞争方法和不公平做法，其效果破坏或实质损害美国产业，阻止美国产业的建立，或限制或垄断美国的贸易和商业；2. 物品所有人、进口商、承销人（包括他们的代理人）对下述物品向美国的进口、为进口而销售或进口后在美国销售：（1）侵犯有效的可执行的美国专利或有效的可执行的美国版权的物品；或（2）利用有效的可执行的美国专利请求权包括的方法，制造、生产、加工或开采的物品；3. 物品所有人、进口商、承销人（包括他们的代理人）对侵犯有效可执行的美国注册商标的物品向美国的进口、为进口而销售或在进口后在美国销售；4. 有半导体芯片产品所有人、进口商、承销人（包括他们的代理人），以侵犯按照第 17 编第 9 章注册的掩膜作品（mask work）的方式，向美国进口、为进口而销售或进口后在美国销售。”① “337 条款”的主要内容包括：

1. 保护范围：（1）专利。美国专利法对“帮助侵权”和“引诱侵权”做了规定。“帮助侵权”必须知道直接侵权行为的存在，并为该侵权行为提供了实质性的帮助。美国专利法第 271（b）条规定，任何积极引诱和教唆他人侵犯专利权的人负有专利侵权的法律责任。“引诱侵权”必须以直接侵权为前提并积极主动地引诱和教唆其他人侵权专利权，主观上具有故意。（2）商标。美国法规定对商标侵权行为规定包括对普通法商标和注册商标侵权。普通法商标的构成要件有三个：一是该标志是固有的、与众不同的或已取得第二含义；二是该标志是非功能性的，不是描述商品功能的；三是其他标识可能与该商标发生混淆。（3）版权。（4）冒充或蒙混（Passing off）。（5）商业秘密。（6）商业外观。（7）违反兰哈姆法案的行为，包括虚假原产地或来源地；虚假广告、说明或标记。（8）平行进口行为。（9）淡化商标功能。（10）中伤企业商誉。（11）侵权干扰或阻碍商业。（12）合同侵权或商业侵权。

① 19 U. S. C. § 1337, Unfair pratices in import trade.

2. 保护条件：上述侵权行为威胁或足以摧毁或实质损害美国国内产业或妨碍此类产业的建立或限制或垄断了美国的贸易和商业。

3. 程序："337 条款"最大的特点就在于提供了快速有效的程序和救济措施。发起调查可为权利持有人提交书面申请或国际贸易委员会依职权主动调查。同时，整个调查程序必须在 12 个月内完成，如果案情复杂，可延长至 18 个月。

4. 救济：（1）发布排除令。若国际贸易委员会裁定存在对"337 条款"的违反，可发布排除令，包括普遍排除令和有限排除令；（2）发布制止令。当货物已进口并在美国销售，排除令已不可能阻止侵权行为时，可签发制止令；（3）扣押和没收产品；（4）罚款；（5）临时救济措施。

"337 条款"事实上已成为美国知识产权保护的外贸法。由于其时间短，客观上造成被诉企业没有充分的时间抗辩，处于不利局面。而美国申诉方则往往采取主动权，并能在短时间内获得救济措施，因此，"337 条款"被美国企业频繁使用。TRIPS 协定第 41 条有关知识产权执法的一般义务规定："各成员应保证其国内法中包括关于本部分规定的实施程序，以便对任何侵犯本协定所涵盖知识产权的行为采取有效行动，包括防止侵权的迅速救济措施和制止进一步侵权的救济措施。这些程序的实施应避免对合法贸易造成障碍并为防止这些程序被滥用提供保障。""有关知识产权的实施程序应公平和公正。这些程序不应不必要的复杂和费用高昂，也不应限定不合理的时限或造成无理的迟延。""337 条款"则违背了 TRIPS 协议有关知识产权执法的一般义务，特别是在公平和公正方面，"337 条款"明显有利于美国企业。另外，TRIPS 协议第 7 条规定，知识产权的保护和实施应有助于促进技术革新及技术转让和传播，有助于技术知识的创造者和使用者的相互利益，并有助于社会和经济福利及权利与义务的平衡。而"337 条款"则过分强调知识产权权利人的利益，为权利人提供了便利的条件，对其他相关者利益则不予考虑。

（二）"特殊 301 条款"

随着科学技术的蓬勃发展，美国经济发展中有关知识产权的贸易大幅增长，增长速度远远高于有形商品贸易，知识产权成为美国企业获取巨额利润的有力武器。为保护美国企业在国外的知识产权，美国国会于 1988 年通过《综合贸易与竞争法》，修改制定了旨在保护美国知识产权的"特殊 301 条款"。"特殊 301 条款"的核心是确定在知识产权保护及其市场准入方面有问题的国家，采取有效的贸易措施，以改变有关国家在知识产权保护及其市场准入方面的状况，其目的是保障美国的知识产权在国外得到有效保护，保障依赖于知识产权保护的美国人公平而有效地进入外国市场。凡是在这方面有问题的国家，美国贸易代表都可以将其确定为“重点外国”，从而发起调查和实施贸易制裁。在“重点外国”之外，美国还在 1989 年的年度审查报告中创立了“重点观察名单”和“观察名单”，并在其后的报告中创立了“特别提及”和“其他观察”的名单。另外，还包括 306 条款监督，是指根据美国贸易法第 306 条，当美国与有关的外国达成贸易协议时，贸易代表应当监督外国执行贸易协议。美国每年根据“特殊 301 条款”发布“特殊 301 报告”。就“特殊 301 条款”的规定而言，最主要的是在每年的报告中确定在知识产权保护及其市场准入方面有严重问题的“重点外国”，但美国贸易代表并不是每年都确定“重点外国”。以 2010 年“特殊 301 报告”为例，其“重点观察名单”包括中国、俄罗斯、阿尔吉尼亚、阿根廷、加拿大、智利、印度、印度尼西亚、巴基斯坦、泰国、委内瑞拉。2010 年“特殊 301 报告”就未确定“重点外国”。[①] 一旦确定为“重点外国”，就应在联邦公报上予以公布，并且必须在 30 天内发起调查和进行磋商。而且调查发起后，贸易代表必须在 6 个月内做出是否制裁及采取何种制裁措施的决定，如果决定进行贸易制裁，必须在 30 天内予以实施。“特殊 301 条款”虽然不是美国和发展中国家之间签订的涵盖超 TRIPS 条款的正式协定，但同样会造成超 TRIPS 的结果，因为发展中国家为避免遭受美国基于“特殊 301 条款”而采取的报复措施，会在国内主动适用超 TRIPS 条款。

第二节　欧盟内部加大知识产权执法战略

一　欧盟内部加大知识产权执法的原因

欧盟是当今世界一体化程度最高的国际经济组织，欧盟各成员国历来重视对知识产权的保护。欧洲是现代知识产权制度的发源地，根据 2005 年欧盟执委会有关假冒和盗版趋势的海关报告，1998 年至 2004 年，欧盟

① 2010 Special 301 Report, April 30, 2010.

海关查获假冒产品数量增加 1000%，每年总额达到 1 亿欧元。另外，除了对工作、健康、安全和竞争造成影响外，黑市销售产品的行为也对国家税收造成重大损害。20 年前，70% 的假冒产品是奢侈品，2004 年，边境查获了 440 万欧元的假冒食品和酒类饮料（比 2003 年增加 196%），假冒奢侈品只占 2%。[①] 假冒和盗版行为不仅对权利持有人、消费者、行政部门和社会是非常严重的问题，而且也对欧共体贸易及整个国际社会正常的自由贸易往来造成了一定阻碍。

欧委会委员麦克理维在 2008 年 10 月 16 日的一次讲话中，说道："知识产权是欧盟最伟大的资产之一，它是经济发展的主要燃料，使得我们消费者因生活在这个世界上最具创造力的地区而受益。欧盟的未来取决于高质量的知识产权创造条件和提供支持……在欧盟，我们拥有世界上最强大的关于假冒与盗版的立法，但是，我们依然有压力……因此，委员会将关注旨在更有效合作的非立法措施……在结束讲话前，不得不提到关于假冒与盗版持续存在的问题，我们必须要共同的、明确的计划以遏制这日益腐化、极具破坏性的趋势。"[②] 麦克理维的这番言论表达了欧盟要加大知识产权执法力度的决心。如上所述，欧盟已经拥有世界上最强大的关于假冒与盗版的立法，但依然有压力，欧盟清楚地认识到如果欧盟只是制定了相关统一的知识产权立法，而没有有效的知识产权执法，统一立法无异于一纸空文。因此，2003 年欧盟执委会提出了有关加强知识产权执法的建议，包括对外和对内市场两项执法建议，一是针对内部市场，2003 年 1 月 30 日欧委会提出《欧洲议会和委员会有关知识产权执法措施和程序的建议》[③]；二是针对外部市场，欧委会 2003 年 7 月 22 日通过了新的边境保

---

① Commission of the European Communities, Communication from the Commission to the Council, the European Parliament and the European Economic and Social Committee on a Customs response to latest trends in Counterfeiting and piracy, COM (2005) 479 final, p. 3.

② Charlie MccReevy, European Commission for Internal Market and Services Protecting innovation in Europe Conference on Industrial Property Rights, http: //europa. eu/rapid/pressReleasesAction. do? reference = SPEECH/09/80&format = HTML&aged = 0&language = EN&guiLanguage = en last visited on February 28, 2013.

③ Commission of the European Communities, Proposal for a Directive of the European Parliament and of the Council on measures and procedures to ensure the enforcement of intellectual property rights, COM (2003) 46 final.

护措施 1383/2003 号条例①，加强欧盟海关执法。上述两项建议都旨在加强知识产权执法措施，具有明显的超 TRIPS 知识产权执法特征。

二 欧盟《知识产权执法指令》(2004/48/EC 指令)②

欧盟《知识产权执法指令》是欧盟基于《罗马公约》的内部市场条款在知识产权领域颁布的一项对内指令，旨在协调各成员国知识产权执法方面的法律法规，在单一共同体内建立完整的执法框架，以便更有效地打击假冒、盗版等侵权行为。它主要涉及知识产权侵权的民事、行政程序及救济。该指令要求，所有欧盟成员国应在 2006 年 4 月 30 日前，完成有关国内法上的移植工作③，从知识产权的范围到审判中的证据规则，再到临时措施的适用以及损害赔偿，成员国都应严格按照指令修改法律，对假冒和盗版采取一种劝阻性和相称性的有效救济措施和处罚措施④；对于成员国的相关国际义务、知识产权的实体条款和具体刑事程序条款，该指令并未涉及。⑤ 可以说，欧盟《知识产权执法指令》是欧盟知识产权执法制度发展史上的一座里程碑，目的是使欧盟成员国立法“趋同”，要求成员国对有关的国内法进行必要的修改，协调各国间相互冲突的法律法规。

（一）欧盟《知识产权执法指令》的立法背景及过程

1. 欧盟《知识产权执法指令》的立法背景

由于欧盟成员国在知识产权保护与执法方面存在较大的差异，特别是

---

① Council Regulation (EC) No 1383/2003 of 22 July 2003 concerning customs action against goods suspected of infringing certain intellectual property rights and the measures to be taken against goods found to have infringed such rights, OJ L 196, 2.8.2003.

② 余敏友、廖丽：《欧盟知识产权执法指令述评》，《欧洲研究》2009 年第 6 期。

③ Directive 2004/48/EC of the European Parliament and the Council of 29 April 2004 on the enforcement of intellectual property rights, as corrected and republished in OJ L 195, 2.6.2004, OJ L 157, 30.4.2004, Article 20 (1).

④ Directive 2004/48/EC of the European Parliament and the Council of 29 April 2004 on the enforcement of intellectual property rights, as corrected and republished in OJ L 195, 2.6.2004, OJ L 157, 30.4.2004, Article 3 (2).

⑤ 2003 年《欧洲议会和委员会有关知识产权执法措施和程序的立法建议》第 20 条规定了具体的刑事执法措施，但 2004/48/EC 号指令只在序言第 28 段规定，除民事和行政措施之外，在某些案件中，也可适用刑事措施以保证知识产权执法。具体的刑事执法程序则通过《欧洲议会和欧盟理事会关于旨在确保执行知识产权的刑事措施指令（草案）》（T6－0145/2007）予以规定，现仍有待欧盟理事会一读。

在证据的保全、赔偿的计算以及制止假冒和盗版的程序等方面，欧盟成员国之间立法迥异，例如，荷兰、西班牙和英国不赔偿权利人的利润损失，而只有比利时、德国、丹麦、卢森堡、荷兰和英国才要求司法机关公布货物来源和配送网络的最新信息。[①] 这种差异性阻碍了单一市场的良性运作，并使打击假冒和盗版的行为难以发挥有效作用。因此，为更好地打击假冒和盗版行为，欧盟内部亟待制定一项有关知识产权有效执行的法律。

在统一协调知识产权立法方面，欧盟做出了很大努力，除专利尚未统一因而统一专利法条例还在协调阶段外，欧盟已经在协调统一版权、商标、外观设计、植物新品种、数据库制作、半导体布图、实用新型以及地理标志等领域取得了重大进展。例如，在版权方面，欧共体理事会已颁布5个协调版权法的指令；[②] 在商标方面，欧共体颁布《欧洲共同体商标条例》以及《1998年协调成员国商标立法第一号指令》；在外观设计方面，欧共体颁布《欧洲共同体外观设计条例》；在植物新品种方面，欧共体颁布《欧洲共同体植物新品种保护条例》；在数据库制作方面，通过《1996年关于数据库法律保护的第96/9/EC号指令》；在半导体布图方面，通过《1986年关于半导体产品布图设计法律保护的理事会指令》；在地理标志方面，颁布《1992年欧共体关于保护农产品和食品地理标志和原产地名称的条例》，2006年又颁布《欧共体关于保护农产品和食品地理标志和原产地名称的条例》。

2. 欧盟《知识产权执法指令》的制订过程

早在1985年《关于建立内部市场的白皮书》[③] 中，欧共体委员会就指出，各成员国在知识产权立法方面的差异，已对共同体内的贸易及共同市场内的经济活动能力造成直接的负面影响。欧共体委员会1998年10月

① Christophe De Vroey：《欧盟关于知识产权执法的建议》，郑丹怡译，《电子知识产权》2004年第1期，第36页。

② 即《1991年关于计算机程序法律保护的指令》、《1992年出租权、出借权和某些与版权有关的权利的理事会指令》、《1993年协调关于卫星广播和电缆传输方面版权和与版权有关的权利的某些规则的理事会指令》、《1993年协调版权和某些有关权利保护期的理事会指令》以及《2001年协调信息社会中版权和相关权若干方面的第2001/29/EC号指令》。

③ European Commission, Completing the Internal Market-White Paper from the Commission to the European Council, COM (85) 310 final.

公布《关于在单一市场打击假冒盗版产品》的绿皮书[①]，目的在于确认在单一市场上假冒和盗版行为所造成的经济影响，评估法律适用的有效性，并提供相关改善意见。在对绿皮书的反馈中，各利害关系方抱怨知识产权裁决缺乏一致性，对成员国之间的贸易与单一市场内部的竞争都有影响。因此，各利害关系方包括欧盟成员国都希望在欧共体层面积极有效地采取打击假冒和盗版的相关行动。在此基础上，2000 年 12 月欧盟委员会制订了一份关于改善与深化打击假冒和盗版活动的“2000 行动计划”（Action Plan 2000）。[②] 此后，欧盟委员会制订了包括紧急行动计划、中期行动计划以及其他行动计划在内的一系列行动计划。

2003 年 1 月 30 日，欧盟执委会起草《欧洲议会和委员会有关知识产权执法措施和程序》的立法建议，11 月 27 日，欧洲议会通过一读（first reading）做出决定，2004 年 3 月 9 日，欧洲议会和理事会达成一致，经过几年时间的酝酿，欧盟终于在 2004 年 4 月 29 日形成最终法案，颁布欧盟《知识产权执法指令》，并要求成员国于 2006 年 4 月予以实施。

（二）欧盟《知识产权执法指令》的主要内容

欧盟《知识产权执法指令》对 2003 年 1 月 30 日的建议稿作了一些修改。原建议稿的引言部分有 30 段，总共 27 条共六章。而最终出台的欧盟《知识产权执法指令》的引言部分有 32 段，总共 22 条共五章，第一章为目的和范围；第二章为措施、程序和救济，包括 7 个部分；第三章为成员国的制裁；第四章为行动守则和行政合作；第五章为最后条款。下文只对《知识产权执法指令》最重要的几个部分予以分析。[③]

1. 范围和主体。欧盟《知识产权执法指令》的范围包括共同体法和成员国国内法所规定的任何知识产权侵权行为，并不排除共同体法或成员国国内法可以提供的更严厉的保护。[④] 根据 2005 年欧盟关于《知识产权

① European Commission, Combating Counterfeiting and Piracy in the Single Market-Green Paper, COM (98) 569 final.

② Commission of the European Communities, Communication from the Commission to the Council, the European Parliament and the Economic and Social Committee, Follow-up to the Green Paper on combating counterfeiting and piracy in the single market, COM (2000) 789 final.

③ Directive 2004/48/EC of the European Parliament and the Council of 29 April 2004 on the enforcement of intellectual property rights, OJ L 157, 30. 4. 2004, as corrected and republished in OJ L 195, 2. 6. 2004.

④ Article 2, 2004/48/EC.

执法指令》第 2 条第 1 款的声明①，知识产权至少包括：著作权、著作邻接权、数据库制作者权、半导体布图权、商标权、外观设计权、专利权(包括补充性保护证明)、地理标志权、实用新型权、植物新品种权以及商号权，只要这些根据国内法律受专有财产权的保护。而有权申请救济的主体一般为知识产权权利人，也包括授权使用的任何人。集体管理组织和贸易协会在一定条件下也可提起诉讼。②

2. 证据规则。如果一方当事人已经提供足够支持其权利主张的，并能够合理取得的证据，同时指出了由另一方当事人控制的证明其权利主张的证据，司法当局应有权在确保对秘密信息给予保护的条件下责令另一方当事人提供证据。该条款要求该利害关系方提供“足够支持其权利主张的、并能够合理取得的证据”，对于具商业规模的侵权，成员国必须在对秘密信息给予保护的条件下保证另一方当事人提供“银行账号、金融或商业文件”。在程序开始之前，即可获得证据保全措施。在与上述规定相同条件下采取证据保全措施。这些措施可能包括具体的描述（有无样品)，查封侵权产品和查封在某些情况下用于制造和销售该侵权产品的材料、设施及相关文件。如有必要，可以在不通知另一方当事人的情况下采取这些临时措施，特别是当延误可能给知识产权权利人造成无可挽回损害的情况下或在有关证据显然有被销毁危险的情况下。同时，这种临时措施实施后应及时通知受影响当事方，受影响当事方可申请复审，即在合理期限内审查该措施是否需要修改、撤销或确认该临时措施。③

3. 信息权。如果案件确系侵权，应知识产权权利人的公平合理请求，成员国应保证权威机关命令侵权人和/或其他人有对法院提供侵权货品或服务来源和销售信息的义务，其他人包括拥有具商业规模侵权产品的人；使用具商业规模侵权服务的人；提供具商业规模侵权服务的人，或上述人中涉及生产、制造、销售的任何人。上述所需提供的信息包括生产商、制造商、销售商、供应商、其他预先持有人及后续批发商和零售商的姓名和地址，以及商品生产、制造、销售、接收和预定的数量和价格。④

---

① Statement by the Commission concerning Article 2 of Directive 2004/48/EC of the European Parliament and of the Council on the enforcement of intellectual property rights, 2005/295/EC, 13. 4. 2005.

② Article 4, 2004/48/EC.

③ Article 6 -7, 2004/48/EC.

④ Article 8, 2004/48/EC.

4. 临时措施和预防措施。在申请人请求下，司法当局可发布“临时禁令”（interlocutory injunction），意在防止对知识产权的即发侵权（imminent infringement）或继续侵权（continuing infringement）行为。在后种情况下，知识产权权利人可获得侵权人支付的循环罚金（a recurring penalty payment）。当侵权行为具商业规模时，如果受害方能证明其损害的恢复有危险或风险，成员国司法当局可以扣押所指控的侵权人的“动产和不动产”，包括冻结银行账号和其他财产。如果临时措施被撤销，或如果因申请人的任何行为或疏忽而失效，或如果事后发现始终不存在对知识产权的侵犯或侵权威胁，根据被告请求，司法当局应有权责令申请人就有关的临时措施给被告造成的任何损害向被告提供赔偿。①

5. 确认侵权后的措施。如果案件确认侵权，应申请人的请求，成员国应保证对侵权产品以及在有关案件中用于生产或销售侵权产品的材料和设备采取适当的措施，包括召回、转移流通中的侵权产品或销毁该产品。司法机关应命令侵权者承担召回、转移或销毁侵权产品的费用。同时，更正措施应考虑侵权行为的危害程度与救济措施和第三方利益之间的相称性。如果案件确认侵权，司法机关可发布禁令以防止侵权产品进一步流通。在有关案件中，如果侵权人并非故意也无过失，则应侵权人的请求，司法机关可责令对受害方予以金钱赔偿，而取代上述两种措施。②

6. 赔偿和公布判决。应受害方的请求，司法机关应责令侵权人对侵权所造成的损害进行适当赔偿。对于损害的确定应考虑所有相关因素，比如所造成的负面经济影响，包括受害方丧失的利润、侵权者获得的利润以及在有关案件中的非经济因素，比如侵权对权利持有人造成的精神损害。除上述规定外，在有关案件中也可考虑使用该知识产权的许可费总额赔偿。一般而言，应由败诉方承担合理而适当的诉讼费和其他费用。应申请人的请求，司法机关有权发布有关判决的信息，包括公开判决的全部或部分内容，费用由侵权人承担。③

（三）欧盟《知识产权执法指令》之超 TRIPS 特征

《知识产权执法指令》作为欧共体协调成员国在知识产权执法方面的

---

① Article 9, 2004/48/EC.

② Article 10—12, 2004/48/EC.

③ Article 13—15, 2004/48/EC.

法律法规，基本遵守了《TRIPS 协定》第三部分关于知识产权执法的相关规定，但由于欧盟力图加大对知识产权的保护和执法以维护自身的经济利益，指令也包括一些超 TRIPS（即 TRIPS - Plus）条款。

1. 知识产权的范围。《TRIPS 协定》第二部分具体规定了知识产权的范围，包括版权及相关权、商标权、地理标志权、工业品外观设计权、专利权、集成电路布图设计权、未披露信息的保护权。《执法指令》则适用于欧盟成员国的任何知识产权，包括《TRIPS 协定》未涉及的实用新型权、数据库制作者权以及植物新品种权。

2. 证据规则。第 6 条关于证据的规定意味着知识产权权利人应向法院提交所有支持其主张的证据。对于侵权至关紧要的，而掌握在对方当事人手中的证据（比如储存在侵权人仓库中的盗版 DVD 产品）或者对损害的确定（比如侵权人通过非法所得的利润），此时，采取举证责任倒置。法院要求对方当事人提交证明其侵权或损害的文件。第 7 条规定在程序开始之前，可以采取证据保全措施。这些措施可能包括具体的描述（有或无样品），查封侵权产品和查封在某些情况下用于制造和销售该侵权产品的材料、设施及相关文件。第 7 条第 1 款还规定，如有必要，可以在不通知另一方当事人的情况下采取这些临时措施，特别是当延误可能给知识产权权利人造成无可挽回的损害或有关证据显然有被销毁危险的情况下。该条实际上是一种单方面的（ex pArt. e）对人权（in personam）即安东·皮勒命令（Anton Piller orders），是英国和爱尔兰的一种诉讼保全制度，它允许特定人进入被告居所，搜查、没收以及扣留文件或其他物品，防止被告销毁有罪证据并且不必通知对方当事人。其他国家并不适用此种禁令。《知识产权执法指令》适用安东·皮勒命令，无疑是站在产业利益集团的立场上，加大了被告方的责任。

3. 信息权。《TRIPS 协定》也规定了获得信息权。第 47 条规定，“成员可规定，只要并非与侵权的严重程度不协调，司法当局均有权责令侵权人将卷入制造和销售侵权商品或提供侵权服务的第三方的身份及其销售渠道等信息提供给权利持有人。”该条适用的是“可（may）”采用这种形式，而不是“应（shall）”采用。因此，从侵权行为人获得信息的权利是一种“可”适用的条款，即成员国并非必须在国内立法中采用该条款。同时，该条款规定的是司法当局可有权责令“侵权人”提供信息，而不是一般的“被告”。另外，该条款采用了一种比例标准（proportionality

test)，即该义务只能适用于严重侵权行为。[①] 对于可获得“信息”的内容，《TRIPS 协定》只是规定了对其“身份”及其“销售渠道”提供信息，侵权人并无义务提供其他相关信息。而《知识产权执法指令》第 8 条第 1 款规定，欧共体成员国“应”保证权威机关可责令侵权人和/或“其他人”有对法院提供侵权货品或服务来源和销售信息的义务。因此，《知识产权执法指令》要求成员国“应”保证适用，并且扩大了获得信息来源的主体范围，包括“其他人”，主要指拥有具商业规模侵权产品的人、使用具商业规模侵权服务的人、提供具商业规模侵权服务的人，或上述人中涉及生产、制造、销售的任何人。

4. 临时措施。在侵犯知识产权的案件中，采取临时措施非常重要，因为几乎所有案件都需要知识产权权利人迅速采取行动以减少不必要的损失。《知识产权执法指令》第 9 条第 2 款规定，当侵权行为具商业规模时，如果受害方能证明当前情形危及其损害恢复，司法当局可对被告的“动产和不动产”采取临时措施，包括冻结银行账号和其他财产。这也被称为玛瑞瓦禁令（Mareva injunctions），是英国民事诉讼中禁令的一种，目的在于禁止被告在诉讼前或诉讼中转移或处分其财产，以保证对将来判决的执行。《TRIPS 协定》第 50 条用 8 个条款规定了临时措施的适用，但并未规定成员国可冻结嫌疑人的银行账号和其他财产。

5. 赔偿。《知识产权执法指令》明确了赔偿责任，第六部分有关损害和赔偿规定的第 13 条和第 14 条是对《TRIPS 协定》第 45 条的补充。第 13 条规定了对于损害的确定应考虑所有相关因素，因此，不仅要考虑所造成的经济方面的损失，包括受害方丧失的利润、侵权者获得的利润，还要考虑在有关案件中的非经济方面的损失，比如侵权对知识产权权利人造成的精神损害。同时，该条还规定，在有关案件中也可考虑采用知识产权许可费总额（lump sum）赔偿。该条对损害的确定提供了两种选择，一是损失或不公平的利润和精神赔偿；二是适用该知识产权所需许可费的总额。这些都是最低标准，成员国也可考虑任何其他因素。

6.《知识产权执法指令》第 10 条要求侵权者收回其投放在市场上的货物，而召回、转移或销毁侵权产品的费用由侵权者承担。TRIPS 协定对

---

① Carlos M. Correa, *Trade Related Aspects of Intellectual Property Rights: A Commentary on the TRIPS Agreement*, Oxford University Press, 2007, p. 429.

此未作规定。

（四）欧盟《知识产权执法指令》的主要影响与评价

《知识产权执法指令》进一步强化了欧盟作为泛欧知识产权立法者的角色，协调了欧盟各成员国有关知识产权的立法，并推动后续立法的颁布和实施。欧盟《知识产权执法指令》似乎打开了潘多拉盒子，一系列有关知识产权执法的规定、策略、建议相继生效或出台。具体表现在：（1）在边境执法方面，欧盟委员会 2003 年 7 月 22 日通过新的《关于针对嫌疑侵犯特定知识产权的海关执法行为及针对侵权货物的处理措施条例》（1383/2003 号条例），并于 2004 年 7 月 1 日正式生效。（2）在境外执法方面，2004 年 11 月 10 日，欧盟委员会正式通过了《在第三国知识产权执法的战略》，旨在敦促第三国认真有效地贯彻执行现行的知识产权法。同时，欧盟积极与中国、加拿大、中国香港、韩国、美国和印度签订《海关合作和多边协助协定》，以加强与第三国的国际海关合作。（3）在刑事执法方面，2005 年 7 月 12 日欧委会提出《欧洲议会和欧盟理事会关于旨在确保执行知识产权的刑事措施指令（建议稿）》和《欧盟理事会关于打击知识产权犯罪加强刑事法律的框架决定（建议稿）》，并于 2006 年 4 月 26 日提出修改建议稿。2007 年 4 月 25 日，欧洲议会一读通过欧盟《知识产权刑事措施指令（草案）》，目前正等待欧盟理事会一读。（4）在全球执法方面，2007 年 10 月，欧盟联合美国、日本和瑞士宣称要制定一个新的全球知识产权执法标准协议——反假冒贸易协议（ACTA）。目前，有关各方正就 ACTA 协议的具体内容进行谈判。（5）在内部市场执法方面，2009 年 9 月 11 日，欧盟委员会为进一步加大打击假冒盗版的执法力度，通过了《在内部市场加强知识产权执法》① 的报告。

与 TRIPS 执法标准相比较，欧盟《知识产权执法指令》以及后续一系列知识产权立法的出台最显著的特色即是推行超 TRIPS 的知识产权执法标准，该策略导致知识产权执法问题日益受到发达成员与发展中成员的更多关注，并演变成全球知识产权执法大辩论。最近的一次全球辩论是 2009 年 2 月国际贸易和可持续发展中心（ICTSD）发布的《有关知识产

① Commission of the European Communities, Communication from the Commission to the Council, the European Parliament and the European Economic and Social Committee, Enhancing the enforcement of intellectual property rights in the internal market, COM (2009) 467 final.

权执法与发展中国家的全球辩论》[1]，其辩论点至少包括以下问题：（1）假冒和盗版所造成的实际经济损失是否与实际不符，其计算方法是否恰当？（2）知识产权权利人与公众之间的利益应如何予以平衡？（3）发达成员所推行的超 TRIPS 执法标准能否适用于发展中成员，会对发展中成员造成何种影响？（4）政府在实施知识产权执法策略时，在多大程度上考虑到了成本效益，应在知识产权执法上花费多少国家资源？这一系列问题的产生都离不开发达成员推行超 TRIPS 知识产权执法标准的企图，而欧盟《知识产权执法指令》就很好地诠释了这种超 TRIPS 执法标准的推广。

自欧盟《知识产权执法指令》建议稿出台以来，学界、实务界以及 NGO 反响强烈，赞成和批评之声不绝于耳。赞成派[2]极力支持《知识产权执法指令》的出台，甚至声称"该建议所适用的打击侵权行为的工具尚未达到一些既存国内法所适用的水平"，并且可能"低于其所号称的国际标准"。[3] 反对派[4]则据理力争，质疑《知识产权执法指令》的公正性。IP Justice 执行主任 Robin D. Gross 女士认为"该建议涵盖一些严重的扰乱条款，这些条款对创新和竞争造成威胁，并损害了整个欧盟成员国国内市民的权利。"[5] 此外，有学者认为，"指令的超 TRIPS 条款不仅会造成知识产权内部权利人与消费者和第三人之间的不平衡，也会导致一般民法和知识产权法之间的不平衡。"[6] 另外，"指令还有违欧共体条约的必要性原则、辅助性原则以及相称性原则。"[7] 除了欧盟《知识产权执法指令》本身立

---

① *The Global Debate on the Enforcement of Intellectual Property Rights and Developing Countries*, ICTSD, February 2009.

② 该派以国际唱片业协会（IFPI）、国际录像联合会（IVF）、欧洲互动软件联盟（ISFE）、欧洲独立音乐协会（IMPALA）、欧洲电影公司联盟（EFCA）等为主。

③ EU Enforcement Directive falls far short of providing urgently needed tools to tackle piracy, http://www.ifpi.org/content/section_news/20030130.html, last visited on February 28, 2011.

④ 该派以自由信息基础设施基金会（FFII）、欧洲竞争电信协会（ECTA）、英国信息政策研究基金会（FIPR）、知识产权正义组织（IP Justice）为主。

⑤ Robin D. Gross, *Europe's Proposed Intellectual Property Enforcement Directive Unmasked: Overbroad Proposal Threatens Civil Rights, Innovation and Competition*, ICTSD.

⑥ Will James, "Joel Smith and Herbert Smith, Is further legislation really necessary to level the playing field? A UK perspective", *Computer Law & Security Report*, Vol. 20, 2004, p. 360.

⑦ Ibid., p. 362.

法条款具有较大争议外，其制定过程也受到了学者的质疑。2004 年 4 月 29 日，欧盟《知识产权执法指令》在“一读”的基础上被最终通过，5 月 20 日即生效。有学者认为指令的通过只进行了“一读”程序，并未经过“二读”，并且生效时间如此迅速，主要是为了防止欧盟新成员国①影响到指令的颁布和实施。②

综上可见，对欧盟《知识产权执法指令》的评价基于利益的不同，看法是不一样的。虽然《知识产权执法指令》减少了成员国间关于知识产权执法方面的差异，但由于《知识产权执法指令》只是对一部分执法措施、程序和救济予以规定，并未解决所有执法问题，况且是规定欧盟成员国执法方面的最低标准，成员国可以在制订本国知识产权执法时提高标准，因此，一些不同之处依然存在。另外，《知识产权执法指令》的出台是迫于部分音像公司对打击盗版以及奢侈品公司对打击假冒品的压力，自身也存在一些问题，其超 TRIPS 执法标准的趋同化，会对欧盟部分成员国特别是 2004 年后加入的新成员国造成很大压力。

三 《关于针对嫌疑侵犯特定知识产权的海关执法行为及针对侵权货物的处理措施条例》（1383/2003 号条例）

（一）1383/2003 号条例的制定背景及过程

欧共体最早有关知识产权边境措施的法律规定是 1986 年 12 月 1 日欧洲共同体理事会通过 1988 年 1 月 1 日生效的《关于确定禁止假冒商品进入自由流通之条例》③，该规定允许商标所有人基于国内法的规定，申请要求海关当局中止放行进入该成员国自由流通领域内涉嫌侵犯商标权的商品。④ 对假冒商品应予以销毁或排除出商业渠道。⑤ 可惜的是，该条例在当时实施的效果并不理想，海关当局和商标所有人并未充分利用该条例。

---

① 2004 年 5 月 1 日，欧盟正式接纳 10 个新成员国，包括塞浦路斯、马耳他、波兰、匈牙利、捷克、斯洛伐克、斯洛文尼亚、爱沙尼亚、拉脱维亚和立陶宛。

② Sylvia Mercado Kierkegaard, “Taking a sledge hammer to crack the nut: The EU Enforcement Directive”, *Computer Law & Security Report*, Vol. 21, 2005, p. 489.

③ Council Regulation (EEC) No 3842/86 laying down measures to prohibit the release for free circulation at counterfeit goods.

④ Ibid., Article 3 (1).

⑤ Ibid., Article 7 (1).

1993 年，欧委会计划扩大 3842/86 条例所规定的范围，使之不仅包括假冒商品还包括其他知识产权商品，另外，不仅只涉及进入自由流通的领域，还涉及其他海关执法环节，1994 年 12 月 22 日该条例被《关于禁止假冒商品和盗版商品进入自由流通、出口、再出口的措施之条例》[①] 所取代。3295/94 条例扩大了之前条例所保护的范围，延伸到包括版权、邻接权、设计权以及海关执法其他程序。[②] 同时，海关依职权介入的程序也被首次纳入到该条例中，并且实践证明，海关依职权介入的程序，对于打击假冒盗版能起到很好的作用。[③] 1999 年，3295/94 条例又被修订为《关于修改规定禁止假冒商品和盗版商品进入自由流通、出口、再出口的措施之条例的第 241/1999 条例》。[④] 该条例将专利以及在辅助保护证书纳入保护范围，并且规定了一个新的泛欧共体的申请程序，即权利人在一欧共体成员国申请权力机关保护其商标的发行同样约束其他成员国，这一新程序完善了以往的边境执法体制。1998 年至 2001 年间，3295/94 条例被证明非常奏效，据资料显示，欧共体海关发现的侵权商品数量增加了 900%，由 1 千万美元增加到 1 亿美元。受此鼓舞，2003 年 1 月 20 日，欧委会又提交了一份再次修改边境执法体制的建议稿，其旨在：（1）扩大边境执法保护的范围，比如植物新品种、地理标志、原产地标记权，其目的在于为欧共体相关食品和饮料行业提供有效打击假冒食品的条件；（2）提高权利持有人提交申请的信息质量并统一海关采取行动的有效期限；（3）对于海关提供给权利持有人的相关信息，要防止被滥用；（4）废除申请海关行动的费用，缴纳保证金的要求也被取消，这将有利于中小型企业充分利用边境执法措施；（5）扩展依职权措施的使用范围；（6）权利持有人被允许提供嫌疑货物的样本以供分析；（7）设立一种快速销毁侵权货物的简易程序，从而解决对侵权货物的储存问题。2003 年 7 月 22 日，欧盟

---

① Council Regulation（EC）No 3295/94 of 22 December 1994 laying down measures to prohibit the release for free circulation, export, re-export or entry for a suspensive procedure of counterfeit and pirated goods, OJL 341/8 of 30. 12. 94.

② Council Regulation（EEC）No 3842/86 laying down measures to prohibit the release for free circulation at counterfeit goods, Article 1.

③ Ibid., Article 4.

④ Council Regulation（EC）No 241/1999 of 25 January 1999 amending Regulation（EC）No 3295/94 of 22 December 1994 laying down measures to prohibit the release for free circulation, export, re-export or entry for a suspensive procedure of counterfeit and pirated goods, OJL 27/6 of 2. 2. 99.

理事会最终通过新的《关于针对嫌疑侵犯特定知识产权的海关执法行为及针对侵权货物的处理措施条例》（简称 1383/2003 号条例）[①]，并于 2004 年 7 月 1 日生效。

（二）1383/2003 号条例的主要内容

1. 执法环节。条例对欧盟知识产权边境执法的环节规定得十分宽泛，根据第 1 条的规定，其包括进口、出口、复出口、正处于某种中止程序、置于一自由区或自由仓库中的涉嫌侵犯知识产权的货物或侵权货物。[②]

2. 保护范围，根据第 2 条规定“侵权产品”包括三种类型[③]：（1）假冒商品是指侵犯商标权的产品，即产品或其包装含有未经授权的标识，而该标识与他人合法注册并指定使用于相同产品的商标相同；或者与他人商标的主要部分相似；或者任何商标标识（包括符号、标签、贴纸、手册、使用说明、担保书等）含有他人商标图样或与其相似等；或者包装材料含有假冒商标。（2）侵权产品，是指产品本身或其内容包含有未经著作权人或设计权人或其他相关权利人的授权的复制，不论该等权利是否已经根据各成员国法律注册或登记，或者其权利人是否已经在生产国授权他人生产，只要其复制构成了侵权；（3）在受理边境保护措施申请的国家，如果产品侵犯下列知识产权之一的，均构成侵权：①根据欧共体各成员国内法保护的专利权；②理事会 1768/92 号条例或欧洲议会与理事会 1610/96 号条例所规定的补充保护证书；③根据成员国法所保护的国内植物多样性权利或根据理事会 2100/94 号条例所规定的植物多样性权利；④理事会 2081/92 号条例或 1493/1999 号条例所规定的原产地或地理标志权；⑤理事会 1576/89 号条例所规定的地理标志设计权。此外，欧盟知识产权边境执法的对象还包括任何专门设计或用于制造侵犯知识产权货物的模具或铸具，根据申请海关保护的成员国法或欧盟法，如果该模具或铸具侵犯了权利持有人的权利，则应当按照侵权货物同样对待。[④]

---

① Council Regulation (EC) No 1383/2003 of 22 July 2003 concerning customs action against goods suspected of infringing certain intellectual property rights and the measure to be taken against goods found to have infringed such rights, OJL 196/7.

② Article 1, Council Regulation No. 1383/2003 of 22 July.

③ Article 2 (1), Council Regulation No. 1383/2003 of 22 July.

④ Article 2 (3), Council Regulation No. 1383/2003 of 22 July.

3. 豁免的范围，条例规定对以下两种情况可以豁免：[①]（1）平行进口，1383/2003 号条例不适用于经权利持有人同意而被制造，但其在欧盟边境保护的执法环节内未经权利持有人同意而处于侵权状态的货物；（2）微量进口，旅客的个人行李中所包含的在免税的限额内，具有非商业性用途的物品。

4. 申请前海关有权采取的措施。《条例》第 4 条规定，如果海关在通关监管的过程中，在权利持有人或授权人提出申请之前，有充分的理由怀疑货物侵犯了知识产权，为了能够使权利持有人提交海关保护的申请，则可以自收到权利持有人及申报人或货物持有人的通知之日起，三个工作日内中止货物的放行或扣留，货物根据成员国已生效的法律，海关在不泄露任何信息，除了实际或假设的数额及其性质之外，并且在通知权利持有人货物可能侵权之前，可以要求权利持有人提供需要的任何信息。[②]

5. 知识产权边境保护的申请和处理。《条例》第 5 条规定，在任一成员国，当货物属于边境执法所约束的范围时，权利持有人可以向海关提交请求其采取行动的书面申请。每一成员国应指定海关部门有权接收该申请，如果电子数据交换系统存在，成员国应鼓励权利持有人以电子方式提交申请，如果申请人是欧共体商标权、设计权、植物多样性权或受欧共体保护的原产地设计权、地理标志或地理设计权的权利持有人，则申请除可以要求提交申请的成员国海关保护外，还可以要求一个或更多其他成员国海关予以保护，申请应按规定格式填写，它必须包含使海关能够较容易地识别出申请货物的所有有关信息，特别是（1）对货物准确而具体的专业描述；（2）任何权利持有人拥有的有关侵权的种类与模式的专门信息；（3）权利持有人指出的联系人的名称和地址。申请还必须包含申请人的声明和申请人持有有关知识产权的证明，请求海关保护的知识产权的具体状况以及有关成员国内的权利持有人的名称和地址。权利持有人同样应提交他们可能有的任何信息，比如：（1）提交申请的成员国合法市场上原产品的税前价格；（2）商品的地点或其预期的目的地；（3）识别运输或包装的细节；（4）商品到达或离开的时间表；（5）使用的运输方式；（6）进口人、出口人或货物持有人的身份；（7）生产国和运输路线；

---

① Article 3, Council Regulation No. 1383/2003 of 22 July.

② Article 4, Council Regulation No. 1383/2003 of 22 July.

（8）真货与嫌疑货物之间的技术区别，在收到请求海关保护的申请时，有权的海关部门应当处理该申请，并应当在收到日起30个工作日内以书面的形式将其决定通知申请人，对于海关处理申请的行政花费，不应由权利持有人承担，如果申请中没有包含上述要求的必要信息，有权的海关部门可以决定不予处理该申请，在此情况下，海关应当对其决定说明理由并包括上诉程序的信息。① 申请人应附随一份由权利持有人提交的纸版或电子版本的声明，该声明与国内立法相一致，旨在由于权利持有人的行为或疏忽或货物最终并未发现侵权的情况下谁承担责任，在声明中，权利持有人同样应该同意承担在本条例下，海关保存货物所需的费用。②

6. 申请的批准，《条例》第8条规定，如果申请被批准，有权的海关部门应该明确说明其采取行动的期限，该期限不应超过一年。期限到期时，基于权利持有人的书面申请，在符合一定条件后，最初作出决定的海关可以根据权利持有人的要求而延长期限。如果权利持有人的权利失效或到期，权利持有人应该通知有权的海关部门，批准权利持有人申请的决定应当立即传递给可能与申请中所称的侵犯知识产权的货物有关的成员国的海关机构。当申请被批准时，申请人应当批准决定，附随其他任何必要的信息与翻译文本传递给申请保护成员国的海关部门，但是，如果申请人同意，决定可以由作出该决定的海关部门直接传递。根据有关成员国海关的要求，申请人应当提供实施该决定所需的任何附加信息。③

7. 海关执法。根据第9条规定，当批准申请的决定传递给某海关办公室后，如果货物属于嫌疑货物中的某一种，在必要时与申请人协商后，海关应当中止放行或扣留该货物，并应立即通知处理该申请的海关部门，有权的海关部门或海关办公室应将其行为通知权利持有人、声明人或货物持有人，并有权告知他们中止放行或扣留货物的实际或估计的数量和实际或可能的性质，并可以告知有权作出实质性决定的机构，当审查知识产权基于成员国法是否被侵权时，在保护私人数据、商业及产业秘密、产业和行政机密的条件下，处理该申请的海关办公室或部门在权利持有人的请求下应该告知权利持有人有关收货人、发货人、声明人或货物持有人的名称

---

① Article 5，Council Regulation No. 1383/2003 of 22 July.

② Article 6，Council Regulation No. 1383/2003 of 22 July.

③ Article 8，Council Regulation No. 1383/2003 of 22 July.

和地址以及嫌疑货物的来源和证明文件，海关办公室应提供申请人检查被中止放行或被扣留货物的机会，当查验货物时，海关办公室可以提取样品，并根据成员国的有效法规，将样品移交用于分机检验或在权利持有人的要求下送交权利持有人。在条件允许的情况下，样品必须在完成技术分析后，在货物放行或扣留结束前予以返还。任何基于对样品的分析检验而产生的责任应当由权利持有人独立承担。① 判定货物是否侵犯了某种知识产权，应当根据嫌疑货物所处的成品国的国内法决定。②

8. 简易程序。《条例》第 11 条规定，当海关对嫌疑货物扣留或中止放行时，成员国应当根据其国内法，提供一个简易程序，通过与权利持有人达成一个使海关能够对这些货物在海关控制下予以销毁的协议，而不需要根据国内法来确定该货物是否侵犯了知识产权，其条件是：权利持有人在收到嫌疑货物的通知之日起 10 个工作日内（易腐烂货物为 3 个工作日）以书面形式通知海关并提交一份有关声明人、货物持有人或所有人放弃货物同意销毁的书面协议。根据与海关的协议，这些信息可以由声明人、货物的持有人或所有人直接提交给海关。如果声明人、货物的持有人或所有人没有在规定的期限内对销毁提出明确的反对，则该协议可以被推定为已经被接受，如果情况允许，该期限可以再延长 10 个工作日。除非国内法有其他的明确规定，销毁的费用与责任应由权利持有人承担，如果成员国法律规定需要的话，海关将事先自动保存样品。从而作为法律程序所许可的证据。除此之外，其他所有情况比如声明人、货物持有人或所有人反对货物销毁或持有争议的情况下，都适用普通的边境执法程序。③

9. 放行。《条例》第 13 条规定，如果权利持有人在收到中止放行或扣留的通知后 10 个工作日内，海关没有得到确定货物是否侵犯了知识产权的通知，或没有收到权利持有人与货方对货物处理的协议，货物将被放行或者货物的扣留将被终止，如果合适，将停止所有相关的海关手续。该期限可以在适当的情况下最多再延长 10 个工作日。如果嫌疑货物属易腐烂的，上述期限应该是 3 个工作日，并不得延长。④

---

① Article 9, Council Regulation No. 1383/2003 of 22 July.

② Article 10, Council Regulation No. 1383/2003 of 22 July.

③ Article 11, Council Regulation No. 1383/2003 of 22 July.

④ Article 13, Council Regulation No. 1383/2003 of 22 July.

10. 反担保。《条例》对权利持有人的担保并未作规定，只是强调了边境执法中的反担保程序，第 14 条规定，如果货物涉嫌侵犯了设计权、专利权、补充保护证书或植物多样性权，声明人、货物所有人、进口人、持有人或收货人在提供担保后，可获得货物的放行或货物扣留的中止，只要：（1）海关办公室或部门被告知某一确定是否侵权的国内程序在规定期限内已经启动；（2）权力机关在期限到期之前并未授予临时措施的权限；（3）所有的海关手续都已完成，反担保必须足以保护权利持有人的利益，也应当不影响权利持有人所拥有的其他法律救济。在中止放行或扣留货物期间储存货物的条件由每一成员国自己决定但不应由海关承担费用①。

11. 对侵权货物的处理，如货物确定为侵权，则对侵权货物的处理如下：（1）不应当允许进入共同体关税区；（2）不允许放行进入自由流通；（3）不得再从共同体关税区离开；（4）不得出口；（5）不允许复出口；（6）不可以置于一中止程序下；（7）不得置于一自由区或一自由仓库中。② 在不损害权利持有人其他法律救济的情况下，成员国应采取必要的措施，允许权力机关：（1）当发现货物侵权时，根据相关的国内法，将此货物销毁或将其清除出商业渠道，以防止对权利持有人造成损害，该方式不得有任何形式的补偿，除非另有规定，不得有任何财政成本；（2）采取任何其他有效措施以剥夺希望从事交易而获取经济利益的人的利益。除特殊情况外，在未经授权的情况下，仅除去粘贴在假冒货物上的商标，不应视为有效地剥夺了此类人的利益，侵权货物可以上缴国库。③

12. 处罚和救济，每一成员国应规定条例所规定的侵权时所适用的处罚，该措施必须是有效的、适当的、劝阻性的。④

---

① Article 15，Council Regulation No. 1383/2003 of 22 July.

② Article16，Council Regulation No. 1383/2003 of 22 July.

③ Article 17，Council Regulation No. 1383/2003 of 22 July.

④ Article 18，Council Regulation No. 1383/2003 of 22 July.

（三）1383/2003 号条例之超 TRIPS 特征

1383/2003 号条例与 TRIPS 边境执法条款之比较

内容	1383/2003 号条例	TRIPS 协定	超 TRIPS 之分析
执法环节	第 1 条	第 51 条	从“进口”扩大至进口、出口、复出口、正处于某种中止程序、置于一自由区或自由仓库中的涉嫌侵犯知识产权的货物或侵权货物。
保护范围	第 2 条	第 51 条	将保护范围从商标权和版权扩展到商标权、版权、专利权、补充保护证书、植物多样性权利、原产地或地理标志权、地理标志设计权以及任何专门设计或用于制造侵犯知识产权货物的模具或铸具。
豁免	第 3 条	第 60 条	1383/2003 号条例除了对“微量进口”予以豁免外，对平行进口也明确予以豁免，TRIPS 协定并未对平行进口予以要求。
依职权行为	第 4 条	第 58 条	TRIPS 协定规定有初步证据表明有关商品侵犯知识产权时，海关才能依职权采取行动。1383/2003 号条例则规定如果海关在通关监管的过程中，在权利持有人或授权人提出申请之前，有充分的理由“怀疑”货物侵犯知识产权时，为了能够使权利持有人提交海关保护的申请，则可以自收到权利持有人及申报人或货物持有人的通知之日起，三个工作日内中止货物的放行或扣留。海关只要“怀疑”货物侵权而不需要有初步证据证明时即可采取行动，这加大了海关的权力。
申请应提供的信息	第 5 条	第 52 条	TRIPS 协定规定权利持有人需要提供充分的证据……并提供货物的足够详细的说明以便海关易于辨认。1383/2003 号条例则规定申请应按规定格式填写，它必须包含使海关能够较容易地识别出申请货物的所有有关信息，特别是（1）对货物准确而具体的专业描述；（2）任何权利持有人拥有的有关侵权的种类与模式的专门信息；（3）权利持有人指出的联系人的名称和地址。申请还必须包含申请人的声明和申请人持有有关知识产权的证明、请求海关保护的知识产权的具体状况以及有关成员国内的权利持有人的名称和地址。权利持有人同样应提交他们可能有的任何信息，包括：（1）提交申请的成员国合法市场上原产品的税前价格；（2）商品的地点或其预期的目的地；（3）识别运输或包装的细节；（4）商品到达或离开的时间表；（5）使用的运输方式；（6）进口人、出口人或货物持有人的身份；（7）生产国和运输路线；（8）真货与嫌疑货物之间的技术区别。
申请	第 5 条	第 52 条	对于申请是否被批准，TRIPS 协定只要求在“合理期限内”。1383/2003 号条例则规定在收到请求海关保护的申请时，有权的海关部门应当处理该申请，并应当在收到日起 30 个工作日内以书面的形式将其决定通知申请人。

续表

1383/2003 号条例与 TRIPS 边境执法条款之比较			
内容	1383/2003 号条例	TRIPS 协定	超 TRIPS 之分析
协助期限	第 8 条	第 52 条	1383/2003 号条例规定如果申请被批准，有权的海关部门应该明确说明其采取行动的期限，该期限不应超过一年。TRIPS 协定并未具体规定协助期限。
简易程序	第 11 条	第 41 条	1383/2003 号条例规定当海关对嫌疑货物扣留或中止放行时，成员国应当根据其国内法，提供一个简易程序，通过与权利持有人达成一个使海关能够对这些货物在海关控制下予以销毁的协议，而不需要根据国内法来确定该货物是否侵犯了知识产权。TRIPS 协定第 41 条第 5 款规定，成员没有义务在分配优先的执法资源时优先实施知识产权法律。
担保	第 15 条	第 53 条	1383/2003 号条例没有规定海关扣留侵权嫌疑货物时，权利人应当向海关提交担保。对于反担保，则仅适用于侵犯专利权、证书权及植物品种权的货物。
救济	第 17 条	第 59 条	TRIPS 协定规定了“使被告有权寻求司法当局进行复审的前提下”，主管当局有权责令销毁或处置侵权货物，1383/2003 号条例未规定此前提，并且规定海关应根据相关的国内法，将货物销毁或将其清除出商业渠道，以防止对权利持有人造成损害，该方式不得有任何形式的补偿，除非另有规定，不得有任何财政成本；应采取任何其他有效措施以剥夺希望从事交易而获取经济利益的人的利益。

（四）1383/2003 号条例的主要影响与评价

权利持有人和实务工作者对于 1383/2003 号条例都极力欢迎，支持者认为新条例在打击假冒盗版商品方面意义重大，其目的在于保证消费者的安全，尊重权利人的知识产权以及共同体的财政利益。边境执法体制应该在保护域内经济的同时，促进商业创新和竞争并保障就业。对于一个由 27 个成员国组成的共同体而言，由于其对外拥有宽广的边境领土，拥有持续的贸易流通，一个有效地防止假冒和盗版商品进入共同体的边境执法措施意义非凡。

首先，1383/2003 号条例加大了海关执法的权力，有利于阻止侵权货物进入欧盟。条例规定如果海关在通关监管的过程中，在权利持有人或授权人提出申请之前，有充分的理由“怀疑”货物侵犯知识产权时，可扣留涉嫌假冒和盗版的货物。此时，欧盟成员海关只需要有充分的理由怀疑，而不需如 TRIPS 所要求的有初步证据证明，即可扣押。这赋予了海关更大的执法权，有利于保护知识产权权利人的利益。条例实施的第一年，欧共体成员国的海关当局就取得了巨大的成功，2004 年欧共体边境上查获的侵权货物数量几近 1 亿 400 万，比 1998 年增加了 960%。

其次，1383/2003 号条例简化了海关执法的程序，提高了海关部门的执法效率。首先在申请方面，权利人只要递交一次申请，就可获得一年甚至更长时间的保护，而且这种期限还可以延展至知识产权本身失效；其次，条例规定当海关对嫌疑货物扣留或中止放行时，成员国应当根据其国内法，提供一个简易程序，通过与权利持有人达成一个使海关能够对这些货物在海关控制下予以销毁的协议，而不需要根据国内法来确定该货物是否侵犯了知识产权，其条件是：权利持有人在收到嫌疑货物的通知之日起 10 个工作日内（易腐烂货物为 3 个工作日）以书面形式通知海关并提交一份有关声明人、货物持有人或所有人放弃货物同意销毁的书面协议。

不过欧盟在 2004 年吸纳了 10 个新成员国，包括塞浦路斯、马耳他、波兰、匈牙利、捷克、斯洛伐克、斯洛文尼亚、爱沙尼亚、拉脱维亚和立陶宛，2007 年罗马尼亚和保加利亚又加入欧盟，使得欧盟成员国达到 27 个。由于在经济发展水平、政治、法律、文化、意识形态和语言差异上，欧盟成员国之间存在很大的区别，并且 1383/2003 号条例的执行很大程度上依赖于各欧盟成员国政府和海关，而各成员国又可对相关内容做出不同的规定，这导致欧盟事实上缺乏统一的海关机构和统一的边境法律，这在一定程度上影响了 1383/2003 号条例的实际执行效果。比如条例第 11 条所规定的允许快速销毁嫌疑货物的简易程序，很多成员国并未实施该程序，但实践表明该程序在有些成员国国内被广泛使用，并获得了很大的成功。

另外，欧盟 1383/2003 号条例在边境知识产权执法规定方面非常严格。不仅在执法环节上从“进口”扩大至进口、出口、复出口、正处于某种中止程序、置于一自由区或自由仓库中的涉嫌侵犯知识产权的货物或侵权货物，而且将保护范围从商标权和版权扩展到商标权、版权、专利权、补充保护证书、植物多样性权利、原产地或地理标志权、地理标志设计权以及任何专门设计或用于制造侵犯知识产权货物的模具或铸具。这些超 TRIPS 规定会给欧盟以外的国家的合法贸易造成阻碍，比如 2008 年至 2009 年间，一些来自印度的转运通用药品在欧盟海关被陆续扣押，事实上，这些药品在印度和目的地国都没有专利，属于合法贸易，但在途径欧盟海关时，被欧盟成员国国内专利人申请扣押。这阻碍了欧盟以外国家之间的自由贸易以及发展中国家获得通用药品的机会。

四 欧共体内部其他加大知识产权执法的具体表现

（一）《在第三国知识产权执法的战略》[①]

2004 年 11 月 10 日，针对假冒盗版行为，欧委会正式通过《在第三国知识产权执法的战略》。该战略是由欧盟贸易委员会在 2004 年 6 月举行的庆祝《与贸易有关的知识产权协议》10 周年庆典国际会议上提出的，以遏制欧盟以外国家假冒盗版日益增长的势头，敦促第三国认真有效地贯彻执行现行的知识产权法。其目标包括：为在第三国降低知识产权侵权提供长期的行动；为规划、安排和协调该机制提供方针；告知权利人及其他实体可获得的方法和行动并予以实施，提高权利人及其他实体参与的意识；确定优先事项，建立类似于技术援助的行动，提供公众信息，从而提高权利人与其他私人间的合作。《对第三国知识产权执法策略》不是欧盟单方面解决问题，任何提议的解决方案只有接受国认为重要并优先安排后才会有效。该策略也不是为促进知识产权执法而采取“一刀切”的方案，而是会考虑各国不同的需要、发展水平，考虑是接受国否为 WTO 成员以及有关知识产权的主要问题。

2. 行动计划

（1）识别优先国。考虑到不可能针对所有或大多数假冒盗版国采取行动，因此有必要评估哪些国家问题最多，或哪些国家最需要援助。在 2002 年底，欧委会就根据知识产权侵犯和执行问题发起了对第三世界国家的调查，并确定了哪些国家为优先考虑的国家。其具体行动包括设定一个机制定期以问卷调查的方式开展类似于“在第三国知识产权执法调查”的行动，问卷调查对象包括委员会代表、成员国大使馆、权利人及协会、商会等，调查结果应公之于众。

（2）多边或双边协定。具体行动包括将与其他贸易伙伴在 TRIPS 委员会下磋商，指出 TRIPS 协定本身具有一些缺陷，事实证明实施 TRIPS 协定并不足以打击假冒和盗版；TRIPS 委员会可考虑在将来开展一系列行动，包括使海关措施的义务延伸到包括转运和出口货物；持续监督“优

① European Commission Directorate General for Trade, Strategy for the enforcement of intellectual property rights in third countries, C 129/3, May 26, 2005.

先国”实施 TRIPS 协定的状况；重返双边协定中有关知识产权的章节，澄清和加强知识产权执法条款；在峰会或双边协定委员会下提出更系统性的执法问题。

（3）政治对话。在相关国家及所有可能的场所，包括 WTO 和 WIPO，尽可能频繁地重复“提高知识产权执法”的信息：2003 年欧盟—日本峰会上，欧委会和日本同意在相关领域加强对话，包括知识产权领域，建立了《欧盟—日本在亚洲联合知识产权执法行动》；2003 年欧盟—中国峰会上，欧委会和中国同意至少一年一次举办《欧盟—中国知识产权对话》，重点关注打击假冒和盗版、机构改革、与执法有关的领域比如海关、警察、行政和司法机构的执法。

（4）技术合作。至少保证“优先国”有机会参与知识产权技术援助项目或获得专门的知识产权项目；将技术援助扩大到拉丁美洲，因为该区域的执法能确定地被提高并且当地尚不存在任何项目；任何合作项目的重点应由立法援助转向以执法为主的策略，包括对法官、警察和海关的培训，大量的海关合作协定中都涵盖知识产权执法条款，比如与印度和中国的海关合作协定在培训和经验分享上都取得了积极的成就；与其他主要的技术提供方进行交流和合作，比如 WIPO、美国和日本，要避免重复努力并分享最佳实践经验；开展与 WCO 或 WIPO 及其他技术提供方的对话机制，以分享信息并更好地合作；技术合作在 TRIPS 协定中同样重要，要符合多哈发展议程的目标。

（5）争端解决或制裁。如果侵犯知识产权的行为持续不断并且政府没有有效解决的话，最后手段就是诉诸争端解决机制。具体措施包括提醒权利享有者充分利用 TBR 机制，为 WTO 争端解决做好准备以及考虑其他减少第三世界国家侵犯知识产权的措施。

（6）建立公私领域的合作。具体包括支持建立一个由公司、协会、商会组成的地方知识产权网络以及加强与那些已经在和盗版假冒作斗争的公司和协会的合作。

（7）提高意识。为公众提供知识产权信息是该战略的重要组成部分。欧盟委员会没有足够的资源单独为第三世界国家提供大量的信息，但可通过技术合作项目以及公私领域合作途径提供，欧委会同时起草了“知识产权执法指南”，该指南可以从欧盟委员会的网站下载。

（8）机构合作。定期举办内部网络会议，以跟踪本策略框架下开展的活动，并对其结果予以讨论，目的是帮助第三方了解不同委员会间的任务分配；建立一个新的委员会网页，公布既存的实施知识产权的立法、有关执法的手册等；建立各有关知识产权服务之间的连接点；保证与其他委员会之间有关知识产权的合作。该文件附件还探讨了与之相关的内容，包括：（1）问题是什么；（2）有什么影响；（3）哪些知识产权被侵犯了，哪个领域受影响最大；（4）怎样确定“优先考虑”国家；（5）委员会目前情形如何；（6）委员会内部谁是主要的执行者。

（二）《在欧盟内部市场加强知识产权执法》①

考虑到假冒和盗版行为对欧盟内部市场造成了巨大的损失，欧盟委员会在 2009 年 9 月 11 日通过《在欧盟内部市场加强知识产权执法》的报告。报告最显著的地方在于要求建立一个“观测所”（Observatory），以收集、监督和报告所有知识产权侵权的相关信息和数据。

1. “观测所”应成为国内机关和权利持有人的代表们交流最佳实践经验的平台。“观测所”应加强对相关独立的、可信赖的信息和数据的搜集和使用，推动和普及公共机构之间的最佳实践，普及私人部门相关成功策略，以及报告和建议相关问题的解决方式。

2. “观测所”应成为权利持有人和成员国之间的平台。成员国应指定一个国家代表，代表在打击假冒和盗版方面最有经验的不同经济部门。欧盟消费者和中小型企业（SMES）也应受到特别关注。

3. “观测所”应促进欧洲行政合作，应提高不同执法机构之间的行政合作，以保证内部市场持续而有效的知识产权执法。鉴于知识产权侵权具有国际性特征，提高欧盟内部的跨境合作不仅是一项立法义务，而且是行政合作所必需的。虽然海关行政合作已开始运行，但其他领域的合作却还欠缺，还有待提高。

4. “观测所”应促进权利持有人之间的自愿安排。包括（1）强化利益攸关者之间的共同立场，强调打击假冒盗版行为不仅对权利持有人有利，还有利于其他利益相关方，比如进口商、零售商等；（2）在利益攸关者之间开展对话以打击知识产权侵权行为；（3）解决网络假冒产品

---

① Commission of the European Communities, Communication from the Commission to the Council, the European Parliament and the European Economic and Social Committee, Enhancing the enforcement of intellectual property rights in the internal market, COM (2009) 467 Final.

问题。

欧盟委员会认为在欧盟内部加强知识产权执法的措施对于加强打击假冒盗版行为具有重要的意义，也将有利于整个欧盟市民、商业及经济。

第三节　小结

由于知识产权问题关系到美国企业的直接经济利益和美国的国际竞争力，美国对于知识产权执法问题的关注度与日俱增，并将知识产权执法作为高度优先关注的议题。综上可看出，近年美国国内在建立知识产权执法保障上，主要着重于成立国际国内知识产权执法办公室，分配更多的人力物力资源。这是美国政府回应国内相关利益攸关者的诉求而采取的积极措施。美国一直凭借其经济、科技、军事上的超强实力，以“世界警察”的形象“管理”着当今世界。美国通过其国内知识产权立法和执法的动向，特别是向其他国家输送知识产权执法协调员，目的是向全世界表明其打击假冒盗版的决心，在知识产权领域建立“世界警察”的形象。欧盟近年来在共同体内通过制定《知识产权执法指令》和《边境知识产权执法指令》，有效地执行了欧盟知识产权的统一立法，并加大了边境知识产权执法力度，特别是其具有的 TRIPS-Plus 知识产权执法特征，反映了欧盟不断加大知识产权保护的发展趋势。

美国和欧盟在加大知识产权执法力度上存在一些相似之处。一方面都在其域内法中强化知识产权民事、刑事及边境执法力度；另一方面都建立对第三国知识产权执法的审查机制，发布第三国知识产权执法报告。另外，美国和欧盟于 2006 年 6 月 20 日在美欧领导人峰会上还讨论通过了《美欧知识产权执法行动战略》，计划在海关执法、多双边合作、技术援助和政府、企业合作等方面加强协调和配合，该行动计划可以说是美欧联手加大知识产权执法的最佳宣言。美国和欧盟域内的知识产权执法标准也成为其向双边、区域和多边领域推行 TRIPS-Plus 知识产权执法标准的最佳模板。

第四章

双边和区域协定下的 TRIPS-Plus 知识产权执法

第一节　双边协定下的 TRIPS-Plus 知识产权执法：各个击破

一　双边自由贸易协定（FTA）

21 世纪关于知识产权最积极的谈判是在大量双边自由贸易协定中制定详细而具体的知识产权章节，以推行 TRIPS-Plus 知识产权保护和执法标准。其中，美式自由贸易协定尤为突出，其知识产权章节涵盖超过 30 页的具体条款。事实上，双边自由贸易协定中的知识产权条款仅仅代表以美欧为主的发达国家战略计划的开始，其长期目标是最终将这些类似的更高知识产权标准纳入到多边协定中，作为"全球知识产权棘轮效应"的一部分以约束第三方国家。在 WTO 和 WIPO 管理知识产权之后，美国及欧盟已经通过利用几个有效的策略促使发展中国家实施比 TRIPS 协定更积极、更有力的知识产权保护和执法。在某些方面，这些保护和执法标准比美国国内适用的标准更为严格，其策略之一即是签订涵盖具有高度限制性和保护主义倾向的 TRIPS-Plus 条款的 FTAs，目的在于维护发达国家公司和产业的利益。

双边自由贸易协定中的知识产权执法条款将使发达国家避开多边贸易体制，而通过与特定国家（尤其是关注假冒和盗版的国家）之间的谈判，巩固和强化多边知识产权协定中的主要内容。双边贸易协定中的知识产权执法条款主要是采取以下一种或几种方式：一是扩大 TRIPS 协定规定的知识产权范围至新的领域，并且要求加入或签署 WIPO 管理的协定中所包括的知识产权执法条款以及 UPOV 公约；二是改变 TRIPS 协定中有关知识产权执法的灵活性条款，使其成为强制性义务；三是扩大知识产权执法范围，要求更广泛地适用刑事司法体制以对将来的侵权构成威慑；四是在双边贸易协定有关争端解决的章节中确立非违法之诉和情势之诉；五是在双边贸易协定有关投资的章节中规定“投资”财产应包括知识产权。

（一）美式双边自由贸易协定

美国在全球知识产权执法战略中以双边协定为其最主要工具。美国双边主义是美国提高全球知识产权标准所采取策略的一部分，这一策略构成了多边标准制定之后有关知识产权的双边浪潮。2004 年，美国贸易谈判代表办公室声称：“我们的目标是在世界上通过强有力的法律和有效的执法措施控制盗版，并保证该保护随着未来技术的发展仍然有效……有效的知识产权保护涉及海关、法院、检察院、警察以及高级政治官员的承诺。一个普遍的共识是抄袭即为盗窃，并且剥夺了财政部的税收……我们采取的主要工具既包括双边途径，也包括多边途径。”① 美国政府已明确承认通过双边协定来影响区域和多边协定，并被称为“竞争自由化”（competitive liberalization）策略，即如果自由贸易步伐在全球受阻，那么，美国将以区域和多边的形式前进，并通过与个别国家和子区域签订自由贸易协定，强有力地在全世界推行其主张。

1. 美式 FTA 的特征性分析

首先，美国与贸易伙伴签署的 FTAs 虽然涉及不同经济发展水平的国家，但美国都试图推行比 TRIPS 协定更强有力的知识产权执法条款。FTAs 是指两个或两个以上的国家根据互惠原则签署的有关减免关税和其他贸易承诺的协定，GATT 第 24 条第 8 款第 6 项将自由贸易区理解为“在两个或两个以上的一组关税领土中，对成员领土之间实质上所有有关产自此类领土产品的贸易取消税和其他限制性贸易法规。”② 不过，现代的自由贸易区已经超过了关税减让的传统做法，它们调整内部贸易的规章日益复杂（例如涉及各种标准条款、保障措施条款、海关行动等内容），同时它们经常为共同的服务贸易制定更加优惠的规则。有的自由贸易区协定甚至包括了投资、竞争、环境、劳工方面的规则。③ 最近美国签订的

① Graham Dutfield, “To copy is to steal”: TRIPS, (un) free trade agreements and the new intellectual property fundamentalism, http://www2.warwick.ac.uk/fac/soc/law/elj/jilt/2006_1/dutfield/ (last visited on February 28, 2013).

② Article 24.8 (6) of the General Agreement on Tariffs and Trade 1994.

③ 左海聪主编：《1994 年关贸总协定逐条释义》，湖南科学技术出版社 2006 年版，第 428 页。

FTAs 就涵盖了许多 TRIPS-Plus 知识产权保护和执法标准的条款。对于实力强大的美国国内公司而言，每一次 FTA 谈判都是游说政府获得高标准的一次新机会，并作为未来知识产权政策的先例。美式 FTAs 中的 TRIPS-Plus 条款与美国的国内法相类似，这可以从美国法的规定中看出，即国会授权总统缔结贸易协定，此类协定将确保对于知识产权领域的推动应反映与美国法的标准相类似的保护标准作为其谈判目标之一，此种谈判策略可在最近美国缔结的 FTAs 中看出，比如美新 FTA、美澳 FTA。

其次，美国对不同种类的双边协定都准备了模板。由于双边自由贸易谈判具有复杂、内容冗长的特点，即使强国也会消耗很大的成本，为降低双边谈判的交易成本，实力强大的一方往往在谈判开始阶段即准备一份草案文本。美国贸易谈判代表知道一旦模板协定被议会通过，只要他们在后续谈判中也坚持这些条款或术语，后续协定也同样会被通过，因此，美国非常愿意其双边协定标准化。比如，美国与约旦签订的自由贸易协定就作为美国与智利和新加坡自由贸易协定谈判的范本。FTAs 所涵盖的范围非常广泛，包括货物贸易、服务贸易、知识产权、劳工、环境、电子商务以及政府采购。相比有关劳工和环境的软性条款（比如每一方“应努力保证”其劳工标准符合国际规则），有关知识产权的条款既冗长又具体。但奇怪的是，美国并未与那些最影响美国知识产权利益的相关国家签订双边协定，比如中国、俄国、埃及和印度，这些国家被美国当局认为是主要的假冒盗版国，一直处于美国“301 优先观察国”之列，大多数这些国家都基于压力与美国签订了双边知识产权谅解备忘录，但并未签订正式的具国际法效力的双边协定。

2. 美式 FTA 的 TRIPS-Plus 分析

美式 FTAs 关于知识产权的一般条款扩大了 TRIPS 协定项下的既定义务，削减了应考虑国家法律体制存在区别的灵活性条款。虽然美式 FTAs 强调知识产权的程序和实施应与各国法律体制的基础相一致，规定缔约双方并不产生任何建立与一般法律实施制度不同的知识产权实施制度的义务，也不影响各成员实施一般法律的能力。在实施知识产权与实施一般法律的资源分配方面，也不产生任何义务。但是，FTAs 下大量的新规则和原则带来了一个问题，即美国的贸易伙伴是否对于保障自己的法律体制和对知识产权执法不重新分配资源存在选择余地。事实上，FTAs 本身就宣称国家对资源分配的选择不能作为其未遵守知识产权章节的理由。① 也就是说，作为一项原则，实施知识产权并不必然要求分配更多的资源，但是，在任何情况下，都需要遵守协定。另外，美式 FTAs 有关知识产权执法的条款扩大了 TRIPS 协定第 41 条的义务，改变了 TRIPS 协定条款的灵活性语言。TRIPS 协定对于执法规则所要求的公平和公正原则和防止权利人滥用的条款以及采取与侵权严重程度相当的措施条款，在 FTAs 中都未出现。美式 FTAs 往往要求缔约方签署或参加其他一些 TRIPS 协定未要求参加的协定，比如美澳自由贸易协定第 17. 1. 2 规定，各成员方应承认签署或参加以下条约：《专利合作条约》、《关于播送由人造卫星传播载有节目信号的公约》、《商标国际注册马德里协定有关议定书》、《国际承认用于专利程序的微生物保存布达佩斯条约》、《保护植物多样性的国际公约》、《商标法条约》、《保护工业产权的巴黎公约》、《保护文学和艺术作品的伯尔尼公约》。各成员方还应自本协定生效之日起签署或参加《WIPO 版权条约》和《WIPO 表演和录音制品条约》。各成员方应尽最大努力遵守《工业设计国际注册黑格尔协定》及《专利法条约》。② 美智自由贸易协定规定 2007 年 1 月 1 日之前，各成员方应签署或参加《专利合作条约》。2009 年 1 月 1 日之前，各成员方应签署或参加保护植物多样性的国际公约》、《商标法条约》和《关于播送由人造卫星传播载有节目信号的公约》。各成员方应尽合理地努力签署或参与以下条约：《专利法条约》、《工业设计国际注册黑格尔协定》及《商标国际注册马德里协定有关议定书》。③

美式 FTAs 项下的边境执法措施同样比 TRIPS 协定项下的措施更为严格，其 TRIPS-Plus 特征具体表现在：

1. 扩大边境知识产权执法保护范围。美国—澳大利亚自由贸易协定规定各成员应规定如果权利人要求主管机关中止放行嫌疑假冒或容易混淆的类似商标产品或盗版产品进入自由流通，则应提供充分的证据证明根据进口国法律，可初步推定权利持有人的知识产权受到侵犯，并提供货物的足够详细的说明以便成员的海关机构易于辨认。提供充分信息的要求不应

---

① Article 15 (11) (1) and (2) of the Dominican Republic-Central America-United States Free Trade Agreement (CAFTA- DR).

② Article 17. 1. 2-5 of the U. S-Australia Free Trade Agreement.

③ Article 17. 1. 1-4 of the U. S-Chile Free Trade Agreement.

不合理地阻碍程序的进行。[①] TRIPS 协定只要求对嫌疑假冒盗版货物中止放行，但美式 FTA 有时还包括容易混淆的类似商标产品，这扩大了执法保护范围。当然，美国跟不同国家签订的 FTA，虽然大体上一致，但是也存在一些细微的区别，比如美国和智利签订的自由贸易协定就不包括混淆的类似商标产品，只规定对假冒商标或盗版货物的中止。[②]

2. 明确中止货物放行的有效期限，限制 TRIPS 的灵活性。美式 FTA 规定各成员方应规定中止货物放行的申请有效的期限应自申请之日起不少于一年或货物受版权或商标注册保护的期限，以期限短者为准。[③] 而 TRIPS 协定只规定主管机关应在一合理期限内告知申请人是否已受理其申请，如主管机关已确定海关采取行动的时限，则应将该时限通知申请人。

3. 扩大保证金的形式，有利于权利人。美式 FTA 规定主管机关应有权要求权利人提供足以保护被告和主管机关并防止滥用的合理的保证金或同等的担保。此类保证金或同等的担保不得无理阻止对这些程序的援用。各成员方可规定此类保证金可以文件担保的形式，只要一旦货物被确定不是侵权产品，其能保证进口商或进口货物的所有人能避免因中止放行带来的任何损失或损害。[④] 保证金一般以金钱担保，若以文件担保的形式，会导致权利人滥用权利，增加权利人申请扣押货物的次数，妨碍货物的正常流通。

4. 对海关依职权行为不附加任何限制条件，扩大海关权限。美式 FTA 规定各成员方应规定海关机构可以对嫌疑假冒商标或盗版的进口产品依职权发起行动，而不需要特别正式的起诉。[⑤] TRIPS 协定则对海关依职权行为附加了一些限制条件，包括（1）对其已取得初步证据证明一知识产权正在被侵犯的货物中止放行；（2）进口商和权利持有人应被迅速告知中止放行的行动；（3）只有在采取或拟采取的行动是出于善意的情况下，各成员方可免除公共机构和官员采取适当救济措施的责任。[⑥] 但美式 FTA 并未对海关依职权行为予以限制，或者限制的条件也比较少，比如美

① Article 17. 11. 19 of the US-Australia Free Trade Agreement.

② Article 17. 11. 17 of the US-Chile Free Trade Agreement.

③ Article 17. 11. 19 of the US-Australia Free Trade Agreement.

④ Article 17. 11. 20 of the US-Australia Free Trade Agreement.

⑤ Article 17. 11. 22 of the US-Australia Free Trade Agreement.

⑥ TRIPS 协定第 58 条。

国—智利自由贸易协定规定各成员方应规定主管机关当有理由相信或怀疑进口、出口或转运货物是假冒或盗版时可依职权发起边境措施，而不需要来自个人或权利人的正式起诉。① 因此，只要海关机关怀疑货物侵权而不需要取得证据证明的情况下，海关即可依职权行动，这明显增加了海关的权限。

5. 要求更多额外义务。比如，在互相同意的基础上，各成员方应为其他成员方提供有关知识产权边境执法的技术建议，并应推动有关知识产权执法的双边和区域合作。② 另外，各成员方应规定基于成员方的法律所做的有关知识产权执法的最终司法裁决或行政判决应以书面形式出现，并应陈述裁决或判决依据的所有相关事实、理由或法律基础。该裁决或判决应公开，若公开不现实，则应使公众能获得，此种公开应以国语的形式以便政府和权利人能够对其了解。③

（二）欧式双边自由贸易协定

在通过双边贸易协定加大知识产权全球化方面，欧盟紧跟美国，非政府组织 GRAIN 2003 年的一次调查显示，欧盟使用双边协定中的超 TRIPS 知识产权条款，已经向大约 90 个发展中国家（包括 ACP 成员国）推行超 TRIPS 知识产权保护，涉及领域包括植物、动物、微生物有机体、生物科技等。④ 与美国不同，欧盟并未设置双边贸易协定的任何模板，因此，不同协定的条款也不大一样。欧盟除双边自由贸易协定外，还包括联盟协定（Association Agreement）和伙伴关系协定（Partnership Agreement）。为研究方便，我们统称为欧式自由贸易协定。

与美国类似，欧式自由贸易协定也要求成员方遵守 TRIPS 协定未要求的一些多边知识产权协定。比如，欧盟—智利联盟协定规定，自 2007 年 1 月 1 日起，成员方应参加《商标注册用商品和服务国际分类尼斯协定》、《WIPO 版权条约》、《WIPO 表演和录音制品条约》、《专利合作条约》以及《关于国际专利分类斯特拉斯堡协定》。2009 年 1 月 1 日起，应参加《保护录音制品制作者防止未经许可复制其录音制品公约》、《建立工业品外观设计国际分类洛迦诺协定》、《国际承认用于专利程序的微生

① Article 17. 11. 20 of the US-Chile Free Trade Agreement.

② Article 17. 11. 25 of the US-Australia Free Trade Agreement.

③ Article 17. 11. 1-4 of the US-Australia Free Trade Agreement.

④ GRAIN, "TRIPS-Plus" Must Stop, The EU Caught in Blatant Contradictions, March 2003.

物保存布达佩斯条约》以及《商标法条约》。成员方还应努力签署《商标国际注册马德里协定有关议定书》、《商标国际注册马德里协定》以及《建立商标图形要素国际分类维也纳协定》。[①] 对知识产权保护和执法的规定一般要求符合“最高国际标准”（highest international standards），比如欧盟—阿拉伯叙利亚共和国联盟协定第四章第 72 条第 1 款规定，成员方应保证充分而有效的知识产权、工业产权和商业产权保护，使其符合“最高国际标准”，包括 TRIPS 协定规定的规则，建立 WTO 协定附件 1C 以及有效执行此权利的方式。[②] 欧盟—智利联盟协定有关知识产权部分第 168 条规定，成员应授予和保证充分而有效的知识产权保护，使之符合“最高国际标准”，包括国际协定中规定的对此类权执行的有效方式。对“最高国际标准”的含义及如何达到这一目标，欧共体在 WTO 区域贸易协定委员会与欧共体就欧共体—智利联盟协定的问答中，回答认为协定未详尽无遗地确定哪一标准为“最高国际标准”，而是留有选择余地，这是考虑到缔约双方在采用可适用的知识产权保护和执法水平时应有一定程度的灵活性，以便根据 TRIPS 协议第 1.1 条的规定，按其意愿循序渐进地调整到更高的标准，也为权利持有人再次提供保证，缔约方会持续地、长期地承诺不断改善其国内知识产权制度。[③]

不过近年来，欧式自由贸易协定对知识产权的规定也跟随美国越来越具体化，不再只是规定要符合“最高国际标准”。比如 2009 年 10 月 15 日签署的欧盟—韩国 FTA 明确规定协定的目标在于充分而有效地保护知识产权。[④] 双方应承诺推动在进口、出口、再出口、转口、转船及其他海关程序的涉及假冒产品的强而有效的知识产权执法。[⑤] 对知识产权执法的一般义务、民事措施、程序和救济、刑事执法、网络服务提供商的责任以及其他条款，包括边境措施、行动准则及合作条款都予以了规定。欧盟—韩国 FTA 规定，有关知识产权执法和救济的措施应包括防止侵权的救济以及对今后的侵权构成威慑力的救济；应公平和公正；不应不必要的复杂和

① Article 170 of the EU-Chile Association Agreement.

② Article 71.1 of the EU-Syrian Arab Republic Association Agreement.

③ WTO Committee on RTAs document, Association Agreement between the European Communities and Chile: Questions and Replies, WT/REG164/5, 20 June, 2006, p. 9.

④ Article 1.2 (e) of the EU-Korea Free Trade Agreement.

⑤ Article 6.13.4 (g) of the EU-Korea Free Trade Agreement.

费用高昂，也不应限定不合理的时限或造成无理的迟延；应具有效性、比例性和劝阻性，应避免对合法贸易造成障碍并为防止这些程序被滥用提供保障。[①] 各成员方应至少对具商业规模的蓄意假冒商标和版权及相关权提供刑事程序和处罚，[②] 应适用于引诱和教唆的行为，[③] 根据其国内法或宪法及相关规定，各成员方应考虑对假冒地理标志和设计适用刑事措施。[④] 处罚措施应包括具有效性、比例性和劝阻性的监禁和/或罚金。[⑤] 数字环境下网络服务提供者的义务涉及单纯连线（Mere Conduit）、快速存取（Caching）及资讯储存（Hosting）。[⑥] 其中，边境知识产权执法的TRIPS-Plus特征明显，其规定各成员方应授予权利人对有充分理由怀疑处于进口、出口、再出口、转口、转船、免税区、中止程序或仓储环节的侵犯知识产权的货物书面申请主管机关、行政部门或司法机构由海关当局中止货物进入流通渠道或扣留该货物的权利。[⑦] 侵权货物包括假冒产品、盗版产品以及侵犯专利、植物多样性、注册过的设计或地理标志的产品。[⑧] 成员方应规定海关在采取行动的过程中及在权利人申请之前，当有充分的理由怀疑货物侵犯知识产权时，海关可以中止货物的放行或扣留该货物以便权利人提交申请。

二 双边投资协定（BIT）

除双边自由贸易协定外，双边投资协定也是以美欧为主的发达成员在双边层面加大知识产权保护和执法的工具之一。这主要是因为知识产权作为一种投资财产，正逐渐成为技术发达国家公司重要财产的一部分，甚至在某些行业成为最重要的财产形式，如软件、医药产业。当来自于高科技发达国家的公司在海外分配其产品、服务和研发时，其资本包括商业秘密、商号、技术过程以及其他知识产权。因此，投资协定往往界定投资财

① Article 10.41 of the EU-Korea Free Trade Agreement.

② Article 10.54 of the EU-Korea Free Trade Agreement.

③ Article 10.58 of the EU-Korea Free Trade Agreement.

④ Article 10.55 of the EU-Korea Free Trade Agreement.

⑤ Article 10.59 of the EU-Korea Free Trade Agreement.

⑥ Article 10.63-10.65 of the EU-Korea Free Trade Agreement.

⑦ Article 10.67 of the EU-Korea Free Trade Agreement.

⑧ Footnote 27 of the EU-Korea Free Trade Agreement.

产包括无形财产、知识产权、许可、诉求以回报（包括特许权、与知识产权相关的报酬及其他）。投资协定强调对投资财产的保护和待遇标准，有些投资协定包含了对外国人及其财产的国际最低标准，东道国必须提供全面的保护以及公平和公正的待遇。正如学者所言，“国际投资与知识产权有密切联系，知识产权作为一种财产权是可以用于投资的，若未作为投资，则可通过技术转让的方式获得。无论海外投资企业是通过何种方式获得知识产权的，知识产权的保护都是一个非常重要的问题。知识产权保护不力也可被看做是一种贸易壁垒和投资壁垒。有些公司投入了大量资金开发新技术和新产品，若对知识产权缺乏有力的保护，其技术就有被竞争者自由和无偿取得的风险，它们当然也就不愿意前往投资了。对于外国投资者，特别是高新技术生产者来说，加强对知识产权的国际保护，无疑有助于其进入他国市场并防止他国低成本地复制出口。”[①] 1959年，第一个双边投资协定，即德国和巴基斯坦签订的《促进和保护投资协定》已将财产的解释扩大到包括专利和技术知识，其后，各国在签订的BITs中，也一直将知识产权界定为投资的一种形式。[②] 自由贸易协定和知识产权协定可以直接确立TRIPS-Plus标准，而投资协定只能通过投资和投资者的保护原则和规则间接产生TRIPS-Plus效果。[③] 双边投资协定产生TRIPS-Plus知识产权标准的主要方式是扩大“投资”的概念，使知识产权涵盖在投资的定义中，成为投资资产，从而将知识产权保护纳入投资协定。此外，投资协定中涵盖的公平和公正待遇、透明度义务、投资争端的解决机制也影响知识产权的保护和TRIPS-Plus效果的产生。

1. 投资定义与TRIPS-Plus标准

双边投资协定（BITs）从严格意义上，并不规范知识产权，然而，它们对国际知识产权承诺在国内层面的实施都具有重要影响，特别是针对外国投资，BITs其中一重要目标即是为知识产权提供充分而有效的保护，知识产权往往被界定为“投资”并受该类协定条款的保护，比如，1998年玻利维亚与美国签订的BIT对投资的定义为，一国或某一公司的投资是

① 余劲松：《国际投资法》，法律出版社1997年版，第329—330页。

② 魏燕茹：《双边投资协定中的知识产权条款研究》，载《国际经济法学刊》第14卷第2期，北京大学出版社2007年版，第225页。

③ 张建邦：《“TRIPS-递增”协定的发展与后TRIPS时代的知识产权国际保护秩序》，《西南政法大学学报》2008年第2期，第22页。

指该国或该公司直接或间接拥有或控制的各类投资，一般包括公司权、缔结合同的权利、有形财产权、不动产以及无形财产权（租赁、抵押、留置、典当、知识产权及法律赋予的其他权利）。[1] 在有些双边投资协定中，知识产权的定义则较为宽泛，1998 年加拿大和委内瑞拉的 BIT 规定，知识产权包括版权及相关权、商标权、专利权、半导体集成电路布图设计权、商业秘密权、植物培育者权、地理标志权以及工业设计权。[2] 2003 年埃塞俄比亚和以色列签订的 BIT 将地理标志权和植物培育者权作为投资财产，虽然埃塞俄比亚在签署该协定时，并不是 WTO 和 UPOV 的成员，在其国内法中也不保护地理标志权和植物培育者权。2001 年美国和越南签订的 BIT 将投资包括卫星信号加密项目，但直到 2006 年 7 月，越南的新知识产权法才开始保护卫星信号加密项目。在新法颁布之前，越南不得不对美国投资者的保护扩大到对卫星信号加密项目信号的保护。对发展中国家而言，由于在对外投资上不存在特别的优势，因此对投资者财产权的范围应予以明确。另外，也有必要避免将国内法尚未保护的知识产权或本国尚未签署的有关多边协定中规定的知识产权列入投资的定义中。

2. 公平和公正待遇与 TRIPS-Plus 标准

在 BITs 中，对外国投资的待遇一般包括两类：一是相对待遇标准，即国民待遇和最惠国待遇标准；二是绝对待遇标准，即公平和公正待遇标准。比如美国乌拉圭 BIT 第 3 条规定国民待遇标准，第 4 条规定最惠国待遇标准，第 5 条规定最低待遇标准。第 5 条第 1 款规定各成员方应使投资待遇符合习惯国际法要求，包括公平和公正待遇及充分的保护和安全。[3] 其中，“公平和公正待遇”包括刑事、民事或行政程序应符合正当程序原则；“充分保护和安全”要求成员方提供国际习惯法要求的警察保护的水平。不过晚近的实践表明，由于公平与公正待遇没有确定的标准可循，因而易被投资者用来作为索赔的依据，从而使东道国政府遭受讼累。[4] 关于最低待遇标准，在以前的双边投资协定中只是原则性的规定，没有具体的

---

① Article 1 of the U. S-Bolivia Bilateral Investment Treaty.

② Article 1 of the Agreement between the Government of Canada and the Government of the Republic of Venezuela for the Promotion and Protection of Investments.

③ Article 5. 1 of the U. S-Uruguay Bilateral Investment Treaty.

④ 余劲松：《外资的公平与公正待遇问题研究——由 NAFTA 的实践产生的几个问题》，《法商研究》2005 年第 6 期，第 47 页。

解释。而在美国—乌拉圭 BIT 中，第五章共六条单独对最低待遇标准进行解释和规定，除此之外还增加附件 A 作为对最低待遇标准进行法律解释的参照。其目的在于使缔约双方依照国际习惯法给予投资公平和公正待遇、充分保护和安全保证。公平和公正待遇就是国际习惯法中对待外国人的最低待遇标准。TRIPS 协定规定了知识产权保护和执法的最低标准，即使要求成员给予外国人国民待遇和最惠国待遇，发展中国家完全可以通过国内法控制给予本国或第三国国民的待遇来维持相对较低的知识产权保护标准。而在投资协定中的公平与公正待遇虽然在衡量标准上有所差异，但是晚近以国际法作为公平与公正待遇的衡量标准似已确定，这就使得作为发展中的东道国额外承担按照国际法而非国内法标准给予外国投资者以公平与公正待遇的义务。① 但是，BITs 中的公平与公正待遇正在缩减发展中国家利用 TRIPS 协议变通性规定的自由选择空间，造成发展中国家在 TRIPS 协议项下的特殊和差别待遇落空。②

TRIPS 协定在规定知识产权执法的最低标准时，考虑到 WTO 成员国内法之间的差别，并未协调执法规则。最近的投资协定则开始具体规定相关执法程序，2004 年美国和乌拉圭签订的 BIT 第 11 条第 4 款规定行政程序应提供合理的通知程序以及为利益相关方陈述事实和观点的机会。另外，各成员方应提供审查和上诉程序，从而为支持或否定案件以及上交的证据提供合理的机会。考察投资协定中知识产权执法的影响，不仅涉及知识产权投资的建立，而且包括所有相关的投资活动。因此，投资协定适用的范围包括知识产权的取得、使用、保护和处置，与 TRIPS 协定第四部分有关知识产权的取得和维持及当事人之间的相关程序存在联系。

3. 透明度义务与 TRIPS-Plus 标准

TRIPS 协定规定了详细的透明度义务，第 63 条要求一成员有效实施的、有关知识产权的效力、范围、取得、实施和防止滥用的法律和法规及普遍适用的司法终局裁决和行政裁定应以本国语言公布，或如果此种公布不可行，则应使之可公开获得，以使政府和权利持有人知晓，一成员政府或政府机构与另一成员政府或政府机构之间实施的有关本协定主题的协定

---

① 魏燕茹：《双边投资协定中的知识产权条款研究》，《国际经济法学刊》第 14 卷第 2 期，北京大学出版社 2007 年版，第 230 页。

② 李凤琴：《双边投资协定中的 TRIPS-Plus 标准研究》，《世界贸易组织动态与研究》2009 年第 3 期，第 16 页。

也应予以公布。[1] 另外，各成员应将上述所指的法律和法规通知 TRIPS 理事会，以便在理事会审议本协定运用情况时提供帮助。[2] 但任何规定均不得要求各成员披露会妨碍执法或违背公共利益或损害特定公私企业合法商业利益的机密信息。[3] 早期的 BIT 对透明度义务的要求范围较窄，仅限于公布有关投资或影响投资的法律法规，并使其具可获得性。最近的投资协定也专门规定了东道国的透明度义务，但范围比以前要广，比如美国—乌拉圭 BIT 第 11 条规定东道国有建立联络点、公布任何措施、通知和提供相关信息、提供行政程序、审查和上诉的义务。从以上可看出，当投资协定对透明度的要求成为公平与公正待遇标准或国际最低标准的一部分时，其义务比 TRIPS 协定的要求高。因此，无论投资协定将透明度义务单独规定还是作为公平和公正标准的一部分，在适用知识产权上都可能会导致 TRIPS-Plus 透明度义务。

三　双边知识产权协定（BIP）

双边知识产权协定往往着重于一些具体的修订和执法措施，比如美国试图扩大数字环境中的版权保护或达到 UPOV 水平的植物多样性保护。双边知识产权协定和双边知识产权备忘录包括美国和厄瓜多尔（1993）、牙买加（1994）、尼加拉瓜（1998）之间的双边知识产权协定。此类谈判协议的签订一方面迫于美国的压力，另一方面也涵盖一些 TRIPS-Plus 条款。比如，由于尼加拉瓜是 WTO 发展中成员，到 2000 年才需要遵守 TRIPS 协定。1996 年，USTR 声称与尼加拉瓜的 BIP 正在谈判，1997 年，USTR 将尼加拉瓜添加到特别 301 条款其他观察名单之列。1998 年 1 月，美国和尼加拉瓜签署 BIP，直到 1999 年 7 月（TRIPS 协定对尼加拉瓜生效之前），尼加拉瓜都必须遵守该知识产权双边协定，并且该 BIP 协定存在 TRIPS-Plus 保护条款，包括加入 UPOV，删除对生命专利的例外规定等。可以看出，美国很好地利用了特别 301 条款作为加速其双边知识产权协定迅速达成的有力武器。

双边知识产权涵盖范围广泛，如美国—厄瓜多尔知识产权协定

---

① Article 63（1） of TRIPS.

② Article 63（2） of TRIPS.

③ Article 63（4） of TRIPS.

（1993）规定其范围包括版权、对加密卫星信号的保护、商标、专利、集成电路半导体外观设计及商业秘密的保护。[①] 对知识产权执法义务规定也比较详细，一般包括民事行动的特别程序及救济、临时措施、刑事程序。TRIPS 协定之前的双边知识产权协定一般未包括边境知识产权执法，比如 1991 年签订的美国—斯里兰卡知识产权协定[②]、1993 年签订的美国—厄瓜多尔知识产权协定[③]和美国—匈牙利知识产权协定[④]、1994 年签订的美国—牙买加知识产权协定[⑤]及美国—拉脱维亚贸易关系和知识产权协定[⑥]。而在 TRIPS 协定之后的双边知识产权协定则涵盖专门的边境知识产权执法规定，比如 1996 年签订的美国—柬埔寨贸易关系与知识产权协定[⑦]和 1998 年签订的美国—尼加拉瓜知识产权协定[⑧]。这些边境知识产权执法规定与 TRIPS 协定规定基本一致。因此，双边知识产权协定并不存在明显的 TRIPS-Plus 执法条款。

四 TRIPS-Plus 知识产权双边途径的影响

目前，美国和欧盟都寻求通过双边机制提高知识产权执法标准，但美国和欧盟关于改变知识产权执法的双边协定所采取的形式和程度在很多方面都有不同。欧盟双边协定中的知识产权待遇条款不像美国那么多，欧盟协定要求充分地、有效地保护知识产权，要与“最高国际标准”相一致，

---

① Agreement between the Government of the United States of America and the Government of Ecuador Concerning the Protection and Enforcement of Intellectual Property Rights.

② Agreement on the Protection and Enforcement of Intellectual Property Rights between the United States of America and the Democratic Socialist Republic of Sri Lanka.

③ Agreement between the Government of the United States of America and the Government of Ecuador Concerning the Protection and Enforcement of Intellectual Property Rights.

④ Agreement of Intellectual Property between the Government of the United States of America and the Government of the Republic of Hungary.

⑤ Agreement Concerning the Protection and Enforcement of Intellectual Property Rights between the Government of the United States of America and the Government of Jamaica.

⑥ Agreement between the United States of America and the Republic of Lativia on Trade Relations and Intellectual Property Rights Protection.

⑦ Article 21. 1 of the Agreement between the Government of the United States of America and the Kingdom of Cambodia on Trade Relations and Intellectual Property Rights Protection.

⑧ Agreement between the Government of the United States of America and the Government of the Republic of Nicaragua Concerning Protection of Intellectual Property Rights.

包括“有效地执行该权利的方式”。[①] 美国各双边协定条款则明显地不断增加，只有极少数对条款的“撤销”行为。发展中国家参与双边协定的目的之一是加强政治互信，特别是获得优惠的市场准入。相比发展中国家，发达国家对于双边主义的解释非常直接，双边协定使美国和欧盟从发展中国家获得让步，美国和欧盟同样可以针对拥有特定利益的特定国家，巩固多边知识产权协定的主要内容。发达国家推行双边协定所采取的策略方式主要包括（1）场所转移策略。美国和欧盟在知识产权标准制定上由面临很大困难的场所转移到容易获得成功的场所；（2）双边和多边知识产权合作策略。发达国家一方面在双边层面与发展中国家签署一系列自由贸易协定、投资协定、知识产权协定，另一方面也在多边场所，如 WCO、UPU、WIPO 等推行 TRIPS-Plus 知识产权策略；（3）在国际协定中确立最低标准策略。最低标准原则在 TRIPS-Plus 知识产权执法策略中起重大作用。各双边或多边知识产权协定都涵盖一些最低标准原则，即协定方可实施比该协定更广泛的知识产权保护，这意味着后续的双边或多边协定能不断制定更高的标准。双边协定的签订同样导致发展中国家以最快的速度融入到多边知识产权制度中，因为发展中国家必须遵守一些多边公约所设定的标准或签署一些多边协定，即使它们并非其成员。比如，美国—约旦 FTA 要求约旦遵守《WIPO 版权条约》第 1 至 14 条，并签署 UPOV。[②]

FTAs 涵盖超过贸易范围的大量问题，包括发展中国家和发达国家存在很大不同利益的知识产权问题，更高知识产权标准的约束义务将极大减损各个国家针对自己的发展优先性而规范其知识产权的灵活性。与 20 世纪 60 年代和 70 年代不同，当时在投资和知识产权保护等方面，提高标准是为了帮助发展，鼓励投资。但目前的双边主义试图瓦解发展中国家在多边体制下的联合，同时在双边谈判中利用不平等的谈判势力与那些愿意妥协的发展中国家之间签订不平等的双边协定。事实上，在 WTO 框架内，发展中国家尚能采取联合行动，而以双边形式谈判，发展中国家会处于更弱的地位。

有学者对双边协定加以研究后指出，双边协定为双边主义走向多边主义至少提供了以下六种路径：1. 多米诺效应。前 TRIPS 时期，双边协定

① Article 168 of the European Union – Chile Free Trade Agreement.

② Article 4. 1 and 4. 29 of the US-Jordan Free Trade Agreement.

所带来的这种多米诺连锁效应的一个典型实例就是 NAFTA 要求墨西哥使《植物新品种保护国际公约》（UPOV）生效。继 NAFTA 之后，墨西哥对非 UPOV 公约缔约国的玻利维亚也作出了同样的要求，这种连锁反应还通过最惠国待遇和“外部诱导”得到进一步强化；2. 俱乐部效应。双边贸易协定可以创设出一种“磁吸压力”，吸引第三方加入既定的条约以获得优先进入美国市场的利益；3. 联合效应。即通过说服更多国家接受 TRIPS-Plus 知识产权条款；4. 效仿效应。美国认为一些成功的事例可以作为其他国家“跟随的典范”；5. 解释效应。双边协定似乎能用于解释既存的多边协定；6. 黏附效应，即一些美国 FTAS 都要求签署国加入 TRIPS 协定未要求加入的其他多边协定。Jean-Frederic Morin 最终认为至今只有第 6 个效应即黏附效应取得成功，美国在其他效应方面收效并不明显，而双边协定所带来的不稳定性则会给多边体制造成碎片化影响。①

第二节　区域协定下的 TRIPS-Plus 知识产权执法：分而治之

一　区域贸易协定大量繁殖的原因性分析

据统计，目前通知到 WTO 的区域贸易协定（RTA）并已经生效的接近 300 个。② 区域协定在近些年大量繁殖的原因包括：一是多边贸易体制从一开始就为区域贸易协定的繁殖埋下了“祸根”；二是多边贸易体制对区域贸易协定的监管存在严重缺陷，形同虚设；三是多边贸易谈判越来越艰难，区域贸易谈判相对便利，WTO 成员必然在贸易自由化的道路选择上扬优势，避劣势。随着多边贸易体制成员在数量上越来越多，在成分上越来越复杂，如今要在一个特定的议题上形成协商一致越来越困难。与此同时，随着多边贸易体制一个回合接着一个回合地致力于全球贸易自由化，多边贸易谈判的议题的难度越来越大，政治敏感性越来越强，从而妥协的余地越来越小。而区域贸易协定所涉及的国家要少得多，彼此之间或者疆域相邻，或者经济互补性较强，或者有共同的政治与安全利益，或者有共同或相似的历史、文化、宗教传统，从而对谈判议题的确定、谈判内

---

① Jean-Frederic Morin，“Multilateralizing TRIPS-Plus Agreement：Is the US Strategy a failure?”，*The Journal of World Intellectual Property*，Vol. 12，2009，pp. 175—197.

② http：//rtais. wto. org/ui/publicsummarytable. aspx（last visited on February 28，2013）.

容的形成和最终协定的缔结比较容易达成共识。正是由于区域贸易协定的这些便利因素，使得有些大国、强国参加的区域贸易协定中对于一些在多边贸易谈判中难以达成一致的领域制定条款。[①] 在乌拉圭回合谈判之前，大多数区域协定基本上只处理关税减让和有关货物的贸易规则，自 20 世纪 80 年代，区域协定开始涵盖与贸易有关的问题，比如知识产权、投资、政府采购、环境和劳工规则。区域协定之所以涵盖有关知识产权的承诺，主要有三方面的原因：（1）发达国家基于对其技术和创新的强化保护获得更多利益；（2）发达国家需要在第三国巩固和扩大高技术含量产品和服务的市场准入；（3）发达国家相信只有那些提供比多边层面的知识产权保护更高标准的区域谈判才具意义。[②]

另外，在知识产权执法问题上，发达国家从多边体制转向区域谈判的另一重要原因是 WTO 体制和 WIPO 多边体制本身的特点。WTO 体制内，首先，成员通过不同议题的交换和挂钩构筑了一个精密的权利义务平衡体系，发达国家很难在体制内单方面推行有利于自身利益的 TRIPS-Plus 标准，除非在其他领域为发展中国家让步，这种利益的平衡为发达国家所不愿；其次，《马拉喀什建立世界贸易组织协定》第 10 条有关条约的修正程序较严格，发达国家很难在 WTO 框架内修改协定；再次，WTO 体制内集团化趋势的发展、多哈回合以来发展中成员的公平诉求以及在 TRIPS 协议“内在议程”谈判中对知识产权的弱化处理均会使发达国家提高知识产权保护标准的努力在 WTO 体制内受挫。[③] WIPO 体制内，由于成员众多，并且程序繁杂，因此缔结一个新条约的时间非常长。另外，2007 年 10 月 WIPO 成员国通过了《发展议程》有关提案临时委员会（PCDA）提出的 45 项建议。其中第 45 条建议指出，根据 TRIPS 协定第 7 条的规定，从更广泛的社会利益以及与发展有关的问题入手，处理知识产权执法问题，以便知识产权的保护和执法应有助于促进技术创新和技术的转让与推广，使技术知识的生产者和使用者共同受益，有利于社会和经济福利，并

---

① 曾令良：《区域贸易协定的最新趋势及其对多哈发展议程的负面影响》，《法学研究》2004 年第 5 期，第 121—122 页。

② David Vivas-Eugui, *Regional and Bilateral Agreements and a TRIPS-Plus World: The Free Trade Area of the Americas* (FTAA), TRIPS Issues Papers 1, p. 5.

③ 张建邦：《WTO 发展中成员在 TRIPS-Plus 协定下的知识产权保护义务研究》，《武大国际法评论》2009 年第 1 期，第 57 页。

有助于权利和义务的平衡。因此，面对 WIPO 修改条约的复杂性和此种“促进发展”的趋势，发达国家逐步丧失了在 WIPO 内讨论提高知识产权保护和执法标准的兴趣。

二 区域协定之 TRIPS-Plus 知识产权执法

美国和欧盟除签订很多双边协定以推行 TRIPS-Plus 知识产权执法外，在区域层面也已经签订或正签订相关协议。美式区域协定包括多米尼加—中美洲自由贸易协定（DR - CAFTA）（哥斯达黎加、萨尔瓦多、危地马拉、洪都拉斯、尼加拉瓜）、北美自由贸易协定（NAFTA）、美洲自由贸易协定（FTAA）、中东自由贸易协定（MEFTA）、跨大西洋自由贸易区（TAFTA）、亚太自由贸易区（FTAAP）等。欧式区域协定包括《经济伙伴协议 EPA》（安提瓜和巴布达、巴哈马、巴巴多斯、伯利兹、多米尼克、多米尼加共和国、格林纳达、圭亚那、牙买加、圣基茨和尼维斯、圣卢西亚、圣文森特和格林纳丁、苏里南、海地、特立尼达和多巴哥）、《欧洲经济区协议 EEA》（冰岛、列支敦士登、挪威）等。

为分析区域协定中的 TRIPS-Plus 知识产权执法条款，我们以美国—多米尼加—中美洲自由贸易协定（DR - CAFTA）为例。DR - CAFTA 是美国与中美洲五国（尼加拉瓜、洪都拉斯、萨尔瓦多、危地马拉、哥斯达黎加）以及加勒比地区的多米尼加共和国在 2004 年 8 月 5 日签署的关于七国间的全面贸易协议。其中萨尔瓦多于 2006 年 3 月 1 日生效，洪都拉斯和尼加拉瓜于 2006 年 4 月 1 日生效，危地马拉于 2006 年 7 月 1 日生效，多米尼加共和国于 2007 年 3 月 1 日生效，哥斯达黎加于 2009 年 1 月 1 日生效。CAFTA-DR 是美国与一些发展中经济体签署的第一个自由贸易协定。中美洲和多米尼加共同体是美国在拉丁美洲地区的仅次于墨西哥和巴西的第三大出口市场。

DR - CAFTA 总共二十二章，第十五章为知识产权章节，包括一般条款、商标、地理标志、域名、版权及相关权、加密卫星信号、专利、知识产权执法及最后条款。知识产权执法一节包括一般义务、民事和行政程序及救济、临时措施、与边境措施有关的特殊要求、刑事程序及救济及有关服务提供商的责任限制。其中，DR - CAFTA 的边境执法措施比 TRIPS 协定项下的措施更为严格，特别是第 15.11（20—25）条，存在明显的 TRIPS-Plus 特征，主要表现在：

1. 海关中止放行货物的程序适用于“假冒或足以导致混淆的相似商标或盗版货物”，其标准即为协定项下对商标保护的标准。TRIPS 协定只规定对假冒和盗版货物的边境执法，该协定还涵盖导致混淆的相似商标。

2. 无需正式的起诉，权力机关有权依职权发起对嫌疑船舶的行动，包括转口货物以及出口货物。

3. 权利持有人仅需要依照其自己的合理认识提供充分的信息，以便权力机关能合理识别嫌疑货物。不同于 TRIPS 协定，权利持有人所提交的信息只需要权力机关能“合理地”识别货物，而不是“容易地”识别它们。

4. 金融服务提供商可采用任何形式提供合理的保证或同等的担保。

5. 虽然边境措施中会计算储藏费，但该费用不能不合理地阻碍诉诸边境措施的能力。

6. 所有案件中，权力机关都要销毁侵权产品，除非权利持有人同意另外的处理方式。对于假冒和盗版产品，权力机关唯一可供选择的方式是捐给慈善团体，只要该产品的商标被除去后能有效地消除侵权产品的特征。

7. 条款对以下事项没有规定：（a）由于对物品的错误滞留，权力机关可命令补偿对进口商和物品所有人所造成的损害；（b）对于工业设计、专利、版图设计或未披露的信息，在缺乏临时措施或边境措施被耽搁时，进口商可以通过担保放行货物；（c）中止的时限；（d）对微量进口的例外规定以及边境贸易的例外规定。

三　TRIPS-Plus 知识产权区域协定的影响

TRIPS-Plus 知识产权区域协定最重要的影响表现在会打破国际知识产权执法体制的平衡状态，损害多边体制的可持续发展。国际知识产权执法体制主要存在于两个场所，一是 WTO 体制；二是 WIPO 体制。WTO 体制内，TRIPS 协定的达成耗费了欧盟、日本和美国大量的时间、精力和资源，也是发达成员和发展中成员之间大量合作、谈判和妥协的结果。虽然各成员对 TRIPS 协定依然不满，TRIPS 协定也尚未提供最新的保护以满足许多发达成员及其国内知识产权持有者的需要，但损害如此一个完好的体制所付出的代价却是不容忽视的。[①] 毕竟 TRIPS 协定所规定的知识产权执法标准在平衡各方利益方面是得到肯定的，其争端解决机制也是强而有力的。TRIPS-Plus 知识产权区域协定会对 TRIPS 协定所确定的知识产权执法的全球性最低标准造成直接挑战，也会打破各方利益的平衡。

WIPO 于 2002 年成立了执法咨询委员会（ACE），专门负责审议有关知识产权执法问题。该委员会的任务在于提供技术援助与协调，重点集中在与一些组织和私营部门协调开展打击假冒与盗版活动、公共教育、援助、为所有利益攸关方制订国家和区域培训计划以及通过设立电子论坛交流有关执法问题的信息。由于 WIPO 缺乏有效的执法机制，发达成员拟采取区域协定方式，创设新的全球知识产权保护和执法标准。WIPO 总干事 Francis Gurry 认为，“发达成员认为一些涉及公共政策的重要领域因无法在多边论坛中解决，只好不再局限于多边框架从而满足其建立国际性合作的愿望。但成员国在体系之外解决问题，从整体上说，都不利于多边机构的发展。”[②]

区域协定的签署有其自身要遵守的原则，即促进贸易自由，不能成为其他方与缔约方之间的贸易壁垒。《货物贸易总协定》（GATT）和《服务贸易总协定》（GATS）对此都有规范。GATT 第 24 条第 4 项规定，宜通过自愿签署协定从而发展此类协定签署国之间更紧密的经济一体化，以增加贸易自由。关税同盟或自由贸易区的目的应为便利成员领土之间的贸易，而非增加其他缔约方与此类领土之间的贸易壁垒。《关于解释 1994 年 GATT 第 24 条的谅解》重申，此类协定的目的应为便利成员领土之间的贸易，而非提高其他成员与此类领土之间的贸易壁垒，在此类协定形成或扩大时，参加方应在最大限度内避免对其他成员的贸易造成不利影响。GATS 第 5 条第 4 项规定，第 1 款所指的任何协定应旨在便利协定参加方之间的贸易，并且与订立该协定之前的适用水平相比，对于该协定外的任何成员，不得提高相应服务部门或分部门内的服务贸易壁垒的总体水平。另外，2006 年 12 月 18 日 WTO 理事会通过了《区域贸易协定透明度机

---

① Peter K. Yu，“Six Secret（and now open）Fears of ACTA”，*Southern Methodist University Law Review*，Vol. 63，2010，p. 74.

② ACTA A Sign of Weakness in Multilateral System，WIPO Head Says，Intellectual Property Watch，30 June 2010，http：//www. ip-watch. org/weblog/2010/06/30/acta-a-sign-of-weakness-in-multilateral-system-wipo-head-says/（last visited on February 28，2013）.

制》的决议，用来指导区域贸易协定委员会[①]对 WTO 成员间达成的区域贸易协定的审议工作。根据该透明度机制，WTO 区域贸易协定委员会将依据 GATT 第 24 条和 GATS 第 5 条对区域贸易协定进行审议。同时，WTO 贸易和发展委员会将根据“授权条款”对区域贸易协定进行审议。但至今 WTO 的区域贸易协定委员会尚未完成一份关于区域贸易协定整体上与 WTO 规则是否相符的最终审查报告。即使偶有涉及某一区域贸易协定的具体规则或具体措施是否与 WTO 规则相符的争议事项，DSB 也是保持司法克制，避免“以小见大”，就该区域贸易协定整体上与 WTO 规则相符性问题作出实际裁决。

发展中国家相信 TRIPS 协定的缔结代表着路的尽头，是多边层面规范知识产权问题的最后一次努力，通过承受知识产权保护和执法的沉重压力换取在农业、纺织业等市场准入方面的让步，发展中国家希望能够防止发达国家，特别是美国，进一步寻求单边和双边谈判的企图。然而，后 TRIPS 时期的事实表明，WTO 框架内的 TRIPS 协定，仅仅只是发达国家推行更强知识产权保护和执法的开始。1999 年 WTO 西雅图部长级会议的失败标志着 WTO 框架内全球多边体制困难时期的开始，随后 2003 年坎昆部长级会议的又一次失败则使大多数国家认为世界多边合作的未来已真正面临危险，而最近几年美国和欧盟所追求的一系列双边贸易和投资协定的兴起则使多边体制下的谈判“雪上加霜”。

在知识产权执法领域，美国以自己国内知识产权执法标准为模板，通过与不同国家和地区签署双边和区域协定，向世界各地输入 TRIPS-Plus 知识产权执法标准。欧盟紧随美国 TRIPS-Plus 知识产权执法的策略，与其他国家和地区签署双边和区域协定时，要求对知识产权执法适用“最高国际标准”，虽然欧盟对“最高国际标准”并未具体界定，但这成为欧盟指责其他国家知识产权保护和执法不符合其要求的一个依据。虽然美国和欧盟的双边和区域协定中都包括 TRIPS-Plus 条款，但两者之间存在显

---

① 1996 年 2 月 6 日 WTO 总理事会改变原来对双边 FTA 等区域贸易协定的审议由单独的工作小组进行的做法，设置了区域贸易协定委员会作为 WTO 的唯一审议区域贸易协定的机构。区域贸易协定委员会的主要职责是：评审各成员依据 GATT 第 24 条、GATS 第 5 条及授权条款所通报的区域贸易协定内容并对相关成员提出适当建议；加速审查程序，提交审查报告；考察区域贸易协定的体制性含义，以及区域与多边贸易组织的关系，并向总理事会提出建议；执行总理事会决议；每年对总理事会提出报告。

著的区别。美式协定通常包括一整章的知识产权条款，也包含有关知识产权执法的特别规定。比如，与澳大利亚、巴林、智利、哥伦比亚、摩洛哥、约旦、阿曼、新加坡以及《中美—多米尼加共和国自由贸易协定》都涵盖知识产权的特别条款以及有关知识产权执法的义务规定。欧式协定中的知识产权条款则比较有限，也不涵盖有关知识产权执法的特别条款。欧式自由贸易协定要求提供的充分而有效的知识产权保护应符合"最高国际标准"，并且更倾向于强调一些特殊的专门性问题，比如地理标志、植物多样性等。总之，欧式协定中的知识产权条款并不像美式协定中那样广泛，也不存在有关知识产权执法条款的特别规定。

对以美欧为主的发达国家而言，双边和区域方式能满足美国、欧盟以及其他一些发达国家的策略目标，因为在具体的双边和区域协定中，发达国家可按自己的需要以及对方签署国的市场特征签署略有区别的条款。特别是由于发展中国家在政治、军事、经济、贸易等方面的实力与发达国家之间存在悬殊，双边和区域贸易协定涉及的国家少，具有易操作、时间短、见效快和约束力强的特点，而多边体制成员多，需平衡各方利益，博弈所需要的时间成本大，获得的利益却不一定多，因此，发达国家通常利用其优势地位在双边和区域协定的谈判中实现其在多边贸易谈判中不能实现的要价。双边和区域协定采取的是一种"各个击破"、"分而治之"的策略，可以分化和瓦解发展中国家在多边贸易谈判中为加强自身的讨价还价能力而建立的联盟。因此，发达国家近年来加大了双边、区域协定的谈判力度。而对于发展中国家而言，虽然发展中国家通过区域贸易协定可以获取发达国家的市场准入的优惠，但是这种市场准入由于建立在对等的一对一的基础上，其适用的产品和市场范围，与以最惠国待遇为基础的多边贸易协定相比，要小得多。

自 20 世纪 80 年代开始，发达成员大力推动双边、区域和诸边谈判转向多边谈判，是考虑贸易自由化、全球化的结果，希望通过多边体制约束更多的发展中国家，在多边体制对广大发展中国家已构成约束的情况下，发达国家成员只是因为考虑到多边体制对其造成了阻碍，就又转向大量的双边、区域和诸边谈判，其行为是对多边规则制定价值的贬损，对贸易自由化、全球化也会造成一定的阻碍。虽然面对瞬息万变的世界，多边体制的确无法高效地在短期内制定出各国共同希望的行为准则，但由于假冒盗版问题是全球性问题，就需要通过全球化方式予以解决，应在国际知识产权执法体制内解决，而不能各自为战，最终导致国际知识产权体制的碎片化。

第五章

多边视角下的 TRIPS-Plus 知识产权执法

除了前文所列的单边、双边和区域层面外，发达国家也未完全放弃在多边场所推行 TRIPS-Plus 知识产权执法的努力。WTO 框架内，2006 年 6 月的 TRIPS 理事会会议上，欧共体希望“深入讨论（in-depth discussion）执法问题”。[①] 但发展中国家，比如阿根廷、巴西、中国和印度极力反对该提议，认为其背离了 WTO 着重于发展的谈判目标。中国官方人员表示 TRIPS 理事会“非适合时间也非适合场所”来讨论执法问题。[②] 在接下来的 2006 年 10 月的 TRIPS 理事会会议上，欧共体在日本、瑞士和美国的支持下，又发表了一份联合声明，意图加强 TRIPS 协定中执法条款的实施。欧共体主张“TRIPS 理事会是检查和帮助成员国实施 TRIPS 协定执法条款的适合场所。在此方面，TRIPS 理事会的工作应补充各成员国使用其他合作机制解决知识产权执法问题的努力。”欧共体希望“邀请其他成员参与讨论如何更有效地实施 TRIPS 协定执法条款；讨论有效提高各国实施立法和执法努力的措施。”[③] 但由于遭遇发展中国家的极力反对，该建议最终被拒绝。2007 年 1 月的 TRIPS 理事会会议上，美国提交了另外一份文

---

① Council for Trade-Related Aspects of Intellectual Property Rights, Communication from the European Communities, Enforcing Intellectual Property Rights: Border Measures, IP/C/W/471, June 9, 2006.

② EU Gets Little Support for Enforcement Proposal at WTO; CBD Issue Unresolved, Intellectual Property Watch, http: //www. ip-watch. org/weblog/2006/06/16/eu-gets-little-support-for-enforcement-proposal-at-wto-cbd-issue-unresolved/ (last visited on February 28, 2011).

③ TRIPS Coucil, Joint Communication from the European Communities, United States, Japan and Switzerland, Enforcement of Intellectual Property Rights, IP/C/W/485, November 2, 2006.

件，分享其知识产权边境执法经验。[①] 该文件探讨了美国在解决知识产权侵权方面发现的各种技术，并呼吁 TRIPS 理事会应通过交流建设性的观点和经验在解决知识产权执法问题上做出积极的贡献。不过发展中国家仍然坚持其之前的观点，即执法问题不应由 TRIPS 理事会管辖。2007 年 5 月，瑞士提交了另一份有关执法的文件，该文件着重强调边境执法措施方面的交流和合作应运作良好。[②] 2007 年 10 月，日本也提交了一份文件，分享其知识产权边境执法措施，并指出当前知识产权侵权的新趋势。[③] 发达国家在 WTO 体制内的上述努力最终都因遭到发展中国家的反对而以失败告终。

发达国家也在 WIPO 体制内推行其 TRIPS-Plus 知识产权执法。虽然 WIPO 管辖条约对知识产权执法规定甚少，但与执法有关的咨询委员会早已存在。1998 年至 1999 年间，即呼吁建立工业产权执法咨询委员会（ACE/IP）和全球信息网络中版权及相关权管理和执法咨询委员会（ACMEC），两委员会于 2002 年重组建立 WIPO 执法咨询委员会（ACE）。2003 年 6 月，ACE 在日内瓦举行第一次会议，此次会议中，成员方讨论了各种执法问题，包括执法战略的合作、培训、发展以及以电子形式进行信息交流等。[④] 在第二届会议召开后不久，2004 年的 WIPO 大会上，巴西和阿根廷即提议建立 WIPO《发展议程》，并获得通过。2006 年 5 月的第三届会议上，发展中国家基于《发展议程》，希望讨论包括限制性和例外条款、竞争问题以及生物剽窃行为，不过发达国家并不关心。[⑤] 2007 年 10 月 WIPO 成员国通过了《发展议程》有关提案临时委员会（PCDA）提出的 45 项建议。其中第 45 条建议指出，根据 TRIPS 协定第 7 条的规定，从更广泛的社会利益以及与发展有关的问题入手，处理知识产权执法问题，以便“知识产权的保护和执法应有助于促进技术创新和技术的转让

① TRIPS Council, Communication from the United States, Enforcement of Intellectual Property Rights (Part Ⅲ of the TRIPS Agreement): Experiences of Border Enforcement, IP/C/W/488, January 30, 2007.

② TRIPS Council, Communication from Switzerland, Enforcement of Intellectual Property Rights: Communication and Coordination as a Key to Effective Border Measures, IP/C/W/492, May 31, 2007.

③ TRIPS Council, Communication from Japan, Enforcement of Intellectual Property Rights, IP/C/W/501, October 11, 2007.

④ ACE, WIPO/ACE/1/7Rev., June 13, 2003.

⑤ ACE, WIPO/ACE/3/1, March 23, 2006.

与推广，使技术知识的生产者和使用者共同受益，有利于社会和经济福利，并有助于权利和义务的平衡”。2007 年 11 月的第四届 WIPO 会议试图解决国内、区域和国际层面有关执法机构之间的合作和协调问题，虽然意大利希望委员会能在 2007 年 WIPO 大会上讨论包括建立知识产权执法的指南和最佳实践，该建议在大会和 ACE 会议上都未获通过，而巴西则建议应考虑新通过的 WIPO 发展议程。① 2009 年 11 月，ACE 再次在考虑 WIPO 发展议程的 45 项建议的基础上审查权利人在执法中的贡献和损失。② 会议主题显示《发展议程》正逐步开始影响到 ACE 的运作。面对 WIPO 此种“促进发展”的趋势，发达国家逐步丧失了在 WIPO 内讨论提高知识产权执法标准的兴趣。

随着发达国家在 WTO 和 WIPO 体制内推行 TRIPS-Plus 知识产权执法努力的失败，发达国家开始转向其他多边场所，比如世界海关组织（WCO）、万国邮政联盟（UPU）、世界卫生组织（WHO）等。

第一节 世界海关组织：“规则制定”下的 TRIPS-Plus 知识产权执法议程

一 《公正有效执行 TRIPS 边境措施的国内立法示范条款》

（一）《示范条款》出台的背景

海关在打击国际贸易中假冒和盗版方面的作用早已在各个国际场所被讨论过。WTO 成员要求政府根据 TRIPS 协定的最低标准实施“专门的边境措施”。很多国家海关行政当局实施边境措施的经验显示，只有授予海关比 TRIPS 协定更高的权力，政府才能提供公正有效的知识产权保护。因此，政府依照相关国际义务规定，开始立法授予海关必要的权力以有效地打击假冒和盗版行为。1988 年，世界海关组织（WCO）开始准备示范立法以协助政府制定本国的国内立法并起草《给予海关权力执行商标与著作权法律的国家法律范本草案》（简称《范本草案》）。③ 在 GATT 乌拉

---

① ACE, WIPO/ACE/4/10, November 5, 2007.

② ACE, WIPO/ACE/5/1 Prov. Rev, September 28, 2009.

③ Draft Model for National Legislation to Give the Customs Powers to Implement Trade Mark and Copyright Legislation, MTN. GNG/NG11/W/5/Add. 5, 25 January 1988.

圭回合谈判之时，各国政府期望减少国际贸易中的扭曲与阻力，推动有效的、充分的知识产权保护，并保证知识产权执法的措施与程序不至于变成合法贸易的障碍，认识到有必要制定知识产权边境保护的新规则与制裁措施，这些新规则和制裁措施即纳入 TRIPS 协定中。为帮助各国政府实施 TRIPS 协定中的边境措施条款，WCO 在 1995 年将《范本草案》按照 TRIPS 协定进行修正，制定《赋予海关权力执行 TRIPS 的国家法律范本》（简称《法律范本》）。

2001 年，为适应新的形势要求和知识产权边境保护的新特点，WCO 进一步修改《法律范本》，适用新的有关边境措施的立法范本，即《公正有效执行 TRIPS 边境措施的国内立法示范条款》（简称《示范条款》）。[①] WCO 的目标在于保持《示范条款》的不断更新从而保证立法能充分解决在迅速变化的执法环境中海关知识产权权利持有人的需要。同时，《示范条款》的更新要考虑以下基本因素：首先，要认识到虽然海关能有助于有效地打击假冒和盗版，海关的职责必须明确地界定为不能阻碍合法产品的交易畅通。政府部门考虑到海关所采取的措施可能给国际贸易造成阻碍，为解决这个问题，《示范条款》必须在提供有效的知识产权边境执法时不至于变成合法贸易的障碍。其次，知识产权权利持有人对于采取措施保护其权利具有首要的责任。这些措施包括根据商标法的规定对其商标予以登记以及提交海关当局相应的执法申请以保护其权利。但是，各国政府也认识到海关当局在适当的案件中采取积极而主动的行动打击假冒和盗版行为是基于公众利益的需要。再次，海关干预的程度和效果将依赖于海关当局自身拥有的资源。《示范条款》所提供的条款应促进 WCO 成员国最有效的利用其既存的资源。最后，考虑到侵权货物是由海关当局控制，无论是进口、出口、复出口还是转运货物，都必须遵守有效的执法措施和程序。《示范条款》制定的目的不是局限于 TRIPS 协定的实施，而是寻求海关知识产权执法的一种“最佳实践”，《示范条款》会定期更新以更好地满足海关知识产权执法的需要。

（二）《示范条款》的主要内容

1. 保护范围和执法环节。权利人可根据本法制定的程序和条件向海

---

① Model Provisions for National Legislation to Implement Fair and Effective Border Measures Consistent with the Agreement on Trade-related Aspects of Intellectual Property Rights, WCO.

关提出申请，要求中止海关清关及扣留进口、出口和转运货物。权利人可向海关提出申请，要求海关中止仿冒嫌疑货物的清关；中止盗版嫌疑货物或破解保护的设备（protection-defeating device）的清关；中止除上述货物以外的侵权货物的清关，只要在涉及地理标志时，申请人必须证明货物违反了进口国的法律，如果是中止对出口或转运货物的放行，则对地理标志的使用违反了目的国或销售国的法律。海关应建立一国内中心系统以处理中止海关清关的申请，中心系统的具体内容应由权力机关予以设定。① 任何符合以上规定的申请，海关应具体说明其提供协助的期间。该协助的最低期限不得少于 1 年，除非申请人要求更短的期间或特殊情况下申请人要求行动。权利人不管任何原因造成其权利失效或丧失权利所有人资格时，必须通知海关。②

2. 申请。任何有关侵犯知识产权货物的申请应以书面形式提交，并附有申请人及其联系方式的具体信息；如果申请人是被授权的代理人，则应有权利人的授权；有效的知识产权存在的充分证明；对一般货物的边境措施提供一份申请根据的说明；对于特殊货物的边境措施，申请根据的说明包括显示特定的知识产权受到侵犯的、即将受到侵犯或该货载有破解保护的设备的初步证据；知识产权所适用货物的充分具体的说明，尽可能地提供真实货物产品的样本；相关规定的费用证明。如果申请中没有提供上述所列信息，而该信息却是必需的，则海关当局应要求申请人对该申请予以补充。如果只是因为申请人没有提供上述所列有关信息，没有进一步地审查，海关不应拒绝该申请。③ 在收到申请的合理时期内，不超过 30 个工作日，海关应通知申请人申请是否被批准或被拒绝。对于紧急申请，该申请需要立刻解决并且有充分的信息显示货物含有侵权货物，则海关应立刻对其予以评估，并在尽快的时间内，不超过 3 个工作日通知权利人。如果申请被批准，则应当在明确指出的期限内有效。如果申请被拒绝，则应清楚地说明原因。在申请被批准后，海关应立刻通知所有办公室有关该申请的具体内容以及所指定的货物情况。④

3. 保证金或与之相当的担保。海关可以要求申请人提供保证金或同

---

① Article 1, Model Provisions.

② Article 2, Model Provisions.

③ Article 3, Model Provisions.

④ Article 4, Model Provisions.

等的担保或保证，以充分保护进口人、收货人、发货人、出口人或货物的所有人及主管机关的利益。但是，这种保证金或同等的担保不得无理阻止对这些程序的适用。[①] 如有必要，和申请人商量之后，如果海关批准申请人认为进口、出口或转运货物涉嫌侵犯知识产权之后，海关应当中止申请所指的货物的清关。中止应当在最初确定了的期限内和海关明确指出延长的期限内有效。（2）海关应当立即通知进口人、出口人、收货人、发货人和申请人对货物清关的中止或对出口、转运货物的扣留，并应说明中止或扣留的原因。[②]

4. 中止放行期限。如果在向申请人送达关于中止放行的通知后 10 个工作日内，海关未被告知一非被告的当事方已就关于案件是非曲直的裁决提出诉讼，或未被告知获得适当授权的机关已采取措施延长货物中止放行的期限，则对此类货物应予放行，只要符合所有其他的进口或出口条件。本条同样适用于刑事调查过程中对货物的扣留。此时限可以再延长 10 个工作日。如果嫌疑货物属于易腐蚀性的，则期限应为 3 个工作日，此时限不应被延长。如已提起关于案件是非曲直的诉讼，则根据被告人的请求，应进行复审，包括举行听证会，目的在于在合理期限内决定是否应修改、撤销或确认这些措施。如依照临时扣押令中止或继续中止货物的放行，此期限由责令该措施的司法机关确定。如未做出此种确定，则不超过 20 个工作日或 31 天，以时间长者为准。如果按照申请，海关中止放行的货物是除商标权、版权及相关权以外的其他知识产权，而中止放行的期限在获得适当授权的机关未给予临时扣押令的情况下已期满，只要符合所有其他进口条件，则此类货物的所有人、出口人、进口人、收货人或发货人在对任何侵权行为交纳一笔足以保护权利持有人的保证金后有权要求予以放行。该保证金的支付不得损害对权利持有人的任何其他可获得的救济，如权利持有人未能在一合理期限内行使诉讼权，则该保证金应予解除。[③]

5. 检查权即获得信息权。在不损害保护秘密信息的情况下，海关应允许权利持有人、进口人或出口人检查依第 11 条规定被中止清关的货物，并可以提供样品进行检查、化验和分析，确定其是否为盗版、假冒或其他

---

① Article 5，Model Provisions.

② Article 6，Model Provisions.

③ Article 7，Model Provisions.

侵犯知识产权的货物或是否为破解保护的设备。在不损害保护秘密信息和个人数据的情况下，根据国内立法和程序，海关应基于权利持有人的请求，通知权利持有人有关声明人的名称和地址。基于权利持有人的请求，海关可以提供有关中止清关货物的附加信息，这些信息将有助于权利持有人主张该侵权行为。如果司法机关对货物的侵权或货物属于破解保护的设备做出了肯定的裁决，基于权利持有人的请求，海关应将出口人、进口人、收货人和发货人的名称和地址以及所涉货物的数量通知权利持有人。权利持有人可以使用基于上述所获得的数据仅用于调查和起诉该侵权行为。[①]

6. 依职权行为。在已获得初步证据表明侵权已经发生或即将发生或货物属于破解保护的设备时，海关应主动采取行动中止货物的放行。在有合理根据怀疑货物正构成侵权或货物属于破解保护的设备时，海关可以主动采取行动中止货物的清关。如果根据第 9 条规定货物清关已被中止，则海关可以主动向权利持有人寻求获取任何信息或协助，包括技术专家和设备，以确定该嫌疑货物是否为假冒或盗版或侵权。海关应立刻通知权利人或其代理人和声明人、进口人或出口人中止清关的地点和日期。[②]

7. 对侵权货物的处理。如果司法机关裁决货物侵权或属于破解保护的设备而被没收，在不与宪政要求相违背的条件下海关依权利持有人的申请可以在官方监督下销毁或在海关权限范围内以其他方式处理该货物，只要：该处理方式应在正常的商业渠道之外，从而使进一步侵权的风险最小化；该处理方式不应对权利持有人造成损害；权利持有人可以建议处理货物的适当方式；海关不应当允许侵权货物按照原封不动的状态重新出口或以不同的海关程序处理该货物，特殊情况除外。海关可以依权利持有人的请求没收并最终销毁该货物或使之排除在商业渠道之外或由权利持有人在海关依职权的、没有司法裁决的监督之下销毁该货物，只要：a. 权利持有人已提供充分的证据证明该货物构成侵权；b. 如果已被海关通知中止放行货物的进口人、出口人、收货人、发货人或货物所有人被告知可能对该侵权货物采取没收并销毁或排除在商业渠道之处，而在收到通知之日起 20 个工作日内不仅对该措施或者海关尽合理努力仍未能识别出进口人、

① Article 8，Model Provisions.

② Article 9—10，Model Provisions.

出口人、收货人、发货人、货物所有人或声明人。如果申请人被授予延长采取法律行动的期限，则该延长期自动地适用于本段所规定的反对程序。权利持有人在嫌疑货物被销毁或处理之前，可以请求保留该货物的样本，只要这些样品需要被作为侵权的证据或今后采取法律行动的证据。①

8. 国际合作。海关应建立联系点，从而交换有关侵权货物的信息，并开展海关合作。②

9. 可忽略不计的进口。进口人或收货人个人行李中携带的供私人使用的或在小件托运中运送的非商业性的侵权货物排除在本《示范法》的适用范围之外。

10. 最后条款。国务院或其他权力机关在听取海关建议之后应颁布指令或规则：规定一简易程序以便更新延长协助期限或修订本法第 1 条规定的申请；规定申请的形式并要求制作该申请的人提供有关所有人或特别许可授权人的证据并完成特别规定的其他条件，比如可能包括支付合理的费用以弥补海关的行政花费；有关适用本法的其他问题。③

11. 海关免责条款。无论依据第 1 条申请是否被收到，海关系善意采取行动，并遵守了本法及相关规定所制定的程序，则对以下行为不承担责任：未成功识别侵权货物或破解保护的设备；非故意地对该货物或破解保护的设备予以了放行；其他有关该类货物或破解保护的设备的行动。④

12. 赔偿。进口人、出口人、收货人、发货人或货物所有人对因货物或被错误扣押⑤所造成的损失可以要求适当的金钱赔偿。海关应命令所有人、进口人、出口人、收货人或发货人支付储存和销毁任何被中止放行确定为假冒、盗版或其他侵权货物的费用。⑥

13. 处罚。进口、出口或转运侵权货物的行为应根据相关法律的规定作为一种海关犯罪而受到惩罚。⑦

---

① Article 11，Model Provisions.

② Article 12，Model Provisions.

③ Article 11，Model Provisions.

④ Article 12，Model Provisions.

⑤ Article 13，Model Provisions.

⑥ Article 15—16，Model Provisions.

⑦ Article 17，Model Provisions.

（三）《示范条款》之 TRIPS-Plus 知识产权执法研究

WCO《立法范本》与 TRIPS 边境执法条款之比较

内容	WCO《立法范本》	TRIPS 协定	TRIPS-Plus 之分析
执法环节	第 1 条	第 51 条	从“进口”扩大至“进口、出口和转运货物”。
保护范围	定义 5	第 51 条	将保护范围从商标和版权扩展到其他各种形式的知识产权。
中心系统	第 1 条	第 41 条	要求建立一国内中心系统以处理中止海关清关的申请，这会给成员带来额外负担，而 TRIPS 协定第 41 条第 5 款规定，成员没有义务在分配优先的执法资源时优先实施知识产权法律。
协助期限	第 2 条	第 52 条	要求海关具体说明其提供的期间，该期间的最低期限不得少于 1 年，除非申请人特殊要求，TRIPS 协定并未具体规定协助期限。
申请	第 4 条	第 52 条	对于申请是否被批准，TRIPS 协定只要求在“合理期限内”，WCO《立法范本》则要求不超过 30 个工作日，并且对于紧急申请，要求不超过 3 个工作日。
通知	第 6 条	第 54 条	将通知进口人和申请人的义务扩展到通知“进口人、出口人、收货人、发货人和申请人”，并要求说明中止或扣留的原因。
检查权	第 8 条	第 57 条	TRIPS 协定规定成员应授权主管当局为权利持有人提供机会检查被扣留产品，对于进口人，也应有权提供同样的机会。WCO《立法范本》则要求海关应允许权利持有人、进口人或出口人检查被扣留货物。
获得信息权	第 8 条	第 57 条	TRIPS 协定规定如果案件确系侵权，则成员“可”授权将发货人、进口人及收货人的姓名、地址等信息提供给权利持有人，WCO《立法范本》则要求海关“应”将出口人、进口人、收货人和发货人的名称、地址等信息提供给权利持有人，其不仅将选择性义务变为强制性义务，而且也扩大了被提供信息人的范围。
依职权行为	第 9 条	第 58 条	WCO《立法范本》除了在已获得初步证据表明侵权已经发生或即将发生时，海关“应”主动采取行动外，还规定在有合理根据怀疑货物正构成侵权时，海关也可以主动采取行动。TRIPS 协定对依职权的行为规定的是“如果成员要求”，即是一种可选择性的，并不强制要求，并且只能是有初步证据表明有关商品侵犯知识产权时。
救济	第 11 条	第 59 条	TRIPS 协定规定了“使被告有权寻求司法当局进行复审的前提下”，主管当局有权责令销毁或处置侵权货物，WCO《立法范本》未规定此前提，并且规定在被通知中止放行后 20 个工作日不反对该措施或海关尽合理努力未能找到相关嫌疑人，则海关可依权利持有人请求，没收并最终销毁该货物，这扩大了海关的权限，有利于权利持有人。

续表

WCO《立法范本》与 TRIPS 边境执法条款之比较			
内容	WCO《立法范本》	TRIPS 协定	TRIPS-Plus 之分析
国际合作	第 12 条	第 41 条	要求海关建立联系点以交换有关侵权货物的信息，并开展海关合作，而 TRIPS 协定第 41 条第 5 款规定，成员没有义务在分配优先的执法资源时优先实施知识产权法律。
刑事程序	第 17 条	第 61 条	TRIPS 要求各成员应规定将适用于具有商业规模与蓄意假冒商标或盗版案件的刑事程序和处罚。WCO《立法范本》则规定，进口、出口、转运侵权货物的行为应根据相关法律规定作为一种海关犯罪受到惩罚。

WCO 推动了依职权的海关执法措施，该依职权行为并不为 TRIPS 协定所必须要求，这也是发达国家推行更高标准知识产权执法的主要内容之一。海关依职权介入的方式使得赔偿的责任转移到了国家，其应被严格局限于非常特殊的情况下才能被使用。另外，WCO 阻止司法机关介入边境措施，而且建议授权海关直接采取措施。《示范条款》另一个显著特征是边境措施应适用于进口、出口、再出口或转运货物的侵权，而 TRIPS 协定只要求适用于进口货物。《示范条款》在保护范围上也明显存在 TRIPS-Plus 特征，TRIPS 协定只规定对假冒商标和盗版货物适用边境措施，而《示范条款》则适用于国内法规定的任何知识产权侵权。另外，《示范条款》提议要求各成员方对技术保护方法（TPMs）和数字权管理（DRM）实施海关执法，这体现发达国家试图在 WIPO 以外的场合，比如 WCO 讨论一些重要而敏感问题的企图。对此发展中国家要警惕此种所谓的“示范”条款。虽然 TRIPS 协定并未要求成员方保护技术方法，1996 年 WIPO 条约，即《WIPO 版权条约》（WCT）和《WIPO 音像表演条约》（WPPT）要求缔约方对权利持有人所使用的技术提供充分的法律保护和有效的法律救济。事实上，这两个条约只被具有非代表性数量的国家批准（67 国批准 WCT，66 国批准 WPPT）。显然，TPMs 和 DRM 不仅被发展中国家，也被发达国家认为是很敏感的问题。由于 WCO 成员国很多都未批准上述两个条约，因此，这也可作为一种“走后门”方式的立法（back door legislation）。① 由于海关缺乏专业的知识

① Xuan Li & Carlos M. Correa, *Intellectual Property Enforcement: International Perspective*, Edward Elgar Publishing, Inc., 2009, p. 171.

产权专家，将 TPMs 和 DRM 作为海关执法保护的范围，就要求许多其他领域的专家参与到海关执法中，否则单凭海关机构自身执法可能会阻碍合法贸易，这也会加大各国海关执法的人力资源成本。

二　《关于海关统一知识产权执法的临时标准》（SECURE）

（一）SECURE 出台的背景

世界海关组织于 2007 年 2 月与菲利浦公司等企业伙伴商讨后发起《海关统一知识产权执法临时标准》[1]（SECURE）项目。在 2007 年 WCO 理事会上，虽然很少成员反对 SECURE 议程的发起，但并不是所有成员都赞成该议程，特别是发展中国家。当时，并不是每个人都了解所提议的行动内容，发展中国家政府并未派知识产权专家参与，其主要原因在于 SECURE 标准并未出现在 2007 年世界海关大会议程中，也没有任何代表 SECURE 的其他名称。该项目的临时文本是在大会前三天，即 2007 年 6 月 25 日至 27 日的布鲁塞尔政策委员会第 57 届会议上出现的。大部分成员（174 个国家）只是在大会会议召开前被告知大会的一些基础性内容。在此基础上，成员国并没有时间准备对 SECURE 的审查，也不可能达成任何意见。此外，由于 WCO 的议程一般由各成员国海关机构代表参加，而不是由商务部或其他对外事务相关部门参加，SECURE 所讨论的问题并非有关关税等传统的海关事务，海关机构一般缺乏知识产权方面的专家，对所提临时标准的具体内容和影响也不甚了解。2007 年 10 月，WCO 举行 SECURE 工作组第一次会议，并召开虚拟起草组组会议。在此阶段，发展中国家对 SECURE 标准认识很有限。

2008 年 2 月，工作组召开第二次会议，其目标是在当年 6 月的理事会上通过 SECURE 草案。直到此时，很少听到来自发展中国家的声音。巴西指出，SECURE 项目具有 TRIPS-Plus 特征，这种 TRIPS-Plus 的讨论不适合在 WCO 内开展，而应在既存的其他领域比如 WIPO、WTO 内开展。巴西提议增加一总括条款（标准 0），即标准不能减损相关国际条约特别是 TRIPS 协定所具有的灵活性。另外，为了有效反映文件的自愿性质，巴西要求标准所使用的词“应”（should）改为“可以”（may）。这些提议都遭到了许多发达国家的抵抗，留到 2008 年 4 月的第三次会议上予以

---

① 全称为 Standards to be Employed by Customs for Uniform Rights Enforcement。

进一步讨论。2008 年 4 月 23 日至 24 日，工作组召开第三次会议，其目标是发达国家对其进行最后的技术讨论，以便提交理事会审批。会议上，发展中国家开始逐步活跃。除巴西外，阿根廷、厄瓜多尔、墨西哥和中国都积极参与实体问题和程序问题的讨论。虽然“标准 0”暂且被采用，但其他问题最终仍然悬而未决。第四次会议于 2008 年 10 月召开，该会议首次讨论有关职权范围的问题。会议期间，巴西和阿根廷提交了一份文件，名为《保证 SECURE 工作组的透明、合法以及成员驱动的程序》，其目的在于解决整个谈判的程序问题，最终该问题也未得到解决。因无法缩小发达国家和发展中国家之间的分歧，WCO 秘书处提议搁置有关 SECURE 标准的讨论，提议建立一个新的机构来替代 SECURE 工作组。

（二）SECURE 的主要内容①

《海关统一知识产权执法的临时标准》工作草案是 SECURE 工作组的一份工作文件，主要包括三个部分。第一部分是知识产权立法和执法制度的发展；第二部分是风险分析和情报分享；第三部分是知识产权执法的能力建设和国际合作。

1. 在知识产权立法和执法制度的发展部分，SECURE 规定了 12 条标准。

标准 1：海关行政机构应有权对被怀疑为侵犯知识产权的货物实施知识产权保护，只要这类货物处于海关的监管下，包括：进口、出口、转口、仓储、转船、自由区、自由港口、邮政渠道、网络。

标准 2：国家立法可以将海关知识产权立法的范围从商标和版权扩展到其他知识产权。

标准 3：海关在知识产权实施的各个方面均应有清晰和透明的程序。

标准 4：在权利持有人要求海关干预方面，海关应制定要求信息的标准化表格，包括基本数据和标准数据，权利持有人的成本应降低。

标准 5：海关应指定一个中央办事处或联络点，以便利申请和处理干预的要求。

标准 6：在有关国家立法规定对旅客进口货物实行知识产权执法的微

① Provisional Standards Employed by Customs for Uniform Rights Enforcement, WCO, June 2007; Xuan Li, “WCO SECURE: legal and economic assessments of the TRIPS-Plus-plus IP enforcement”, in Xuan Li & Carlos M. Correa, *Intellectual Property Enforcement: International Perspective*, Edward Elgar, 2009, pp. 68—72.

量例外的情况下，符合现有资源的例外货物的数量应尽可能少。

标准 7：根据有关国际协议，海关有法定权力应权利持有人的要求或自主行动，对已取得初步证据证明知识产权正在被侵犯的货物进行扣押或中止放行，同时保护所有（相关）经营者的合法权利。

标准 8：海关应采取程序使其可以免费向权利持有人提供可疑货物的样品，以确定这些样品的真伪。提出这类要求的权利持有人应对这些样品和有关成本负责，对这些样品的债权随之转移给权利持有人。

标准 9：凡适宜处，海关应有权将扣押或中止放行的货物信息提供给权利持有人。

标准 10：海关应采取措施确保扣押或查封侵犯知识产权的货物。海关应保证扣押和查封程序的透明度。

标准 11：海关有权扣押、转移或查封知识产权货物。

标准 12：海关有权对处于海关控制下的参与了违反任何知识产权法律的进出口实体进行威慑性处罚。

2. 有关风险分析和情报分享部分，包括 8 条标准。

标准 1：海关行政机构应利用以计算机为基础的风险评估和目标工具，以便更有效地探测和控制可能存在风险的货物，从而促进低风险货物清关。

标准 2：海关行政机构应制定和实施专门打击假冒盗版的标准，对象包括国内、区域以及国际非法贩运。

标准 3：海关行政机构应对空运、海运和陆运货物的挑选和控制实施相关技术。

标准 4：海关行政机构应在清关前检查声明摘要和运输单证。

标准 5：海关行政机构应考虑建立打击假冒和盗版的专门团队。

标准 6：WCO 将鼓励提高 WCO 成员国以及区域海关情报联络中心（RILOs）的合作。

标准 7：受任何国内立法或政策局限性的影响，WCO 成员国应分享有关知识产权的数据、图片以及警示意义；推动欧洲标准化委员会（CEN）及其应用成为海关行政机构在提交、搜集和交换信息方面的首要世界交流工具；在符合国内立法的基础上，定期通过 RILOs 与 CEN 分享扣押数据；通过 CEN 建立各部门知识产权专家以及国内政府间的信息交流网；利用合适的国内联络点负责整理知识产权相关信息及在国内层面予以控制。

标准 8：海关行政机构应使用 WCO 知识产权网络学习项目以及反假冒盗版风险指南手册以强化风险分析。

3. 有关知识产权执法和国际合作的能力建设部分，包括 6 条标准。

标准 1：WCO 及海关行政机构应与权利持有人合作以实施更好的知识产权执法。

标准 2：WCO 将与 WIPO、Interpol、OECD、WHO 及其他适合的国际、区域和国内团体合作，以提高知识产权执法的能见度并设计出最有效的反假冒盗版方案。

标准 3：WCO 秘书处在关注数据安全的基础上将提议建立一个以 CEN 为基础的信息体制，从而接受来自于私人部门的信息为海关所用，以便允许传输有关嫌疑货物或产品技术特征的专门信息。

标准 4：WCO 秘书处将维持知识产权专门知识在一个必要的水平以帮助实施知识产权执法及培训。

标准 5：WCO 将开展培训项目以满足权利持有人和成员的需要。

标准 6：WCO 将推动 WCO 网络学习模块的使用，使其作为知识产权执法的教育工具。

（三）SECURE 草案之 TRIPS-Plus 知识产权执法研究

SECURE 与 TRIPS 协定之比较

内容	SECURE	TRIPS 协定	TRIPS-Plus 研究
执法环节	标准 1	第 51 条	从“进口”扩大至“进口、出口、转口、仓储、转船、自由贸易区、免税店”。
保护范围	标准 2	第 51 条	从“商标和版权”扩展到“其他各类知识产权”。
程序	标准 3	第 51 条	从“中止货物放行”程序扩展到“其他种类的程序”。
申请	标准 4	第 52 条	TRIPS 协定规定权利持有人有义务提供证据并满足海关接受申请的条件，SECURE 则试图使启动海关干预成为自动的程序，这转移了权利持有人的义务，而要求海关制定标准化表格。
中心系统	标准 5	第 41 条	SECURE 要求海关指定一个中央办事处或联络点负责申请事宜，这增加了成员负担。TRIPS 协定则规定成员没有义务在分配执法资源时优先实施知识产权法律的义务。
微量进口	标准 6	第 60 条	SECURE 规定“例外货物的数量应尽可能少”，TRIPS 协定并未作此规定。

续表

SECURE 与 TRIPS 协定之比较

内容	SECURE	TRIPS 协定	TRIPS-Plus 研究
依职权行动	标准 7	第 58 条	TRIPS 协定对依职权行动规定了几个附加条件：一是该主管当局可以随时向权利持有人索取可能有助于其行使权力的任何信息；二是应立即将中止放行通知进口人及权利持有人；三是只有对政府当局及官员们系善意采取或试图采取特定救济措施的情况，成员才应免除其为采取措施而应付的过失责任。SECURE 肯定海关当局的依职权权力，但未规定附加条件，扩大了海关权限。
证据	标准 8	第 52 条、第 58 条	TRIPS 协定要求权利持有人提供充分证据证明根据进口国法律，证明已发生侵权的初步推定，并提供货物的详细说明以便海关易于辨认。SECURE 则要求海关而不是权利持有人提供证据，这颠倒了举证责任，减轻了权利持有人的负担，加大了海关负担。
通知	标准 9	第 54 条	TRIPS 协定规定海关有迅速将中止货物放行通知进口商和申请者的义务，而 SECURE 只规定提供给权利持有人，没有规定对进口商通知的义务。
救济	标准 10	第 59 条	TRIPS 协定规定了“使被告有权寻求司法当局进行复审的前提下”，主管当局有权责令销毁或处置侵权货物。SECURE 则不仅扩大了海关的权限，而且规定所有侵权货物均应销毁。
处置	标准 11	第 51 条	TRIPS 协定明确规定仅限于根据合理的理由，中止放行涉嫌假冒商标和盗版货物进入自由流通。SECURE 标准则扩大了海关权利，给予海关扣押、转移或查封知识产权货物的权利。
刑事处罚	标准 12	第 61 条	TRIPS 规定各成员应将适用于具有商业规模的蓄意假冒商标或盗版案件的刑事程序和处罚。SECURE 则规定，海关有权对处于海关控制下的参与了违反任何知识产权法律的进出口实体进行威慑性处罚。

综上可看出，SECURE 在执法标准上大大超出了 TRIPS 协定的规定。而广大发展中国家一开始并没认识到这些 TRIPS-Plus 标准的知识产权执法内容，发达国家试图以最快的方式、在最短的时间内使该临时标准得以确定。但在相关组织如南方中心的敦促下，发展中国家开始联合抵制 SECURE 的达成。历经四次工作组会议、两次理事会会议和三次政策委员会会议总共一年零十个月的谈判，SECURE 最终被搁置。2008 年 12 月 9—11 日，世界海关组织政策委员会会谈结果表示：“在理事会 2009 年 6 月就今后的方向做出决议之前，SECURE 工作组将不再举行会议；秘书处将起草 WCO 处理海关知识产权问题新机构的职责范围草案，由政策委员会

审定后提交理事会；在委员会考虑新方式之前，将继续提供技术帮助和能力建设活动。"① 发达国家试图在世界海关组织推行其 TRIPS-Plus 的战略步伐被暂时告一段落，但这并不代表世界海关组织内将风平浪静，毕竟 WCO 内部已经成立一个新的机构继续探讨知识产权执法问题。

第二节 万国邮政联盟："邮政渠道"下的 TRIPS-Plus 知识产权执法议程

一 《40 号决议》的产生

发达国家在世界海关组织推行《示范条款》和 SECURE 标准时，也不忘在其他国际组织机构同步推行 TRIPS-Plus 知识产权保护和执法的战略。万国邮政联盟《通过邮政方式发送假冒盗版物品的 40 号决议》②（简称《40 号决议》）的出炉即为典型一例。2008 年 1 月，世界海关组织——万国邮政联盟联系委员会（WCO-UPU Contact Committee）和邮政经营理事会下属的三个海关支持项目组共同提交《40 号决议》给邮政经营理事会审议，其目的是在边境知识产权执法方面推行 TRIPS-Plus 协定标准。2008 年 8 月 1 日，万国邮政联盟大会的一次会议讨论了有关通过邮政渠道发送假冒盗版货物的问题，其中三项建议被提起，包括：1.《40 号决议》；2. 对 UPU 公约第 15 条国际邮件禁寄物品清单进行修订；3. 对 UPU 公约第 23 条邮递者的责任进行修订。

二 对《40 号决议》的评价

法国在介绍《40 号决议》时，指出邮政渠道现被用来销售假冒和盗版货物。德国在支持该决议时，强调邮政机构并非执法机构，可以理解 WCO 和欧盟强调假冒和盗版的意图，但该执法措施应由适合的机构管理，比如海关机构。美国支持该决议但认为相关行动和目标的实施应纳入到邮政安全行动小组（PSAG）③，并应限于 PSAG 在打击假冒者的指南、程序

① 60th Session of the Policy Commission: Summary of Outcomes, WCO, December 2008, p. 3.

② 全称为 Resolution 40 on Counterfeit and pirated items sent through the post.

③ 邮政安全行动小组（PSAG）由美国主管，职责是打击通过邮政渠道进行恐怖活动或洗钱的行为，目的在于提高邮政安全并制定动态的安全策略。

和工具。比如，措施应设计如何使用海关电子信息，如何解决隔离装运的问题。PSAG 应与 UPU 海关小组共同分享一些成果。美国认为应是法律和海关机构来处理执法问题，而不是邮政人员，但邮政安全和执法能够而且应与法律和执法机构合作。中国认为知识产权保护以及打击假冒盗版产品问题已经在 WTO 和 WCO 框架内讨论，由于发展中国家和发达国家意见悬殊，在那些机构所提建议都未获得通过，该项决议也应该进一步研究，不能鲁莽决定。所有措施都不能成为国际合法贸易的障碍，必须遵守《WIPO 发展议程》。马来西亚、巴西及南非代表也都表示该项决议还应进一步考虑。UPU 国际局指出《40 号决议》只是一种意愿的声明，各国可自由解释。最终，《40 号决议》仍被表决通过，95 国赞成，22 国反对，20 国弃权。[①]

三　发展中国家的上诉

针对该结果，埃及、印度、约旦、利比亚、马来西亚、巴基斯坦、沙特阿拉伯、南非、叙利亚和土耳其 10 个发展中国家联署上诉要求在第 24 届万国邮政联盟大会全体会议期间予以重新讨论。上诉对《40 号决议》的修改建议[②]如下：一是第一段中"不损害其他相关国际组织在知识产权问题正在进行的工作"；二是第四段中"理解认定假冒产品是有关国家机关根据本国立法具有的职责"。对于第四段的建议，主要是考虑《40 号决议》将使确定知识产权是否侵权的职责从司法机关转移到海关，而海关对此基本没有授权也不具备这方面的法律专长，这种职责的转换会加大海关负担。[③] UPU 最终全部接受了上诉请求，在《40 号决议》序言中表示，"尽管其他相关国际组织正在从事知识产权方面的工作，邮政渠道与其他分销渠道一样，被用来运送假冒和盗版物品"，"邮政经营理事会下属的

---

① UN postal agency being roped in to enforce IPR agenda, Third World Network, http://www.twnside.org.sg/title2/intellectual_property/info.service/2008/twn.ipr.info.080801.htm (last visited on February 28, 2013).

② 建议第一段修改为"Without prejudice to the ongoing IP related work in other competent international organizations"；第四段修改为"Understanding that determination of counterfeit items is the responsibility of relevant national authorities, in accordance with national legislation."

③ 原第四段为：Considering that the Customs and experts on intellectual property rights are primarily responsible for determining whether an item is counterfeit. 认定假冒产品是海关和知识产权专家的主要职责。

三个海关支持项目组对于 UPU 与海关和安全有关的知识产权问题做了研究”，“研究发现邮政机构没有合法权限来决定某货物是否假冒或者一项海关申明是否错误”，“认定假冒产品是有关国家机关根据本国立法具有的职责”，“成员国有关处理假冒和盗版货物的立法规定迥异”，最后，“上述问题造成运作困难，也造成相关国家的法律问题”。《40 号决议》要求 UPU 成员国根据国内立法鼓励各自的邮政机构采用一切合理及切实可行的措施帮助海关识别通过邮政方式运送的假冒和盗版货物并与有关国内和国际机构合作，最大限度地加强意识宣传活动，以防止假冒货物的非法流通，特别是通过邮政的方式。① 为实施该项行动，《40 号决议》提到一些“实施指南”，包括帮助运送人员与海关当局在国内层面的合作；提高邮政机构风险评估的技能，以识别邮政渠道的假冒和盗版货物；与世界海关组织合作识别相关材料；参与 UPU 在国际层面的论坛，以学习邮政领域的知识产权侵权问题；与 WCO 合作开发网上学习项目。

当今社会，邮政渠道的知识产权侵权成为知识产权保护的一个重要工作点，其特征主要包括：（1）侵权人具隐蔽性。由于货物是通过包裹邮寄的，包裹上所填写的信息往往为假名或假地址，甚至无具体寄件人地址或联系方式，因此无法追究行为人责任；（2）侵权物品以侵犯商标权为主。通过邮政渠道的侵权物品一般都涉及国际知名品牌，比如 CD 太阳镜、LV 皮包、ROLEX 手表等；（3）采取“蚂蚁搬家”的方式。侵权人通过邮政渠道一般都是将侵权物品少量的、分多批次地邮递。由于各国海关条例以及 TRIPS 协定对微量进口都予以了豁免，因此，侵权人往往利用此规定采取“蚂蚁搬家”的方式规避法律的制裁。由于邮政工作人员不可能像质监部门或知识产权部门那样，对消费者所邮寄的物品进行质量或者是否侵权的检查，而当前很多快递公司也存在不规范的经营模式，特别是随着网购的流行，许多消费者都从网上订购商品，需经邮政渠道运输，这导致邮政渠道的知识产权侵权呈爆发性增长态势。虽然 TRIPS 协定并未具体规定在邮政渠道的知识产权执法行为，但 TRIPS 协定也规定成员可以在其法律中实施比本协定要求更广泛的保护。② 因此，针对邮政渠道的知识产权侵权行为，各国可按照《40 号决议》的规定，鼓励各自

① Resolution C 37/2008, 24th Congress, Universal Postal Union, CONGRèS-Doc 40. 1, 2008.

② Article 1. 1 of TRIPS.

的邮政机构采用一切合理及切实可行的措施，帮助海关识别通过邮政方式运送的假冒和盗版货物。虽然《40 号决议》的内容并非不妥，但确如中国代表所言，知识产权保护以及打击假冒盗版产品问题已经在 WTO 和 WCO 框架内讨论，所有措施都不能成为国际合法贸易的障碍，必须遵守《WIPO 发展议程》。因此，该类问题可以在 WCO 内作为边境知识产权执法问题予以讨论，而不应在 UPU 内作具体规定。

第三节 世界卫生组织："假药名义"下的 TRIPS-Plus 知识产权执法议程

发达国家在世界卫生组织（WHO）内推行 TRIPS-Plus 知识产权执法主要是成立国际药品打假工作小组（IMPACT）。IMPACT 于 2006 年由世界卫生组织成立，目的在于协调各国之间的打假行动，以便在全球制止假冒药品的生产、运输和贸易者之间及消费者之间的贸易。IMPACT 是一个由国际机构、政府以及私人商业协会组成的自由组织，参与者包括世界卫生组织、国际刑警组织、经济合作与发展组织、世界海关组织、世界知识产权组织、世界贸易组织、欧盟委员会、欧洲理事会、美国食品药品管理局、英联邦秘书处、东南亚国家联盟秘书处、国际制药厂商协会联合会、国际学名药联盟、世界自疗药物工业组织、拉丁美洲制药业协会、国际药物批发商联合会、欧洲药物综合批发商协会、国际制药联合会、国际护士理事会、世界医学协会、药物安全协会、无国界医生组织、法国药品发展网络及国际病人组织联盟。[①] 其秘书处设在世界卫生组织，下设 5 个工作小组，分别关注被认定为薄弱的并且有必要在国家和国际层次上采取行动的几个方面，包括立法和行政管理的基础结构工作组、行政管理的实施工作组、执法工作组、打假工作组和信息交流工作组。IMPACT 的行事纲领在于协调所有与打击假冒医药产品相关的部门，包括边境管理机关、司法部门、警察与其他执法机关、药品监督管理部门、患者、卫生专业人员、生产企业、销售系统、媒体、外部及其他公共机构。IMPACT 的目标在于：寻求打击对公共健康有影响的假冒产品的政治意愿和承诺、充分的法

---

① International Medicinal Products Anti-Counterfeit Taskforce (IMPACT), http://www.who.int/impact/impact_q-a/en/index.html (last visited on February 28, 2013).

律框架以及实施措施，并提供协调有效的法律执法所需的必要工具；跨部门之间的合作；使利益攸关方认识到问题的严重性并为公众提供相关信息；在需要的领域发展技术能力和技巧；开展合适的机制以保证病人、专家、医药产品供应方、其他利益攸关者、相关方（包括技术服务提供商）以及公众的参与。

其中执法工作组负责 IMPACT 执法工作，要求各参与国协调行动，重点放在监控因特网站上的药品买卖；通过发放培训材料和手册提高各国执法官员的技能；在国家层面行动受阻的问题上要收集数据或提出报告；制定《药物犯罪的调查指南》。IMPACT 还出版了一些技术类的小册子，如《打击假药方法指南》、《在缅甸与越南辨别药物真假》和《医药产品与因特网——找到可靠信息的指南》，这些是根据各国的经验编写而成。

因此，在 WHO 内部，发达国家通过宣传假冒药品的危害，极力促使 WHO 加大力度打击知识产权侵权行为。但发展中国家普遍认为 WHO 关注的应是公共健康方面的假冒药品，对于知识产权问题应留给世界知识产权组织和世界贸易组织。WHO 更应关注不合格的低劣药物，而不是假冒药品，不合格的劣质药品才是一项严重的公共健康问题，该问题不应通过更严格的知识产权规定解决，而是要加强国内当局的监管。印度在 2010 年 3 月 26 日的日内瓦会议中，明确表示希望 WHO 和 IMPACT 之间没有联系，其常驻联合国代表团称，WHO 授权管理公共健康并且对加强国家卫生监督负有职责，WHO 应限于该授权范围，不能与 IMPACT 相联系。IMPACT 应该直接为 WIPO 或者 WTO 工作，不用与 WHO 接洽。“假冒”是一种法律术语并且与知识产权有关系，该术语与 TRIPS 协议中“产品商标假冒”的定义有关，WHO 应该处理 QSE（质量）事宜。[①] 对于“假冒药品”的定义，WHO 在最新的文件中声称，尽管“假冒药品”在 1988 年第一次被使用时是非常恰当的，并为人们所普遍接受，然而由于全球的发展，这一词汇已不再适合。如今“假冒药品”一词更多被认为是与知识产权相关，而不是与公共健康相关。为了在制定全球规范和标准的过程中对公共健康这一方面加以强调，现拟对“假冒”（counterfeit）一词的定义修改为“伪造”（falsified），而“假冒药品”一词将被保留，意为带

① 《印度要求 WHO 不要插手假冒问题》，《中国保护知识产权网》2010 年 3 月 30 日。

有假冒商标的伪造药品。①

第四节 反假冒贸易协定（ACTA）：“密室”内的 TRIPS-Plus 知识产权执法议程

一 ACTA 的出台

《反假冒贸易协定》（ACTA）最先由日本在 2005 年 6 月召开的 G8 峰会上介绍给其他成员。2005 年 11 月和 2007 年 1 月，《反假冒贸易协定》在日内瓦世界知识产权组织（WIPO）举办的第二届和第三届全球反假冒会议上被重新介绍。2007 年 10 月 23 日，即在 9 月 28 日 WIPO 通过《发展议程》不到一个月之后，美国、欧盟、日本和瑞士这些有着巨大知识产权利益的 WTO 成员即宣称要制订一项全新的全球知识产权执法标准协定——《反假冒贸易协定》（ACTA）。协定的目标是制订新而高的知识产权执法标准，并允许各国自愿加入。欧盟贸易委员曼德尔森指出，“新的国际反假冒协定将加强全球合作，建立新的国际规范，帮助创设新的全球知识产权执法的黄金标准（gold standard）。”② 2008 年 2 月，在第四届全球反假冒会议上参加者呼吁在其组织内相互或与其他利益相关方共同鼓励政府间国际组织和各国政府在谈判和修改与假冒和盗版有关的国际公约和协定方面采取积极的策略。③至此，有关 ACTA 的谈判正式分阶段性展开。2010 年 11 月，日本、美国、欧盟及其成员国、韩国、澳大利亚、加拿大、墨西哥等国在东京签署了 ACTA。2012 年 10 月 5 日，日本宣布正式交存已获国会通过的 ACTA 批准书，成为 ACTA 缔约方中第一个正式完成国内批准程序的国家。但 2012 年 7 月 9 日，欧洲议会以 478 票反对、39 票赞成、165 票弃权的表决结果，否决了 ACTA 的通过。2012 年 12 月 19 日，欧盟委员会也撤回了其向欧洲法院提交的 ACTA 合法性审查的申请，

① WHO to develop technical definitions on counterfeit medical products, February 14, 2011, http://www.pharmabiz.com/NewsDetails.aspx? aid = 61343&sid = 1 (last visited on February 28, 2013).

② European Commission seeks mandate to negotiate major new international anti-counterfeiting pact, IP/07/1573, Brussels, 23 October 2007.

③ Fourth Global Congress on Combating Counterfeiting and Piracy, Dubai Declaration 4, Mar. 30, 2008.

ACTA 在欧盟的批准程序最终以失败告终。

ACTA 出台的内在原因来自于经济利益，虽然各国或国际组织讨论并制定有打击和制止假冒产品的相关法律（特别是 TRIPS 协定，对打击假冒盗版已有相当完善的规定），但是发达国家一些产业（如医药、音像、影视、软件）利益团体要求进一步控制和制止假冒盗版，希望说服本国政府和一些国际组织提高知识产权执法标准，以维护自身经济利益。

ACTA 出台的外在原因则是发达国家在 WTO 和 WIPO 内推行超 TRIPS 知识产权执法努力的失败，从而转向其他场所的一种策略。这种场所转移（forum shifting）的基本方式主要有三种：一是由一个组织转向另一个组织；二是放弃某个组织；三是在多个组织中追求同样的议题。① ACTA 即是发达国家撇开 WIPO 和 WTO 等相关国际组织，放弃多边机制，自行制订相关法律规范的“范例”。发达国家在多边体制内曾试图加大知识产权执法力度，但都以失败告终。面对内在利益需求和外在大环境不利的双重压力，发达国家自然转向一项新的协定—ACTA—的谈判。

二　ACTA 出台的特点

（一）保密性

ACTA 自一开始，谈判即采取秘密方式，美国政府则一直将 ACTA 谈判内容作为外国政府信息（foreign government information）即国家秘密对待。② 即使在 2010 年 8 月第十轮谈判中，有报道称“在华盛顿，部分国家的政府官员进行了有关《反假冒贸易协定》（ACTA）的谈判……然而，无论是社会公众还是议会，都被排除在谈判之外。”“谈判内容开放的方式目前不能令欧洲议员们满意，尽管他们被允许看到草案文本，但是只能在一间屏蔽的房间里阅读，不允许拷贝，也不能谈论其内容。”③ 另外，美国贸易代表办公室（USTR）在 2009 年 4 月的文件中曾主张，主权国家

---

① Peter Drahos, Developing Countries and International Intellectual Property Standard-setting, Study Paper 8, Commission on Intellectual Property Rights, at 44.

② 2003 年，布什总统在克林顿政府时期颁布的第 12958 号总统行政命令基础上修订的第 13292 号总统行政命令（Executive Order 13292）规定美国的国家秘密主要指有关国家领土安全、战略安全等利益的信息，包括外国政府信息。

③ 《反假冒贸易协议》：有争议的协议，被保密的未来。2010 年 8 月 18 日，中国保护知识产权网。

在贸易谈判过程中不与公众分享谈判文件是可以接受的，特别是在谈判的最初阶段。这使谈判代表能秘密交换观点从而推动谈判的进程，最终达成妥协，签订协定。[①] 欧共体对此的解释也基本与美国相似。欧盟部长理事会在回复欧洲巡视官（European Ombudsman）的信函中声称，公开这些文件“将对进行中的谈判的保密造成消极影响，并且会阻碍成员国之间具开放性和建设性的合作，这对于谈判的进程非常重要”，“如果欧盟的谈判伙伴有理由相信它们在秘密谈判中所表达的立场可能会被欧盟单方面公开，这必将影响到今后的谈判。”[②] 事实上，从技术角度而言，谈判采取保密的方式的确会使整个谈判过程更顺利，也更容易获得成功。秘密方式也能促使谈判不受外界影响，对各谈判方的立场保密也能减轻谈判方的压力，并能推动各方之间长期的友好谈判关系。但美国国会一些议员对公开 ACTA 的基本信息会给美国带来国家安全风险的主张提出质疑，并认为不公开 ACTA 建议稿是为了避免对协定中有争议的条款予以评判。[③] 在一些非政府组织和市民团体的压力下，欧盟议会于 2010 年 3 月 10 日以 633 票的多数票通过了关于 ACTA 的一项跨党派决议。[④] 该决议提醒欧盟委员会，自 12 月 1 日《里斯本条约》生效起，欧盟委员会就有责任让议会立刻并完全得到有关国际谈判各个阶段的信息。欧盟委员会被要求向当选的代表及公众人士提供查阅谈判文本和摘要的机会，今后不得举行秘密会谈。此外，欧盟在今年 4 月新西兰举办的下一轮谈判之前必须与议会协调立场问题。决议强调如果议员无法充分地参与谈判过程，他们将采取法律行动，直至上诉到欧洲法院以保护自己新的共同决策权。在 2010 年 8 月的华盛顿会议之后，欧盟曾试图公开 ACTA 的最新谈判内容，却遭到美国官员阻止。[⑤] 因此，在 ACTA 谈判的保密性方面，欧盟相比美国要开放。

---

① USTR, the Anti-Counterfeiting Trade Agreement-Summary of Key Elements under Discussion1, Nov. 6, 2009.

② Draft Letter from Pierre de Boissieu, EU Council of Ministers, to Nikiforos Diamandouros, European Ombudsman 3, Apr. 17, 2009.

③ Letter for the Honorable Bernard Sanders, U. S. Senator, and the Honorable Sherrod Brown, U. S. Senator, to the Honorable Ron Kirk, U. S. Trade Representative, November 23, 2009.

④ European Parliament resolution of 10 March 2010 on the transparency and state of play of the ACTA negotiations, Strasbourg.

⑤ US told EU to hide ACTA from public, 2 September, 2010. http://www.euractiv.com/en/infosociety/us-told-eu-hide-acta-public-news-497373.

（二）以美式自由贸易协定为模板

ACTA条款很大程度上都依赖美式自由贸易协定（FTAs）。美国追求超TRIPS知识产权保护和执法标准的第一个工具即是双边协定。美国政府明确承认通过双边协定来影响区域和多边协定，并被前美国贸易代表佐立克称之为“竞争自由化”（competitive liberalization）策略。佐立克宣称：“在最为基础的层面，竞争自由化策略仅仅意味着美国扩大和加强其选择。如果自由贸易步伐在全球受阻，那么，我们将以区域和多边的形式前进。我们的半球对话正分阶段前进，我们可能指向更具野心的行动，即通过与个别国家和子区域签订自由贸易协定，这将有助于激励我们在谈判中取得更大的进展。最近，坎昆谈判令人失望，一些阻碍多哈‘能做’精神的‘不做’的国家现在得重新考虑其后果，因为美国正强有力地在全世界推行其自由贸易协定。”[①] 美国之前声称其试图以与澳大利亚、摩洛哥、新加坡签订的FTA中所涵盖的知识产权执法条款作为ACTA的模板。这些协定包括对具商业规模的蓄意假冒商标和盗版产品的刑事处罚措施、对商标和版权的边境措施、对所有知识产权（比如专利、商标、版权）的民事救济措施以及适当的限制性规定，从而保证与美国国内法一致。[②]

（三）新殖民主义（neo-colonism）

新殖民主义采用经济方式的一个重要手段即是建立国际贸易法律框架，授予合法的强制执行权以支持和保障经济渗透和控制，类似殖民主义时期在依赖国确保对外国财产权的保护。21世纪，最重要的财产权就是知识产权。发达国家通过极不合理的国际经济制度，包括知识产权制度，扩张海外利益，就是新殖民主义的一种具体表现。ACTA具有新殖民主义的严重不平等性。虽然早期一份讨论文件包括“发展中国家在最初阶段的特别措施”，[③] 但这些条款并未出现在ACTA最新文本中。正如讨论文本所言，最初阶段，需要一定数量的贸易方联合制订有关知识产权执法体制的尺度标准，这些标准将在当前环境中有效运作。第二阶段，其他国家

---

① www. ustr. gov/releases/2003/12/2003 - 12 - 03 - letter-gao. pdf.

② Letter from the Honorable Ron Kirk, U. S. Trade Representative, to the Honorable Ron Wyden, U. S. Senator, January 28, 2009.

③ Discussion Paper on a Proposed Anti-Counterfeiting Trade Agreement 1 (2007) . http: //ipjustice. org/wp/wp-content/uploads/ACTA-discussion-paper-1. pdf.

可选择加入该协定，作为一致赞成实施强有力知识产权执法标准的一部分。[①] 虽然文本一再强调其他国家可“选择”加入，但事实上，签署国在今后会“邀请”其他国家加入本协定，而很少有国家有实力拒绝该邀请。正如“知识产权正义组织”白皮书所言，ACTA 明显带有帝国主义倾向，它试图从世界最富裕国家的角度来规范全球知识产权执法，对发展中国家的需要和全球公共利益则带来损害。发达国家不允许发展中国家参与 ACTA 的谈判，却期待它们遵守 ACTA。通过类似 ACTA 的贸易协定，知识产权输出国能对知识产权进口国的国内立法强加对其有利的政策，这是一种典型的新殖民主义。ACTA 是以牺牲多数人利益为基础而服务于少数私人利益。[②]

三　ACTA 中 TRIPS-Plus 执法标准及其主要争论

根据 2011 年 4 月 ACTA 文本，ACTA 总共包括六章。第一章为发起条款及定义，包括与其他协定的关系、义务性质及范围、知识产权的获得和范围、信息保密和公开。第二章为知识产权执法的法律框架，包括执法的一般义务、民事执法、边境执法、刑事执法、在数字环境下的知识产权执法。第三章为执法实践，包括执法专家、信息和国内合作、在边境的风险管理、执法程序和实践的透明或公开、公众意识、侵权货物的销毁。第四章为国际合作，包括国际执法合作、信息共享。第五章为机构安排。第六章为最后条款。

（一）ACTA 与 TRIPS 协定比较

作为一个知识产权规范性和标准性协定，ACTA 第二章有关知识产权执法的内容是其核心。事实上，WTO 框架内《与贸易有关的知识产权协定》（TRIPS 协定）第三部分有关知识产权执法部分已经对国际知识产权执法规定了最低标准。但由于发达国家、发展中国家以及最不发达国家之间有关知识产权的利益冲突凸显，矛盾并没有完全化解。后 TRIPS 时期，美国和欧盟等发达国家并不满足于维持 TRIPS 协定所规定的知识产权最低保护条款，而是在多边、区域及双边领域同步推行其 TRIPS-plus 协定的

① Id.

② IP Justice, IP Justice Comments to U. S. T. R. on the Proposed Anti-Counterfeiting Trade Agreement (ACTA), Mar. 21, 2008, at 8 - 9.

知识产权保护战略。TRIPS 协定第 1.1 条规定，“成员可在其域内法中，规定宽于本协定要求的保护，只要其不违反本协定，但成员亦无义务非作这类规定不可。”该条款既允许 WTO 成员规定高于 TRIPS 协定的最低要求，又为发达国家在双边与区域及多边领域提高保护标准从而造成超 TRIPS 协定的全球知识产权态势奠定了法律基础。ACTA 即是发达国家推行超 TRIPS 知识产权标准的“范例”。因篇幅所限，本文拟对 ACTA 最新文本中有关边境知识产权执法措施与 TRIPS 协定相比较，分析其超 TRIPS 特征。

ACTA 与 TRIPS 协定之比较

内容	ACTA	TRIPS 协定	TRIPS-plus/TRIPS 研究
执法环节	第 16 条第 1 款和第 2 款	第 51 条	从“进口”扩大至“进口和出口”，并规定缔约方可对转运货物或处于其他海关监管情形下的货物使用本程序。
保护范围	脚注 6	第 51 条	从“商标和版权”扩展到“专利除外的任何 TRIPS 协定适用的知识产权”。
微量进口	第 14 条	第 60 条	ACTA 只对个人行李中携带的少量非商业性物品排除在适用范围之外，对小件托运中的商品则规定缔约方应适用边境执法措施。TRIPS 协定则将上述两者都排除在外。
申请	第 17 条第 1 款	第 52 条	TRIPS 协定规定权利持有人有义务提供证据证明依照进口国的法律存在侵权，ACTA 则依照提供海关程序一方的法律。
救济	第 20 条第 1 款	第 59 条	TRIPS 协定规定，在使被告有权寻求司法当局进行复审的前提下，主管当局有权责令销毁或处置侵权货物。ACTA 则规定所有侵权货物均应销毁，如果不被销毁，缔约方应保证该货物排除出商业渠道，并不对权利人造成任何损害。对假冒商标货物，不应仅除去非法粘贴的商标，例外情况除外。
信息公开	第 22 条第 C 款	第 57 条	TRIPS 协定规定，如果案件确系侵权已有定论，则成员“可”授权该主管当局将发货人、进口人及收货人的姓名、地址以及有关商品数量等信息提供给权利人。ACTA 则不要求案件在确认侵权的情况下，缔约方“可”授权海关提供上述信息给发货人、进口人、出口人或收货人。若海关知晓，还包括原产国、制造者的姓名和地址。而一旦货物被扣押或确系侵权已有定论，则至少对进口货物，成员“应”授权主管机关在扣押该货物或确系侵权的 30 个工作日之内提供上述信息给发货人、进口人、出口人或收货人。
专门人员或机构	第 28 条	第 41 条第 5 款	TRIPS 协定规定任何规定均不产生知识产权执法与一般法的执行之间涉及财力物力分配的义务。ACTA 则要求缔约方应鼓励建立专门专家；应搜集、分析知识产权侵权数据、其他相关信息以及搜集有关最佳实践的信息；应推动主管机构间的协调合作及联合行动；应努力建立和维持主管机构可倾听权利人及其他利益攸关者的正式或非正式机制，如咨询小组。

续表

ACTA 与 TRIPS 协定之比较			
内容	ACTA	TRIPS 协定	TRIPS-plus/TRIPS 研究
风险管理	第 29 条	第 41 条第 5 款	ACTA 规定缔约方主管机关可与利益攸关者和其他成员方的主管机关进行磋商以识别和解决重要的风险问题，并分享相关信息。TRIPS 协定未作此规定。
公共意识	第 31 条	第 41 条第 5 款	ACTA 规定缔约方应适用相关措施以提高公众对知识产权重要性的意识。TRIPS 协定未作此规定。
销毁侵权货物后的环境因素	第 32 条	第 41 条第 5 款	ACTA 规定侵权货物的销毁应符合缔约方有关环境问题的法律法规。TRIPS 协定未作此规定。

ACTA 有关边境措施的要求明显超出了 TRIPS 协定的规定：海关当局不仅中止侵权嫌疑货物的进口，还包括出口及转运货物；对知识产权保护范围，从商标和版权扩展到除专利之外的任何 TRIPS 协定规定的知识产权；对小件托运中的商品也适用边境执法措施，扩大了执法的保护范围；从依照进口国的法律转到依照提供程序方即采取海关措施方的法律，为相关国家在海关中止转运货物①提供了依据；不仅对进口货物，而且对出口、转运货物都可依职权行动，扩大了海关依职权行动的权限；另外，要求缔约方将其有限的资源用于建立专门专家，加强风险管理，提高公众意识以及考虑销毁侵权货物后的环境问题，明显加重了国家财力人力负担，如知识产权正义组织白皮书所言，"资助 ACTA 的来自纳税人的财政开销将会非常大，这将剥夺用于一般公众需要（比如提供教育和减少饥饿）的匮乏资源。ACTA 将加重体制的负担，并将亟需的法律执法和海关资源由保护公共安全转移到私人利益上来。"② 众所周知，海关在进出境方面任务繁重，包括监管、缉私、征税等，虽然海关知识产权保护对于打击假冒和盗版具有重要的作用，但毕竟海关资源有限，不能任意加大海关负担。

（二）围绕 ACTA 的主要争论

ACTA 不是一个简单的贸易协定，其核心内容不仅是发达国家近几年

① 因为依照进口国法律，可能该货物并不构成侵权，比如货物在 A 国和 B 国都不构成侵权，但在 C 国构成侵权，A 国出口该货物至 B 国，经 C 国中转，如果依照进口国法律，即 B 国法律，则不构成侵权，而一旦根据采取海关措施方法律即 C 国法律，则构成侵权。

② IP Justice, IP Justice Comments to U. S. T. R. on the Proposed Anti-Counterfeiting Trade Agreement (ACTA), Mar. 21, 2008.

来推行超 TRIPS 知识产权执法的延续，而且带有明显的新殖民主义色彩。尽管同处于发达国家行列，但根据自己本国实际情况和不同产业利益的需求，围绕协定所做出的争议折射出发达国家之间的利益纠葛。事实上，有关 TRIPS 协定保护和执法的争论尚未解决，一些有关其合法性和公平性的长期讨论依然存在，而有着超 TRIPS 特征的 ACTA 自然会引起更大的争论。这些争论主要包括：

1. 协定保护范围

从 ACTA 标题上看，该协定主要着重于打击假冒品问题，但由于对“假冒”定义的不同，协定所应涵盖的保护范围也会有所不同。TRIPS 协定对于“假冒”的解释是与商标侵权相关联的，即假冒商标的商品，特指对实物的商标侵权，比如假冒奢侈品、玩具、药品、汽车零部件、计算机零部件等。除了假冒品外，一般也包括盗版产品，盗版一般指版权侵权，包括实物及数字环境下的版权侵权。据新闻报道，ACTA 参与者对于协定主要条款是否应包括所有知识产权还是仅局限于版权和商标存在分歧。首先，在地理标志方面，欧盟主张地理标志应包含在 ACTA 中，但美国反对。① 直至 2010 年 8 月第 10 次 ACTA 谈判，欧盟所有 27 个成员国都希望 ACTA 提案中能包括地理标志，但让美国商业团体担心的是，如果拟定这样的协定，那么欧盟的要求将意味着像卡夫帕尔马干酪这样的普通美国产品都可能被视为非法产品，并且会遭到海关官员扣押。② ACTA 最新文本还是将地理标志涵盖在内，欧盟在此问题上取得胜利。其次，在专利问题上，一些公共健康组织明确表示授权海关当局决定专利是否侵权将导致阻碍或延迟合法通用药品的进出口。③ 最近印度和巴西诉欧盟和一成员海关扣押转运合法通用药品案④就是最好的例证。考虑到市民社会团体，特别是一些公共健康组织的抗议，谈判方最终将专利排除在边境执法保护范围之内。再次，对于数字环境下的盗版问题，之前有推测认为网络服务

---

① USTR Seeks Advice on ACTA Internet Chapter Proposal, U. S. Trade, September 18, 2009.

② 美国和欧盟对 ACTA 谈判的范围存有分歧，2010 年 8 月 19 日，中国保护知识产权网。http://www.ipr.gov.cn/gndtarticle/ttxw/201008/944890_1.html。

③ Meeting with Oxfam representative, October 27, 2009.

④ European Union and a Member State-Seizure of Generic Drugs in Transit-Request for Consultations by India, WTO Doc. WT/DS408/1, May 19, 2010. European Union and a Member State-Seizure of Generic Drugs in Transit-Request for Consultations by Brazil, WTO Doc. WT/DS409/1, May 19, 2010.

提供商（ISPs）将被迫暂停重复被指控版权侵权的消费者的账号。法国"三振出局"法的HADOPI法案几经波折，最终得到了法国参众议院的通过和宪法委员会的合宪判决支持，但仍存在很大争议。支持者认为ISPs卷入知识产权执法对于打击网络盗版具有重大作用，反对者则认为要求ISPs净化网络交流空间将加大ISPs的负担。对此，日本谈判人员指出，没有任何一成员方提出过此类建议。[①] 最新文本规定成员方可授权主管机关命令ISPs尽快透露识别被指控侵权的消费者的账号信息，但未规定类似法国"三振出局"的法案条款，并且程序应避免对合法的网络活动造成阻碍，应尊重言论自由、程序公平以及隐私权等基本原则。[②]

2. 协定的有效性

关于协定的有效性，协定达成后在谈判方内部能否得到有效遵守？而对于非缔约方而言，倘若今后被邀请加入或被迫加入ACTA，协定是否能被有效遵守？鉴于处理全球知识产权保护和执法问题有大量的国际贸易协定和经济论坛，有关ACTA的有效性也存在争议。支持者主张ACTA将填补目前法律框架和执法实践中特别是在数字环境下知识产权侵权的空缺，实施ACTA将扩大美式协定中更高知识产权执法标准至更多国家。美国强烈支持该协定，认为"如果完全实施ACTA，该协定将能提高全球知识产权保护和执法，我们坚信本年若达成协定必将有利于保护美国就业和消费者，并能刺激我们的经济。"[③] 值得深思的是，国际知识产权执法标准的制订最重要的是该标准是否能得到有效实施，而不是一定要成为最高标准或最严厉标准，由于许多国家尚未完全履行WIPO管辖条约所规定的义务，TRIPS协定最低标准至今在很多国家也未得到完全遵守，更不用说超TRIPS执法标准了。因此，ACTA的实施需要投入更多财力、人力和技术资源，其有效性必将会遭受挑战。

---

① http：//www. ip-watch. org/weblog/2010/10/04/acta-no-more-negotiating-rounds-planned-latest-text-to-be-released/.

② See Article 2. 18（4），Anti-Counterfeiting Trade Agreement，2 October 2010，Consolidated Text，Reflects Changes Made During September 2010 Tokyo Round.

③ U. S. Chamber，U. S. Chamber Urges Further Progress in Mexican ACTA Negotiations：Chamber' s Global IP C enter Calls for Increased Transparency，press release，January 26，2010.

四 ACTA 对国际知识产权执法的影响

（一）通过“政策粉饰”的方式会改变谈判方域内的知识产权执法

美国和欧盟官方坚持认为 ACTA 不会要求对域内法律的修改，其他国家也表示一样。如澳大利亚表示其不会“试图通过 ACTA 改变其国内法”①，加拿大主张 ACTA 将次于国内版权法②，新西兰表示协定“不会改变其对版权和商标保护设定自己的标准”③。虽然这些国家都认为 ACTA 不会改变本国法律，但 ACTA 本身隐藏着一种“政策粉饰”（policy laundering）的方式，即利用国外和国际平台作为一种间接手段，推动那些在国内通常的政治程序中完全不可能赢得直接批准的政策。④ ACTA 所要求的许多保护条款在许多国家都是失策的，但可以先在国际平台予以谈判签订，一旦成为国际协定的一部分，行政当局就能将其在国内实施。这也是协定秘密谈判的一个重要原因。比如，欧盟知识产权刑事执法指令（IPRED）从 2005 年提出指令建议稿到 2007 年 4 月 25 日欧洲议会一读通过《欧洲议会和欧盟理事会关于旨在确保执行知识产权的刑事措施指令（草案）》，直至今日，一直未获完全通过，其主要原因在于某些条款一直存有争议，但欧盟通过 ACTA 协定，可将被拒绝的刑事执法指令条款在国际平台先行通过，继而在欧盟内部得以实施。欧洲议会对此表示失望，有议员认为，“当上百万市民的基本权利在紧闭的门内被悄悄谈判时，欧洲议会不会坐视不管。我们反对任何在国际层面立法粉饰（legislation laundering）的行为，这些立法很难在国内层面或欧洲议会上通过。”⑤ 美国知识产权协会（IPO）致信美国贸易代表（USTR）表示，ACTA 通过将通常发生在民事诉讼中的非假冒类型的侵权转变为依据联邦刑法要处罚的活动，从而潜在地具有改变美国法律的可能。另外，如果用作互联网元数据的关键字被混淆为等同于一个商标，那么就会潜在面临受到刑事处罚的危

---

① Brett Winterford, Australia Comes Clean on ACTA Role, IT NEWS, Mar. 11, 2010.

② See Canadian Copyright Law to Trump ACTA, Clement says, CBC News, Dec. 1, 2009.

③ New Zealand Ministry of Foreign Affairs and Trade, Anti-Counterfeiting Trade Agreement: Frequently Asked Questions.

④ Barry Steinhardt, Problem of Policy Laundering, August 13, 2004. http://26konferencja.giodo.gov.pl/data/resources/SteinhardtB_paper.pdf.

⑤ Parliament Threatens Court Action on Anti-Piracy Treaty, EURACTIV, Mar. 12, 2010.

险，这也将改变美国的法律。[①] 因此，ACTA 最终是否会改变谈判方域内的法律还是个未知数，结果如何只能等待今后事实的证明。

（二）加大发展中国家知识产权执法负担，阻碍发展中国家获得合法医药品

ACTA 会加大发展中国家知识产权执法的负担。虽然很多发达国家的谈判代表一直坚持认为这些国家缺乏知识产权保护是由于缺乏政治意愿，但实际上，能力和资源限制才是许多发展中国家考虑的关键。不同发展中国家有关公共开支的优先顺序是不一样的，即使在执法资源上，有关打击犯罪或执行有形财产权上的执法资源往往也优先于知识产权执法，不同发展阶段对执法资源优先性的选择也会存在区别。这也是发展中国家力争在 TRIPS 协定第 41 条第 5 款中规定，本（执法）部分的任何规定均不产生知识产权执法与一般执法之间涉及财力物力分配的义务。由于经济发展阶段、模仿创新能力及科研能力的不同，在某国能施行很好的知识产权制度却并不一定适合于另一国。更高知识产权执法标准可能有利于一部分人或国内创新公司，对知识产权违法行为采取的严厉措施有利于发达国家的权利持有人，这些人掌控绝大多数知识产权。执法规则对发展中国家造成一些额外开支，这些开支并不一定能被其产生的收益所弥补。开支可能抵消收益，特别是对于那些代替权利人保护其私权并承担权利人责任的国家。[②] 迄今为止，许多发展中国家的执法机构没有足够的财政资源、人力资源、行政能力或法律知识来成功实施 TRIPS 协定。

ACTA 对发展中国家获得合法医药品会造成阻碍。虽然文本承认《TRIPS 协定和公共健康的多哈宣言》的原则，但仔细观察发现 ACTA 对于发展中国家获取药品造成了威胁。一些市民社会组织（如基本需要行动中心、知识生态国际组织、乐施会、无国界医生等）指出，ACTA 将对发展中国家获取药品造成不利影响。ACTA 中有关边境措施的范围非常广泛，除进口和出口货物外，海关还可对转运中的货物进行扣押，这将对发展中国家的贸易造成重要影响，也会阻碍发展中国家适用 TRIPS 协定中与公共健康有关的灵活性条款，进口可负担的通用药品，以保证国内民众

---

① http：//www.ipr.gov.cn/guojiiprarticle/guojiipr/guobiehj/gbhjnews/201007/939929_ 1.html.

② Carlos Correa，The Push for Stronger Enforcement Rules：Implications for Developing Countreis，ICTSD，Issue Paper No.22，at 59.

获得廉价药品。

中国和印度在 2010 年 6 月的 TRIPS 理事会例会上表达了对 ACTA 提议的担忧，得到了 153 个 WTO 成员中大多数成员的支持。中印指出：第一，ACTA 与 TRIPS 协定及其他 WTO 协定冲突，带来法律的不确定性；第二，ACTA 损害各 WTO 协定所涵盖的权利义务的平衡及灵活性；第三，ACTA 对贸易构成扭曲或造成贸易壁垒，扰乱转口或转船货物；第四，ACTA 损害 TRIPS 协定的灵活性条款（比如为公共健康和通用药品的贸易）；第五，ACTA 损害政府自由分配用于知识产权执法的资源的权利；第六，ACTA 开创要求区域和其他协定效法的先例。另外，该协定着重强调其执法内容未考虑到一国的发展水平。[①] 除印度和中国之外，巴西、南非、埃及、秘鲁、古巴和委内瑞拉在会议上也指责 ACTA，并且要求在 TRIPS 理事会中做进一步的讨论。其他发展中国家如非洲、加勒比和太平洋国家集团（ACP）、非洲集团和小型脆弱经济体国家（SVE）支持指责 ACTA 的声明。[②]

第五节　小结

国际知识产权执法体制主要存在于两个场所，一是 WTO 体制；二是 WIPO 体制。WTO 体制内，TRIPS 协定的达成耗费了欧盟、日本和美国大量的时间、努力和资源，也是发达国家和发展中国家之间大量合作、谈判和妥协的结果。虽然各成员对 TRIPS 协定依然不满，TRIPS 协定也尚未提供最新的保护以满足许多发达国家及其国内知识产权持有者的需要，但 TRIPS 协定所规定的知识产权执法标准在平衡各方利益方面是得到肯定的，其争端解决机制也是强而有力的。损害如此一个完好的体制所付出的代价是不容忽视的。[③] 发达国家在其他多边场所推行 TRIPS-Plus 知识产权执法会对 TRIPS 协定所确定的知识产权执法的全球性最低标准造成直接

---

① Inida and China Claim That ACTA Violates Earlier IP Agreements，http：//www. techdirt. com/articles/20100617/0213109859. shtml.

② 中国印度指责《反假冒贸易协议》与 WTO 规则不符，上海 WTO 事务咨询中心，2010 年 7 月 27 日。

③ Peter K. Yu，“Six Secret（and now open）Fears of ACTA”，*Southern Methodist University Law Review*，Vol. 63，2010，p. 74.

挑战，也会打破各方利益的平衡。WIPO 作为一个负责知识产权管理的国际组织，通过国与国之间的合作，与其他国际组织的合作，在推动世界知识产权事业的发展，加速世界经济的不断发展方面，做出了有力的贡献。特别是在国际知识产权法的制订和协调，对各国知识产权的援助以及关注全球最新的有关知识产权的问题方面，WIPO 在知识产权领域的贡献可以说“无人能及”。可以说，WTO 体制和 WIPO 体制对知识产权的实体标准到程序规范到实施措施到争端解决构建了一个完善的保护体制。特别是有关知识产权执法的问题，TRIPS 协定专门对此予以了具体规定，并且 WIPO 也成立了执法咨询委员会，即使有关国家的执法不符合规定，也可通过 WTO 争端程序解决，因此，有关知识产权执法的问题应在这两个多边场所讨论。

第六章

TRIPS-Plus 知识产权执法案例研究

第一节 通用药品案

2010 年 5 月，印度与巴西分别以欧盟与荷兰为对象，就荷兰海关扣押过境转运通用药一事，向世界贸易组织提出磋商请求，即《印度和巴西向 WTO 诉欧共体和荷兰扣押转运通用药品案》（简称通用药品案）。[①]

一 通用药品案的背景

欧洲因其优越的地理位置以及交通优势，成为一部分国际药物贸易的转运中心。2008 年至 2009 年期间，一些转运通用药品（genetic medicines）在欧洲港口被扣押，如 2008 年 10 月，阿姆斯特丹机场的荷兰海关扣查了运往哥伦比亚途中的仿制药氯吡格雷（Clopidogrel）。该药由印度公司 Ind-Swift 生产，扣查是代表欧洲公司 Sanofi 做出的。Ind-Swift 不得不以双倍的价格经马来西亚和新加坡重新安排了所有运输。2008 年 11 月，克林顿基金会通过联合援助国际药品采购机制（UNITAID）购买的艾滋药品因含有"假冒"货物而被没收。这些药品产于印度，为治疗 166 名 HIV 阴性患者而运往尼日利亚。这些通用药品为合法产品，WHO 也预审合格，并且完全符合印度和尼日利亚的专利和商标法。该药品并不在欧洲市场流通，只是途经荷兰 Schipol 机场，但荷兰一专利申请人申请予以了扣押。2008 年 11 月，德国官员扣查了两批从印度 Cipla 公司运往秘鲁

---

① *European Union and a Member State-Seizure of Generic Drugs in Transit-Request for Consultations by India*, WTO Doc. WT/DS408/1 (May 19, 2010), *European Union and a Member State-Seizure of Generic Drugs in Transit-Request for Consultations by Brazil*, WTO Doc. WT/DS409/1 (May 19, 2010).

的药（治疗阿尔兹海默疾病的药 rivastigmine 和安定药 olanzapine）。Rivastigmine 药代表诺华制药公司扣查，5 个月后才允许继续运往秘鲁。2008 年 12 月 4 日荷兰海关在鹿特丹扣押了从印度运往巴西的 500 公斤氯沙坦钾，该批货物由印度的 Dr. Reddy 制药生产，并出口到巴西制药企业的 EMS 公司。氯沙坦钾在印度和巴西都没有专利保护，但在荷兰有专利保护，保护期到 2009 年 9 月。应氯沙坦钾专利权人的申请，荷兰海关扣留了该批货物，最后经 Dr. Reddy 与专利权人的交涉，荷兰海关在扣押该批货物 36 天之后，将其返回到印度。2009 年 2 月，运往尼日利亚的艾滋病药 abacavir 在阿姆斯特丹被扣查，在收货人不断的抱怨后被放行。2009 年 5 月，（治疗很多细菌感染的）仿制药 amoxicililin 在从印度到瓦努阿图经法兰克福机场时被扣留。在持有专利的 GSK 公司告诉海关没有商标侵权后被放行。这些案例只是类似许多案例中的一部分。其权利人公司主要包括辉瑞公司（Pzifer）、杜邦公司（Dupont）、诺华公司（Novartis）、葛兰素史克公司（GSK）、赛诺菲安万特制药公司（Sanofi-Avertis）、华纳—兰伯特公司（Warner Lambert）以及礼来公司（Eli Lilly）。所涉及的通用药物包括降血脂药（Artovastatine）、西地那非（Sildemfil）、氯沙坦（Losartan）、抗凝药氯吡格（Clopidogrel）、抗高血压药缬沙坦（Valsartan）、齐多夫定（zidovudine）等。制药公司大多来自印度，而目的国则是一些发展中国家，如墨西哥、巴西、尼日利亚、秘鲁、哥伦比亚及厄瓜多尔。①

二　通用药品案的过程

2009 年 3 月 3 日 TRIPS 委员会的一次会议中，巴西指出欧洲的该类扣押行为将侵犯 TRIPS 协定有关规定。② 首先，对转运货物的扣押，无论该转运货物是否为药物，其本身就违反了 GATT 第 5 条的规定。但当该主张还未深入探讨时，巴西又指出，由于这些药物在出口国和进口国都不享有专利保护，那么这些货物是否在转运国受专利保护则毫无关系，不应被

① See Xavier Seuba, Free Trade of Pharmaceutical Products: The Limits of Intellectual Property Enforcement at the Border, ICTSD, Issue Paper No. 27, p. 1.

② Intervention by Brazil, WTO General Council, February 3 and 4, 2008, in Concerns Erupts Over WTO System and Medicines Shipments; TRIPS Talks Rekindling, Intellectual Property Watch, 3 February 2009.

扣押，巴西援引 TRIPS 第 28 条的规定并依据知识产权的地域性原则证明该观点。印度主张 TRIPS 协定第 41 条第 1 款规定执法程序应避免造成合法贸易的障碍，同时应能够为防止有关程序的滥用提供保障。[①] 特别是当合法的通用药物对内部市场不存在改变的风险时，就应避免被扣押。欧盟委员会代表则认为 1383/2003 号条例完全符合 TRIPS 的相关规定。[②] 另外，欧盟强调知识产权侵权与公共健康保护之间存在紧密联系，欧盟指出（1）其边境措施“阻止”了假冒物品的贸易，从而有利于保护第三国的生命；（2）扣押行为只是偶尔的并不具有连续性，并保证从未对货物予以销毁或发出销毁的命令；（3）欧共体指出该类扣押行为也可能是 MEDI-FAKE 行动所产生的结果。[③] 在关于通用药品贸易性质的问题上，巴西主张，基于 TRIPS 协定，药品是否为非专利药品基于该药品商业流通国，亦即巴西或印度，并不涉及转运国的法律。该扣押措施违反了关税协定第 5 条的规定，该条所规定的转运自由原则允许“例外情况”，但该案中并不存在此类“例外情况”。巴西对欧洲港口扣押转运非专利药品的行为认为是“不能接受的，其创设了危险的先例。”另外，巴西大使认为很多特征表明这不是一个孤立的案件，如果不阻止转运国干涉合法贸易，将对 WTO 规则造成一系列问题。Azevedo 大使援引 2001 年颁发的《TRIPS 协定和公共健康多哈宣言》，认为荷兰的扣押行为会削弱 WTO “第六段体制”，即允许缺乏生产能力的国家基于强制许可安排从其他国家进口所需药品的规定。[④] 印度大使认为，“该类扣押行为将造成出口商改变运输线路，这对于发展中国家获得必需的药品以及发展中国家的公共健康预算都产生不利影响。”对此，欧盟大使 Guth 回应道，巴西和印度在将此问题上升到一个高度情绪化争论之前，首先应在双边层面提出以澄清一些事实和数据。另外，他认为港口所采取的措施是临时滞留（temporary detention），

① Intervention by India, WTO General Council, February 3 and 4, 2008, in Concerns Erupts Over WTO System and Medicines Shipments; TRIPS Talks Rekindling, Intellectual Property Watch, 3 February 2009.

② Intervention by European Communities at the TRIPS Council, WTO General Council, 3 February 2009.

③ MEDI-FAKE 行动是在两个月期间要求欧共体成员国边境当局注意防止非法药品进入欧盟。

④ Intervention by Brazil, WTO General Council, February 3 and 4, 2008, in Concerns Erupts Over WTO System and Medicines Shipments; TRIPS Talks Rekindling, Intellectual Property Watch, 3 February 2009.

要与扣押（seizure）、没收（confiscation）、销毁（destruction）区别开。

三　通用药品案的焦点法律问题

欧洲海关扣押转运货物案所涉及的法律包括 TRIPS 以及 GATT 相关条款规定：一方面，TRIPS 协定特别规定了有关专利保护以及对涉嫌侵权货物实施扣押的条款；另一方面，GATT 第 5 条却建立转运自由的原则，第 20 条规定了一些 GATT 例外条款。毫无疑问，针对同一案件，不同当事方基于不同利益会援引有利于自身的不同条款规定，但是，WTO 专家组和上诉机构在很多场合都声明 WTO 协定是“一揽子承诺”（Single undertaking），“一般意义上 WTO 的义务是累积的。并且它的成员方必须随时遵守所有的义务，除非它们之间存在真正的冲突”。[①] 这就意味着，在这一案件中 TRIPS 协定和 GATT 条款都应予以考虑，在欧共体保护农产品和食品商标和地理标志案中，专家组指出，“基于 TRIPS 协定和 GATT1994 的一些主张，涉及系争措施的相关方面，这两种协定都是 WTO 协定的单独附件，并不存在等级。一个更具逻辑性的方式是在每一情况下 TRIPS 协定优先。”[②] 另外，根据特别法规则（Lex specialis），即特别法优于一般法规则，TRIPS 协定作为专门规定与知识产权有关的协定，优于 GATT 的一般规定。

（一）是否违反 TRIPS 协定？

1. 通用货物的国际贸易是否合法？

通用药又叫仿制药，是指与商品名药在剂量、安全性和效力、质量、作用以及适应症上相同的仿制品。仿制药并非假药，所谓的仿制是指模仿业已存在的创新品牌药，仿制药在药学指标和治疗效果上与品牌药是完全等价的。“假冒药”是指就药品本身特征和/或来源方面进行蓄意欺骗性标注的药品。假冒产品可涉及品牌产品和非专利产品，假冒药品可包括含有正确药剂成分或不正确药剂成分，不含有效药剂成分，有效活性成分含量不足或过多，或伪造包装（WHO，2009a，par. 10；WHO，1992）。TRIPS 协定规定，“假冒商标的商品，系指任何下列商品（包括包装）：其未经授权使用了与在该商品上有效注册的商标相同的商标，或者使用了

---

① *Turkey-Restrictions on Imports of Textile and Clothing Products*, WT/DS34/R, 31 May 1999, para. 9. 92, p. 122.

② *European Communities-Protection of trademarks and geographical indications for agricultural products and foodstuffs*, Report of the Panel, WT/DS290/R, 15 March 20, par. 7. 87.

其实质部分与有效注册的商标不可区分的商标，因而依照进口国的法律侵犯了该商标所有人的权利。”因此，世界卫生组织和世界贸易组织对于假冒的定义都赋予了假冒商标（世界卫生组织规定具有欺骗性标注）的头衔，但现在一些专利药品公司试图将假冒扩大至侵犯任何知识产权的行为，比如，一份联合国区域间犯罪和司法研究所（UNICRI）报告定义假冒为“非法复制或模仿产品，该非法是侵犯任何知识产权的结果”（UNICRI 2007）。这里的假冒就不仅仅只限于侵犯商标的假冒，还包括专利等。

虽然 TRIPS 协定在引言中主张其目标之一是期望减少国际贸易中的扭曲与阻力，但知识产权的本质决定其自身具有贸易限制性，自由贸易到后来不再仅仅意味着增加贸易，而是增加合法产品的贸易。这导致 TRIPS 协定被认为是多边贸易体制中对发达国家的一种妥协，而不是促进自由贸易的一种工具。TRIPS 协定也认识到了此种冲突，也因此通过规定一些促进自由贸易的特别条款来减少此种冲突，比如引言中规定“期望着减少国际贸易中的扭曲与阻力”，“保证知识产权执法的措施与程序不至于变成合法贸易的障碍”。TRIPS 协定第 8 条规定，“可采取适当措施防止权利持有人滥用知识产权，防止借助国际技术转让中的不合理限制贸易行为或有消极影响的行为。”第 40 条规定，“与知识产权有关的某些妨碍竞争的许可活动或条件，可能对贸易具有消极影响”，“成员可在与本协议的其他规定一致的前提下，顾及该成员的有关法律及条例，采取适当措施防止或控制这类活动。”在知识产权执法部分，TRIPS 协定第 41 条第 1 款规定，“这些程序的应用方式应避免造成合法贸易的障碍，同时应能够为防止有关程序的滥用提供保障。”因此，TRIPS 协定明确规定要促进合法贸易。此处一个需要作出解释的术语是“合法贸易”。合法贸易不同于自由贸易，在出口国和进口国都合法的贸易是否就是合法贸易？WTO 专家组在加拿大保护药品专利案中对涉及药品和知识产权的“合法”一词作了解释，据专家组认为，“合法”必须以法律语言中经常使用的方式定义——在相关的公众政策或其他社会规范支持的意义上，保护“正当的”利益的规范性请求。[①] 根据该解释，由于通用药物在出口国和进口国都是合法的，那么通用药物的国际贸易也毫无疑问是合法的。另外，国际公共

① *Canada-Pafent Protection of Pharmaceutical Products*, Report of the Panel, WT/DS/114/R, 17 March 2000, par., 7.6.9.

健康组织及 WTO 成员不仅在国内也在国际上单独或集体地承认，应推动该类贸易保证药品的可获得性。这种公共政策目标以及维护人类基本生存的要求能决定通用药品贸易的合法性。

2. 欧共体是否可规定对转运货物的中止或扣押？

TRIPS 协定第 51 条明确规定，“成员均应在符合下文之规定的前提下，采用有关程序，以使有合法理由怀疑假冒商标的商品或盗版商品的进口可能发生的权利持有人，能够向主管的司法或行政当局提交书面申请，要海关中止放行该商品进入自由流通。对其他侵犯知识产权的活动，成员也可以规定同样的申请程序，只要其符合本节的要求，成员还可以提供相应的程序，对于意图从其地域内出口的侵权商品，由海关当局中止放行。”很显然，对于涉嫌假冒商标或盗版商品的进口，成员负有强制性义务，而对于出口和转运程序，对成员而言只是选择性义务，其注解 13 也规定“成员无义务对权利持有本人或经其许可，而投放另一国家市场的商品的进口或商品的转运适用这一程序”。另外，第 51 条只是针对假冒商标或盗版商品，对于其他知识产权，并未做强制性规定，对于专利，各 WTO 成员是否实施边境知识产权保护由各成员自己决定。因此，欧共体对于涉嫌侵犯专利的在转运过程中的物品可以实施知识产权保护。

3. 欧共体对转运通用药物的扣押是否合适？

由于 TRIPS 协定只是最低要求，成员国可规定比其更高更有力的知识产权保护和执法，如 TRIPS 协定第 1 条规定的“成员可在其域内法中，规定宽于本协议要求的保护”。但这并非给予了成员国完全绝对的自由，因其同样规定，“只要其不违反本协议”。根据 TRIPS 协定第 52 条，凡申请采用上文第 51 条之程序的权利持有人，均应提供充分的证据足以向主管当局证明，依照进口国法律有初步证据（Prima facie）表明侵权存在。此处需要识别的是“依照进口国法律”，本案中，如果认为进口国并非欧共体成员国而只是该药物的进口国（比如巴西），则该通用药物在进口国并不侵权，该扣押则不符合规定，反之，如果认为第 51 条规定的“进口国”不是指药物的进口国，而是指进入该海关的国家，即欧共体成员国，则结论与上述相反。此处原文是“the laws of the country of importation”，而欧共体成员国只是转运国，即“the country of transit”，并非“the country of importation”。此时，进口国与转运国是不同的。

TRIPS 协定第 52 条规定，凡申请采取措施的权利持有人，均应提供适当证据足以向主管当局证明，依照“进口国”法律对其知识产权的侵犯。如果“进口国”不包括“转运国”，而只是目的地国，则转运国不能依本国法律采取措施，需依其他国法律（目的地国），这似乎并不合适。本案中，如果进口国只是目的地国即巴西，按照第 52 条的规定，则欧盟海关只能依巴西法律采取措施，这显然是不妥的（欧盟海关只能依自己本国的法律采取行动）。上述分析得出进口国应包括转运国。因此，“进口国”有两种解释。一是指产品目的地国，产品会在该国市场流通；二是只要产品进入一国港口即为进口国，包括转运国。而欧共体 1383/2003 第 2.1（C）（i）规定，如果在该成员国申请采取海关措施的货物侵犯了“（i）基于该成员国法所授予的专利”①，则可实施海关措施。因此，1383/2003 号条例更改了 TRIPS 协定第 52 条规定的“进口国法”而代之以“该成员国法”。如果将该案起诉到 WTO，则专家组需要对此做出解释。另外，有学者认为，“当 TRIPS 协定谈判时，因涉嫌专利侵权而扣押转运货物的实践并没有，因此，当签订相关条款时，WTO 成员并不会将其作为一种选择。”② TRIPS 协定本身并未对进口国给予定义，也不存在权威性的评论或解释，WTO 案例对此也未有先例，即使在 GATT 第 5 条有关转运自由的规定中，也未对此有所解释。

欧洲医药工业联盟（EFPIA）认为，“如果产品并非假冒，并且肯定其在原产国和目的地国都不存在知识产权，那么海关当局应允许产品放行，而不需要考虑该产品在欧盟的知识产权状态。”③ TRIPS 协定第 28 条规定，专利人所享有的权利包括（1）如果该专利保护的是产品，则有权制止第三方未经许可的下列行为：制造、使用、提供销售、销售、或为上述目的而进口该产品；（2）如果该专利保护的是方法，则有权制止第三方未经许可使用该方法的行为以及下列行为：使用、提供销售、销售或为上述目的进口至少是依照该方法而直接获得的产品。很显然，转运区别于使用、提供销售、销售以及进口的行为，转运最多与进口有一点联系，但

① 原文是：a patent under that member state's law。

② F. M. Abbott, “Seizure of generic pharmaceuticals in transit based on allegations of patent infringement: a threat to international trade, development and public welfare”, *World Intellectual Property Organization Journal*, Vol. 1, 2009, p. 47.

③ European Federation of Pharmaceutical Industries and Associations (EFPIA) Statement, Customs Seizures of in-transit medicines, Brussels, 13 March 2009.

从字面上还是有很大区别的，进口往往意味着被保护产品进入到国内市场，而转运货物则并未进入该国市场。

（二）是否违反 GATT 规定？

GATT 第 5 条第 2 款规定过境自由的原则，即来自或前往其他缔约方领土的过境运输，有权按照最便于国际过境的路线通过每一缔约方的领土自由过境。不得以船舶的国籍、来源地、出发地、进入地、驶出港或目的港的不同，或者以有关货物、船舶或其他运输工具的所有权的任何情况，作为实施差别待遇的依据。但第 3 款对其做出了一点限制，即缔约方对通过其领土的过境运输，可以要求在适当的海关报关；但是，除了未遵守应适用的海关法令条例的以外，这种来自或前往其他缔约方领土的过境运输，不应受到不必要的耽延或限制。第 20 条规定，本协定的规定不得解释为禁止缔约方采用或加强以下措施，但对情况相同的各国，实施的措施不得构成武断的或不合理的差别待遇，或构成对国际贸易的变相限制，包括 d 款规定，即为了保证某些与本协定的规定并无抵触的法令或条例的贯彻执行所必需的措施，包括加强海关法令或条例，加强根据协定第 2 条第 4 款和第 14 条而实施的垄断，保护专利权、商标及版权，以及防止欺诈行为所必需的措施。针对第 20 条的例外规定，则需要分两步考察，第一步看是否存在例外情况，此时欧盟为保护专利权加强海关法令，属于一般例外情况；第二步则看是否满足第 20 条的总规定，包括实施的措施不得构成对国际贸易的变相限制。此案中，跨境转运通用药不能被认为侵犯转运国的任何知识产权，因为该类药并不运往转运国，不在转运国市场内流通，因此也不会威胁到转运国权利人的利益。不过欧盟 1383/2003 号条例规定只要存在嫌疑的可能，海关就可扣押转运货物。一方面，会导致权利人滥用知识产权。因为一旦申请，即可扣留该货物，即使该货物最终被确定并不侵犯任何知识产权，但从时间上延迟货物的运行，能给竞争者带来更多的时间成本。另一方面，会阻碍 WTO 自由贸易目标的实现。WTO 框架内所创设的法律，包括 GATT、GATS、TRIPS 和 TBT 等，其目标不是为了阻碍自由贸易，而是通过限制非法贸易，从而实现合法产品的自由贸易。但欧盟 1383/2003 号条例的规定则通过对合法产品的连续扣押，阻碍了 WTO 自由贸易目标的实现。

（三）是否违反《多哈宣言》倡导的亲公共健康要求？

健康权是 1946 年由世界卫生组织宪章首次承认的，后体现在其他各种国际和区域性人权文件中。《世界人权宣言》承认："人人有权享受为维持他本人和家属的健康和福利所需的生活水准，包括食物、衣着、住房、医疗和必要的社会服务；在遭到失业、疾病、残废、守寡、衰老或在其他不能控制的情况下丧失谋生能力时，有权享受保障。母亲和儿童有权享受特别照顾和协助。"（第 25 条）《经济、社会和文化权利国际公约》承认"人人有权享有能达到的最高的体质和心理健康的标准"。该《公约》要求缔约国采取步骤实现健康权，包括："（a）减低死胎率和婴儿死亡率，使儿童得到健康的发育；（b）改善环境卫生和工业卫生的各个方面；（c）预防、治疗和控制传染病、风土病、职业病以及其他的疾病；（d）创造保证人人在患病时能得到医疗照顾的条件。"（第 12 条）

《TRIPS 协定与公共健康多哈宣言》（简称《多哈宣言》）第四段明确提出，同意 TRIPS 协议没有也不应当妨碍成员国为维护公共健康而采取措施并且应以"促进所有人获得药品"的权利的方式进行解释和实施协议。第六段也承认其制药企业没有制造能力或制造能力不足的 WTO 成员国按照 TRIPS 协议的规定有效利用强制许可有可能会遇到困难，2003 年 WTO 总领事会为了执行《多哈宣言》第六段而出台文件，决定采取对 TRIPS 协定第 31 条（f）和（h）款予以过渡性"豁免"的方式，允许成员在满足一系列条件的基础上，签发强制许可向他国出口医药产品。① 但由于第六段决议是建立在根据个别药物、个别国家、一事一议的模式之上的，因此，在这种许可之下生产的，限于特定数量的药品，必须全部出口到特定的适格进口国（成员方），并且如果要再次使用该体系，整个过程将被不断重复。② 2005 年 12 月 6 日，世界贸易组织总理事会通过了《修改〈与贸易有关的知识产权协定〉议定书》③，《议定书》规定在符合有关条件的前提下，各成员可以授予其企业生产并出口特定专利药品的强制

① General Council, Implementation of Paragraph 6 of the Doha Declaration on the TRIPS Agreement and Public Health, August 30, 2003, Doc. WT/L/540, September 1, 2003.

② 例外情形是，如果一个最不发达国家是一个自由贸易区的成员，则在该区不需要完全重复整个过程。General Council, Implementation of Paragraph 6 of the Doha Declaration on the TRIPS Agreement and Public Health, 2003, para. 6（i）.

③ General Council, Amendment of the TRIPS Agreement, Decision of 6 December 2005, WT/L/641, 8 December, 2005.

许可，不再局限于供应国内市场。[①] 《多哈宣言》第 4 条规定，同意 TRIPS 协议没有也不应当妨碍成员国为维护公共健康而采取措施。因此，在重申承担 TRIPS 协议所规定义务的同时，确认该协议能够也应当以一种有助于成员国维护公共健康的权利，特别是促进所有的人获得药品的权利的方式进行解释和实施。第 5 条规定，在维护 TRIPS 协议所规定的义务的同时，承认上述灵活措施包括：（a）应用国际法的习惯解释规则，TRIPS 协议的每一条均应当根据协议所表达的目标和意图进行理解，特别是根据该协议规定的目标和原则来进行理解。（b）各成员国有权批准强制许可，并且可以自由决定批准强制许可的理由。

Abbott 教授指出，《多哈宣言》是 WTO 成员对 TRIPS 协定所做的解释，规定 TRIPS 协定不能也不应干涉各成员保护公共健康的权利，并进一步承认推动所有人能获得药品的目标。对转运中的合法通用药品进行扣留的行为是欧盟对《多哈宣言》的一种正面攻击，也是欧盟阻止发展中国家依赖印度通用药品制造商并将其驱逐出市场的一次努力。这不能被认为是一种控制假冒的方法。如果合法的通用药品被作为假冒药品对待，那么全球公众都将受到损害。但遗憾的是，国际专利体制的合法性将再次遭受打击。[②] 1383/2003 号条例意味着即使一项产品在目的地国并不受专利保护，专利权人有权将其阻拦在必要的转运中心，这阻碍了通用药物的销售和获得。因此，如果该类扣押继续存在，则《多哈宣言》以及 2003 年 8 月 30 日决议所倡导的亲公共健康的核心理念会受到现实的摧残。

四 从 TRIPS-Plus 知识产权执法角度看通用药品案

欧盟理事会 1383/2003 号条例规定，欧洲海关有权扣押涉嫌侵犯知识产权的转运货物，而 TRIPS 规定海关只对假冒盗版货物的进口具有执法义务，该条款具有明显的 TRIPS-Plus 知识产权执法特征。虽然大多数被扣押药品最终被放行，但被扣押所耗去的时间以及所耗费的成本对于急切需要该药品的发展中国家而言都是一笔不小的损失。因此，欧盟 1383/2003 号条例成为欧共体通过实施 TRIPS-Plus 知识产权边境执法措施推动

---

① Article 31bis (3) of Annex to the Protocol Amending the TRIPS Agreement.

② Frederick M. Abbott, "Seizure of Generic Pharmaceuticals in Transit Based on Allegations of Patent Infringement: A Threat to International Trade, Development and Public Welfare", *World Intellectual Property Organization Journal*, Vol. 1, 2009, pp. 49—50.

知识产权保护最大化的有力武器。正如学者所言，更加强有力的垄断以及规则灵活性的进一步减少，加剧了世界上富国和穷国之间本已存在的医疗待遇差别，WTO 多哈宣言及决议旨在寻求一点少许的平衡。[①] 这一案例也正好考验 WTO 是否坚持《多哈宣言》所追求的要促使发展中国家获得药品的努力。而"事实胜于雄辩"，欧盟推动公共健康和发展中国家获得药品的承诺，在其不断扣押转运通用药品的事实面前显得苍白无力。

对涉嫌侵权的转运货物，欧共体法院及成员国国内法院都曾作出判决，但判决并不一致。比如，欧共体法院（ECJ）在涉及商标侵权的 Polo/Lauren 案[②]中对早期欧盟边境知识产权执法条例（3295/94 条例）做出了首次解释。欧共体法院认为在货物对外转运过程中（比如从一非欧共体成员国运往另一非欧共体成员国但在欧共体内转运）如果涉嫌侵权，则属于条例管辖范围之内。在随后的 Rolex 案[③]中，欧共体法院对此做了进一步解释，法院认为 3295/94 条例要求成员国对转运假冒和盗版货物适用处罚。如果成员国国内法院发现成员国国内法并不禁止仅为转运中的假冒货物，3295/94 条例则排除国内法的适用。但欧共体法院在 Class International 案[④]中对此做出了相反的解释。虽然该案本身并未涉及侵权产品的滞留，欧共体法院主张转运商标货物以及转运到欧共体之外的货物不构成商标侵权。Diesel 案[⑤]中，欧共体法院主张商标持有人不能够对在转运过程中粘贴了不合法商标的货物予以禁止，除非这些货物在转运过程中有必要出现在转运国市场。另外，欧共体成员国国内法院对边境执法也做了一些有趣的解释。比如在最近 Nokia 案[⑥]中，英国高等法院主张如果假冒产品只是"转运"货物并且不会出现在英国国内市场，则不属于 1383/2003 号条例的管辖范围。法院主张如果基于 1383/2003 号条例扣押涉嫌

---

① Frederick M. Abbott, "The WTO Medicines Decision: World Pharmaceutical Trade and the Protection of Public Health", *American Journal of International Law*, Vol. 99, 2005, p. 317.

② Polo/Lauren Co LP v. Dwidua Langgeng Pratama International Freight Forwarders (Case C383/98) [2000] E. C. R. April 6, 2000.

③ Re Montres Rolex SA (Case C60/02) [2004] E. C. R. January 7, 2004.

④ Class International BV v. Colgate-Palmolive Co (Case C405/03) [2005] E. C. R. October 18, 2005.

⑤ Montex Holdings v. Diesel SpA (Case C281/05) [2006] E. C. R. November 9, 2006.

⑥ Nokia Corporation v. Her Majesty's Commissioners of Revenue & Customs (HMRC) [2009] E. W. H. C. 1903.

假冒的产品，该产品则必须在英国领域内"因贸易而使用"。这与 Sisvel 案①中荷兰法院的裁判观点相反，海牙区法院支持荷兰海关对来自中国运往巴西在荷兰港口转运的 MP4 产品予以扣押。② 然而，上述案例都涉及假冒的产品，并未涉及专利产品，因此并不适合作为先例予以解释。

通过适用有关边境措施的执法议程，欧盟对世界其他国家施加其自己的国内知识产权标准。然而，本案表明，发达国家推行 TRIPS-Plus 知识产权执法的努力，在部分情况下，是可能违反 WTO 法的。欧盟 1383/2003 号条例所涵盖的 TRIPS-Plus 执法条款一定程度上就可能会对合法的国际贸易造成一定阻碍，影响到其他国内市场或国际市场。从上述焦点法律问题的分析可看出，对转运货物的 TRIPS-Plus 知识产权执法可能会造成以下直接影响：1. 违反知识产权的地域性原则；2. TRIPS 协定第 41 条、第 42 条规定的避免成为合法贸易的障碍；3.《多哈宣言》所倡导的亲公共健康要求；4. WTO 总理事会 2003 年 8 月 30 日决议，即《关于 TRIPS 协议和公共健康多哈宣言第六段的执行决议》以及 TRIPS 协定第 31 条修正案。

第二节 转基因大豆粉案③

一 转基因大豆粉案的背景

孟山都公司（Monsanto）是一家跨国农业生物技术公司，其生产的一种农药——草甘膦（Round Up）除草剂全球知名。孟山都公司也是转基因种子的领先生产商。目前，全球范围种植的转基因大豆绝大部分是孟山都公司的抗除草剂转基因大豆，无论是美国、阿根廷还是巴西，几乎都被孟山都公司的转基因大豆所控制，这种转基因大豆能够抵抗孟山都公司的草甘膦。在许多国家，农民在购买孟山都公司的种子时必须签署协定，该

---

① Sisvel V. Sosecal, Case No 311378 of 18 July 2008, The Hague District Court.

② Shashank P. Kumar, "Border Enforcement of IP Rights Against in Transit Generic Pharmaceutical: An Analysis of Character and Consistency", pp. 9—10, http://papers.ssrn.com/sol3/papers.cfm?abstract_id=1383067 last visited on February 28, 2011.

③ 具体见 Carlos M. Correa, "Enforcing border measures: importation of GMO soybean meal from Argentina", in Xuan Li & Carlos M. Correa (ed.), *Intellectual Property Enforcement: International Perspectives*, Edward Elgar, 2009, pp. 81—97.

协议规定购买了孟山都种子的农民只能使用草甘膦。孟山都公司不仅掌握着转基因大豆种子的专利还掌握着草甘膦的专利。而且，种子上的专利技术迫使农民没法保留种子，在每个播种季节都需要重新购买种子，并且缴纳种子专利费。通过捆绑销售和加收专利费等手段，孟山都获得了巨大的经济利益，并极大地推动了转基因大豆的发展。

阿根廷是世界上最大的转基因大豆出口国，而欧盟则是它主要的供应对象。孟山都公司在美国和欧洲拥有对抗草甘膦基因（Roundup Ready，简称 RR 基因）大豆种子的专利权，但在阿根廷没有。因此，孟山都公司只能抵制在美国和欧洲的侵权行为，但在阿根廷是没有效力的。也正因为如此，RR 大豆基因在阿根廷大量散播。一定程度上，这也是孟山都公司故意为之的结果，因为在阿根廷，国家种子协会注册了将近 200 种植物变种，其中包括含有 RR 基因的变种，而阿根廷的法律允许任何第三方反对植物变种的注册。但孟山都公司完全放任 RR 基因被使用在那些注册了的大豆变种，其目的显然是放任 RR 基因大豆在阿根廷的传播，这使得 RR 基因大豆几乎占据了阿根廷全部的大豆产量。但随着 RR 基因大豆在阿根廷的迅速传播，1999 年，孟山都公司开始要求所有的阿根廷农民支付“延期专利费”，阿根廷农民当然不愿意。于是，孟山都公司宣布，如果阿根廷农民不交费，就在出口市场上收费。但孟山都公司并不满足于此，它还要求阿根廷的农民为每吨大豆支付高达 15 美元的补偿金。阿根廷政府对此表示拒绝，作为报复，孟山都公司在欧洲提起诉讼以阻止阿根廷大豆粉在欧洲的港口出港。

二 转基因大豆粉案的过程

自 2005 年，孟山都公司为维护其 RR 基因在欧洲的专利权，对一些欧洲国家的进口商提起诉讼，在欧洲港口阻止阿根廷大豆粉运往欧洲。孟山都公司起诉的理由在于运往欧洲的阿根廷大豆粉是采用孟山都公司研制的种子得来的，而该种子在欧洲申请了专利，因此，孟山都公司认为这些转基因大豆粉侵权，对丹麦、荷兰、英国和西班牙的大豆粉进口商提起了专利侵权诉讼，并向欧洲进口商们索要百万美元的侵权费用。由于 RR 基因并未在阿根廷获得专利，因此，孟山都公司并未在种植和加工这些大豆的原产地阿根廷起诉，而是选择在欧洲起诉。孟山都公司辩称这些都是非法进口，因为该大豆粉由 RR 基因大豆种子制成，而阿根廷农民并未付该种子的专利使用费。孟山都公司于是要求欧盟各国海关扣押从阿根廷运载大豆粉的船舶。最终，西班牙法院[①]和英国高院[②]否决了孟山都公司的请求，在欧洲法院判决出来前，孟山都公司于 2010 年 7 月 4 日对该案予以了撤诉。

三　转基因大豆粉案的判决

（一）西班牙法院判决

马德里商业法庭于 2007 年 7 月对 Monsanto Technology LLC v. Sesostris SAE 一案做出了裁定。

孟山都公司主张 Sesostris 侵犯了其在“抗草甘膦 5 - 烯醇丙酮莽草酸 - 3 - 磷酸合酶”（以下简称 EPSPSs）在西班牙的专利 ES2089232。

裁定声称对专利 ES2089232 的侵权包含一个 DNA 分子，而该分子包含组成抗草甘膦 EPSP 的 DNA。法庭对裁决进行了简要的概括，指出一个专利赋予了“真实而核发的专利权”，但不是“无限权力”，并辨别不同产品、工序和使用的专利。这一裁决适用于西班牙专利权第 50. 4 条，而该条也体现了涉及生物技术发明法律保护的欧盟指令第 9 条[③]的内容。在解释对生物技术发明赋予的保护方面，法庭总结指令第 9 条的目的并非为了扩展生物技术发明的保护，而是在专利成为自由商业原则的例外时，专利法应进行限制性的解释。

法庭认为，本案中所保护的发明并不是 DNA 序列，而是其发挥的功能，因此，如果想要侵权事实成立，就必须满足第 50. 4 条中的条件。法庭指出，生产大豆粉时运用了加工的一些特点（包括高达 115℃ 的温度）。尽管提交的证据不足以判定进口大豆粉中检测出的蛋白质是否具有功能，事实上，遗传物质的总体被分解了，且其未对大豆粉产生任何附加值，这

① Ruling of the Madrid Trade Tribunal, Monsanto vs. Sesostris, 6 September 2007.

② United Kingdom England and Wales High Court (Patents Court) Decisions (2007), Monsanto Technology LLC vs. Cargill International S. A. & Anor [2007] EWHC 2257 (Pat), 10 October 2007.

③ 欧洲《有关生物技术发明方面的法律保护指令》(98/44/EC 号指令）第 9 条规定：对于一个已经获得了保护的产品的专利权利（该产品包含有基因信息或是由基因信息组成）应当被扩展至对所有包含了基因信息并拥有该基因信息功能的物质的保护。The protection conferred by a patent on a product containing or consisting of genetic information shall extend to all material, save as provided in Article 5 (1), in which the product is incorporated and in which the genetic information is contained and performs ints function, Article 9 of the Directive 98/44/EC of the European Parliament and of the Council of 6 July 1998 on the legal protection of biotechnological inventions, OJL 213/13.

是因为抗草甘膦是作物生长过程中唯一一个有价值的特性。为此，法庭最后裁定来自转基因种子的大豆粉实质上与来自传统变异种子的大豆粉是相同的。孟山都公司最终未能在西班牙案件中证实大豆粉中已含有基因信息并在进口的大豆粉中发挥其功能。

基于以上考虑，孟山都的诉讼被驳回。

（二）英国法院判决

在英国，英国高等法院大法官法庭的专利庭于 2007 年 10 月 10 日对 Monsanto Technology LLC v. Cargill International and SA Cargill PLC（简称 Cargill）一案作出裁决。该裁决对当事人提出的专利起诉及辩护做了深刻的技术分析。

孟山都公司声称 Cargill 对 EPSPSs 的 EP（英国）0 546 090 专利构成侵权。

法庭指出，被告 Cargill 从阿根廷购买了产自含有 EPSPSs 基因之一的种子大豆，而该 EPSPSs 是孟山都公司公布的英国专利，并且“被告或其他方利用这种基因制造其进口到英国的大豆粉”。孟山都公司要求对载有 5000 吨大豆粉的 MV Podhale 货物进行扣留。法庭指出，RR 基因种子的使用“已经改变了阿根廷大豆产业，并为阿根廷的种植户和加工商带来了实质性的利益”。据称，“阿根廷出口的大豆粉中，99% 均产自含有 CP4R 基因的 RR 基因作物”。尽管 Cargill 同意 CP4 酶的发现是一项发明，它还是否认其对英国专利构成侵权，并“以预期性、显著性以及非充分性”对其合法性提出反对。

最终，法庭撤回了与 MV Podhale 船上的大豆粉货物相关的诉讼，理由如下：法庭裁决的侵权必须发生在管辖范围内，毫无疑问，此案中的大豆粉，或其可观的一部分产自阿根廷的 RR 基因大豆。第一个问题在于对此大豆粉的进口是否对方法专利申请构成侵权。第二个问题来自孟山都公司的指控，即该大豆粉至少含有包括所有 RR 基因的基因组片段。考虑到可能对方法专利申请的侵权，法庭审查了英国专利法第 60（1）（c）节所赋予的专利保护。法庭注意到，对生产转基因作物的索赔方法始于对作物细胞的基因组注入了一个双链重组 DNA 分子，该分子具有以下指定特征：其不能在日常条件下产生，仅能在 RR 基因大豆的每条链的亲本株上进行……该作物的基因转变在很多代之前就得以完成，之后，这种转基因大豆由播种者进行培育或由农民留存进行种植，通过作物的生长收获了新的大豆，在几代采收之后，大豆被加工成了豆粉。法庭同意阿根廷所有的RR 基因大豆作物为该原始作物的直系后代，并且明白为何如此大量的大豆粉（仅在 Podhale 上就有 5000 吨）可以被视为亲本植株原始转基因的成品。然而法庭不认为这就能很恰当地说明这些大豆粉是该转基因的直接产物，法庭将该基因转变阶段视为仅存在于原始转基因作物的转基因。

孟山都公司的另一控诉称该大豆粉产自含有 RR 基因序列的作物，而这一序列使得该发现获得专利，且该序列得以存活，尽管该大豆粉并非产自经过原始基因转变的作物的大豆，但其产自含有 RR 基因序列的作物的证据就已经足够了。

法庭驳回了这一控诉，并称这与产品的进化过程毫无关系。生产大豆粉的那一代作物与原始转基因作物没有任何相同原子的说法可能有些不切实际，但事实基本如此。法庭认为孟山都公司的控诉混淆了产品代代（RR 基因组序列）相传的信息成分，该产品仅仅只是与作物的任一代没有任何特殊本质特征的大豆粉。换句话说，了解基因组序列未能存活时有多少物质存活下来是一件困难的事情。除非其包含基因脉迹，否则其与非 RR 基因大豆粉没有任何区别，在此案件中将涉及其他申诉。没有存活下来的恰恰就是原始的转基因作物。法庭认为，谈论以某种方式代代相传的繁殖物质是一件冒险的事情。毫无疑问，某些繁殖物质确实由第一代传给了第二代，但是相同的繁殖物质不会进一步向下代遗传，继续遗传的只是其复制品。

尽管 Cargill 辩称没有任何单链或双链 DNA 能够在大豆粉生产过程中幸存下来，而只是分解，所以该繁殖物质并没有构成侵权。法庭发现，基于孟山都公司的实验结果，“Podhale 大豆粉中含有包括 RR EPSPS 基因在内的基因组 DNA，且一些或所有的 DNA 都是双链的”。然而，法庭强调大豆粉中出现这种 DNA 与作为动物饲料的大豆粉没有任何关系，并且仅仅以少量及可变的数量出现，而如果改变加工条件，这种 DNA 将可能不会出现。它不存在于任何重要的遗传物质中，而仅仅只是用来提取大豆粉的大豆中的物质的残余。法庭认为这与本案没有任何关系。

基于以上及其他方面的考虑，法庭最后裁定 MV Podhale 船上大豆粉的进口没有对专利申请构成侵权，并允许孟山都公司修正其某些专利申请。

（三）荷兰法院判决

在荷兰，海牙地区法院民庭于 2008 年 9 月 28 日发布了一份中间判决（interim judgement），要求欧共体法院对以下四个问题做出裁决。

1. 在以下情况下，第 9 条是否可以解释为对专利权保护的赋予：大豆粉中含有受专利保护的基因序列；该 DNA 序列目前并未发挥使其受专利保护的功能，但其之前在大豆作物中确实发挥了功能（以及该 DNA 序列一直未受损坏，进而在从大豆粉中提取该 DNA 序列并注入活体细胞后可能发挥其功能）？

2. 第 9 条是否实现了其赋予的专利保护的全面性和协调性，进而使得该专利保护能够防止任何国家专利法规对任何一种专利产品赋予绝对保护（即不论其是否发挥其标明的作用）？

3. 第 9 条是否会阻止专利（该专利在此指令实行之前已发布）持有者对当时适用的国家法规所赋予的绝对专利保护的依靠？

4. TRIPS 协议的第二十七条与第三十条是否会影响第 9 条的解释？

（四）欧洲法院判决

针对荷兰中间判决提出的第一个问题，欧共体法院（ECJ）认为，第9条的表述方式暗示该作物所含的遗传信息一定在发挥其功能，从“material... in which”的表述中即可获得该信息。ECJ 认为，立法机关对现在时的使用（即“material... in which”）通常暗示受专利保护的物质在目前正发挥其功能，而存在于发现 DNA 序列的该实际物质中。在 RR 基因专利中，其受专利保护的功能能够使得大豆作物的生长不受除草剂毒性的影响。欧洲法庭认为对经过加工的大豆作物使用除草剂在以前是不可预见甚至是不可想象的。尽管除草剂拟使用于大豆作物，但是由于这种大豆作物是“无生命的物质”，受专利保护的基因无法发挥其功能。为进一步佐证其看法，欧洲法庭引用指令前言的第 23 条：“不能发挥任何功能的单纯的 DNA 序列不包含任何技术信息，不能构成任何专利发明。”既然 DNA 序列的专利性由其是否存在应发挥之功能的显示决定，故不能发挥使其受专利保护的特定功能的 DNA 序列是不能获得专利保护的。所以，孟山都公司称其专利保护是绝对的，不与目前特定功能的发挥相联系而不受任何限制的主张，应被驳回。

针对第二个问题，通过对指令前言的参考，欧洲法庭阐明，立法机关确立第 9 条的目的是保证“所有成员国对专利的同等保护”，并避免贸易壁垒。这种意向体现了专利持有者的利益与国内市场正常功能的需求之间的平衡。欧洲法庭认为抽象的协调会是一种不平衡的方式，其会滋生贸易壁垒。所以，第 9 条项下所实现的协调必须是全面彻底的。

针对第三个问题，欧洲法庭引用了 C－334/07 P Commission 与 Freistaat

Sachsen [2008] ECR I-9465 的案例，该案例确立：新指令直接适用于产生于旧指令下的情势的日后结果。该指令将不会解释为上述原则的例外。

针对第四个问题，欧洲法庭指出，欧盟法律可采用与 TRIPS 协议相协调的法律，而 TRIPS 本身则不会有任何直接的影响。欧洲法庭进一步说明，其限制专利范围成为绝对保护的决定并不会在 TRIPS 第三十条的含义范围内"不合理地与专利的正常使用产生冲突"或"不合理地损害专利所有者的正当利益"。

欧洲法庭最终驳回了孟山都公司的诉求。然而，在审判发布的前几天，孟山都公司与进口商达成协议并撤销其法律控告，使得欧洲法庭判决的法律效力遭到质疑。据时事评论员称，该裁决将会使得产自专利保护相对薄弱的国家的生物技术产品向欧盟市场出口的增加。不过，起草该指令的欧盟委员会指出，欧洲法庭的裁决符合欧盟委员会对该指令的解释。据 Cefetra（荷兰进口商）代表称，该裁决"考虑到了各种情况，并为欧洲进行公平的生物技术专利保护提供了机会"。

四 从超 TRIPS 知识产权执法角度看转基因大豆粉案

孟山都公司在欧洲港口请求扣押来自阿根廷大豆粉的行动是基于欧盟 1383/2003 号条例中规定的可对涉嫌侵犯专利的产品予以扣押，这并不为 TRIPS 协定所规定，TRIPS 协定只要求海关对假冒和盗版产品予以扣押，因此，对涉嫌侵犯专利的产品予以扣押存在超 TRIPS 知识产权执法特征。该超 TRIPS 知识产权执法事实上造成了一些潜在的影响。如 Carlos 教授所言，孟山都公司抵抗欧洲大豆粉进口商的行为体现出了所谓的"战略起诉"的一系列特征。他们进行这些工作没有多少获胜的机会，或者说根本没有兴趣要获得最后的裁决。所有法律上的行为是用来施加压力以及创造风险和不确定性，以此来赢得对方在没有法律基础支撑的情况下快速部署自己的商业战略，其目的是给对方施加压力，毕竟欧洲进口商以及阿根廷农民的实力远没有孟山都公司强大。最为重要的是强迫阿根廷政府，为其量身订制一套解决方法。① 因此，在 2010 年 7 月 5 日欧洲法院判决出来前一天，孟

① Carlos M. Correa, "Enforcing border measures: importation of GMO soybean meal from Argentina", in Xuan Li & Carlos M. Correa (ed.), *Intellectual Property Enforcement: International Perspectives*, Edward Elgar, 2009, p. 96.

山都公司就撤诉了，但孟山都公司通过此案已经达到了其目的。

对于知识产权边境措施中涉嫌侵犯专利的产品，国际公约和世界上很多国家都持审慎态度，这是因为专利侵权认定复杂，一方面权利人举证相当困难；另一方面海关也很难判定。即使由法院来判决，也会耗费很长的时间。这容易导致某些权利人利用此规定干扰合法贸易的流通。本案中，孟山都公司临时阻止船舶进入欧盟领土，导致阿根廷出口商和欧盟进口商都遭受了巨大的损失，包括法律费用和港口延迟所造成的储存费用。虽然孟山都公司最终败诉，但阿根廷却遭受了重大的经济损失。

因此，本案用事实证明，超 TRIPS 知识产权执法措施会扰乱国际合法贸易，阻碍合法产品的流通，会给其他方造成难以弥补的经济损失。

第三节　知识产权保护和执法案①

2007 年 4 月 10 日，美国根据《世界贸易组织争端解决与程序谅解》（DSU，下称 DSU）第 1 条和第 4 条以及《与贸易有关的知识产权协定》（TRIPS 协定）第 64 条的规定，请求与中国就其知识产权保护和实施措施问题进行磋商，即《美国向 WTO 诉中国知识产权保护和执法案》（简称知识产权保护和执法案）。

一　知识产权保护和执法案的背景

美国掌握着世界最先进的科学技术，出口高科技产品是美国刺激经济增长，获得创收的关键。但据美方统计，中美贸易逆差自 1983 年伊始，直至 2006 年美国对华逆差已达到 2325 亿美元。美国一直把知识产权作为扭转对外贸易的切入点。美方认为，中国假冒盗版猖獗，严重影响美国国内产业，并严重影响美国对华技术出口。1989 年美国第一次动用“特殊 301 条款”以来就将中国列为“重点观察国家”，从 90 年代以来在其“特殊 301 报告”中几度把中国列为“重点国家”（1990 年、1994 年、1996 年）。这三次期间，美国与中国达成三个谅解备忘录，已缓和当时报复与反报复措施局势，同时，中国自 1996 年以来也一直处于“306 监督条款”之列。自

---

① 参见余敏友、廖丽《评美国向 WTO 诉中国“影响知识产权保护和实施的措施案”》，《国际贸易》2009 年第 9 期，第 59—66 页。

中国 2001 年加入世界贸易组织之后，美国对中国知识产权一直处于观望态度。美国对知识产权保护的重点由知识产权立法转向知识产权执法。美国认为，中国有关知识产权的立法基本达到了 TRIPS 协定的要求，中国知识产权保护的主要问题是知识产权执法不力，包括透明度不够、执法不严、行政处罚额度太低、刑事处罚力度不够、市场准入存在问题等。2004 年 10 月美国商务部部长埃文斯称，美国把知识产权保护状况列为其承认中国市场经济地位需要讨论的重要问题之一。2005 年，美国再次将中国列为“重点观察国”，2008 年有关中国知识产权执法的问题就占整个“特殊 301 报告”的 15 页，美国有关知识产权保护和执法的所有战略措施无不向世界昭示着保护美国的知识产权不容忽视。自 2005 年中国再次被列入“重点观察国”之日起，美国产业界、行政部门和国会针对中国知识产权执法问题一直表示强烈的不满。2007 年 4 月 10 日，美国贸易代表苏珊·施瓦布宣布就“中国知识产权保护和执法”以及“出版物市场准入”两个与中国有关的贸易议题向世贸组织启动争端解决机制。

二　知识产权保护和执法案的过程

本案中，美国申诉主要包括三项诉求：一是对在中国境内还未被授权出版或发行的作品拒绝提供保护问题；二是被中国海关没收的侵犯知识产权商品的处置问题；三是中国现行法律有关蓄意假冒商标或盗版案件刑事程序和处罚“门槛”问题。由于中美未达成一致意见，2007 年 8 月 13 日，美国请求争端解决机构（DSB）根据 DSU 第 6 条设立专家组。9 月 25 日，专家组成立。2007 年 12 月 13 日 WTO 总干事组建了专家组。阿根廷、澳大利亚、巴西、加拿大、欧共体、印度、日本、韩国、墨西哥、中国台北、泰国和土耳其作为第三方参与本争端。专家组于 2008 年 10 月 9 日向争端当事各方提交中期报告，并于 11 月 13 日提交最终报告，2009 年 1 月 26 日专家组报告向 WTO 各成员公布，对三项争议措施分别做出了裁决，专家组主要裁定包括：1. 中国《著作权法》，特别是第 4 条第 1 句违反了 TRIPS 协定第 9. 1 条所纳入的《伯尔尼公约》的第 5（1）条以及 TRIPS 协定第 41. 1 条的规定；2. 中国有关海关措施违反了 TRIPS 协定第 59 条所纳入的 TRIPS 协定第 46 条第 4 句设立的原则；3. 驳回美国关于中国的刑事门槛违反 TRIPS 协定第 61 条第 1 句义务的指控。专家组建议中国根据裁定修订其《著作权法》和海关措施中的相关内容，使之符合中国在 TRIPS 协定项下的义务。[①] 3 月 20 日 DSB 召开会议审查通过专家组报告，美国表示不上诉并要求通过该专家组报告，中方也就此发表声明，世界贸易组织争端解决机构审议通过了 WTO 中美知识产权争端案专家组报告，自此中美知识产权争端案进入执行阶段。2010 年 3 月 19 日的 WTO 会议上，中国通报已经完成了实施争端解决机构裁决的所有必要的国内立法程序，亦即 2010 年 2 月 26 日中国第十一届全国人民代表大会常务委员会批准了中国《著作权法》修正案以及 2010 年 3 月 17 日中国国务院通过了修改《知识产权海关保护条例》的决定。

由于本书主要围绕边境知识产权执法分析 TRIPS-Plus 知识产权执法，因此，本案在此只关注中国海关措施问题。

三　知识产权保护和执法案的焦点法律问题

美国主张中国权力机关缺乏足够的权力按照 TRIPS 协定第 59 条的规定销毁或处理侵权货物。中国海关措施[②]创设了一种“强制性安排”，中国海关不能自主销毁（destroy）货物而必须先让位于选择处理（disposal）货物的方式，该“处理”方式允许侵权货物进入商业渠道或者会对权利

① China-Measures Affecting the Protection and Enforcement of Intellectual Property Rights, WT/DS362/R, Report of the Panel, circulated on 26 January 2009.

② 2004 年 3 月 1 日起施行的《中华人民共和国知识产权海关保护条例》（简称《海关条例》）第 27 条规定，“被没收的侵犯知识产权货物可以用于社会公益事业的，海关应当捐赠给有关公益机构用于社会公益事业；知识产权权利人有收购意愿的，海关可以有偿转让给知识产权权利人。被没收的侵犯知识产权货物无法用于社会公益事业且知识产权权利人无收购意愿的，海关可以在消除侵权特征后依法拍卖；侵权特征无法消除的，海关应当予以销毁。”

2004 年 7 月 1 日施行的《中华人民共和国知识产权海关保护条例的实施办法》（简称《实施办法》）第 30 条规定，“对海关没收的侵权货物，海关应当依照下列规定处置：（一）有关货物可以直接用于社会公益事业或者知识产权权利人有收购意愿的，将货物捐赠给有关公益机构用于社会公益事业或者有偿转让给知识产权权利人；（二）有关货物不能按照第（一）项的规定处置且侵权特征能够消除的，在消除侵权特征后依法拍卖。拍卖货物所得款项上交国库；（三）有关货物不能按照第（一）、（二）项规定处置的，应当予以销毁。”

2007 年 4 月海关总署发布的 2007 年第 16 号公告（关于没收侵犯知识产权货物依法拍卖有关事宜）规定（简称《第 16 号公告》），“一、海关拍卖没收的侵权货物，应当严格按照《条例》第二十七条的规定，完全清除有关货物以及包装的侵权特征，包括清除侵权商标、侵犯著作权、侵犯专利权以及侵犯其他知识产权的特征。对不能完全清除侵权特征的货物，应当予以销毁，一律不得拍卖。二、海关拍卖侵权货物前应当征求有关知识产权权利人的意见。”

人造成损害。捐赠社会公益机构（donation to social welfare bodies）的方式可能会对权利人造成损害，似乎也不会防止这些机构出售该侵权货物；出售给权利人（sale to the right holder）的方式损害了权利人的利益，因为权利人对侵权货物进行了偿付；拍卖（auction）的方式并不构成将侵权货物清除出商业渠道，如果未得到权利人的同意，可能会对权利人造成损害。①

对此争端，专家组认为应当从以下三方面进行评估：首先，什么是 TRIPS 协定第 46 条所创设的原则；其次，中国海关将侵权货物捐赠社会公益机构和卖给权利人的方式是否符合 TRIPS 协定第 46 条第 1 句所创设的原则；最后，中国海关拍卖侵权货物的方式，是否创设了一种特殊的处理方式，从而阻碍了责令销毁的方式。②

（一）什么是 TRIPS 协定第 46 条所创设的原则？

专家组认为第 46 条第 1 句话要求：（1）权力机关应有权在“不给予任何补偿的情况下”责令处理或销毁；（2）权力机关应有权处理侵权货物，使之“清除出商业渠道，以避免对权利人造成任何损害”；（3）权力机关应有权下令将其销毁，“除非此点会违背现有的宪法规定的必要条件”。第 3 句话要求“在考虑此类请求时，应考虑侵权的严重程度与给予的救济以及第三方利益之间的均衡性。”第 4 句话要求“对于冒牌货，除例外情况外，仅除去非法加贴的商标并不足以允许该货物放行进入商业渠道。”所有这些原则都可从第 46 条开始的共同目标获悉，即“为有效制止侵权”，这也是指引销毁或处理侵权货物的一项原则。③

（二）将侵权货物捐赠社会公益机构是否符合 TRIPS 协定第 46 条第 1 句所创设的原则？

美国本身并不反对捐赠货物给慈善机构，美国承认基于权利人同意的捐赠行为可能符合 TRIPS 协定第 46 条规定的原则，但其声称该措施可能会给权利人带来损害。

1. 不合格产品。美国主张在捐赠“假冒产品”的情形下，如果这些产品使用不当，特别是不合格或存在危险的情况，将损害权利人的名誉。

① WT/DS362/R, paras. 7. 197—198.

② WT/DS362/R, para. 7. 254.

③ WT/DS362/R, paras. 7. 266—269.

中国认为中国海关从不捐赠不合格或危险的产品。《海关条例》第 27 条对捐赠行为也设定了条件，即“被没收的侵犯知识产权货物可以用于社会公益事业的”，《实施办法》第 30 条重申了该条件，即“有关货物可以直接用于社会公益事业”。专家组不认为不合格或危险产品会满足上述条件，也没有其他证据表明海关会捐赠不合格或危险产品用于慈善。①

2. 损害名誉。美国主张上述有关不合格产品的考虑不能解决当假冒和盗版产品虽然有用但质量更差的情形，这些产品很容易损害权利人的名誉。专家组认为分发海关捐赠给红十字会的货物的形式并非一般情形，红十字会是在商业渠道以外自己分发捐赠的货物，不能简单地认为这会导致接受者误认为该产品是原货物。接受者并未像一般消费者那样选择货物，因此不能认为接受者是原货物的潜在消费者。红十字会使用的捐赠货物来源于海关对侵权货物的处理“方式”。证据并未表明权利人的名誉因捐赠的货物已经或可能遭致任何损害。②

3. 之后出售捐赠货物。美国主张“似乎没有什么会阻止社会公益机构出售所获赠的侵权产品，从而导致这些货物又回到商业渠道中”。中国提交了海关总署与中国红十字会总会《关于将没收的侵权货物用于社会公益事业的合作备忘录》（简称《备忘录》），《备忘录》重申了《海关条例》和其他相关法律和行政法规的规定，增设了使用侵权货物用于社会公益事业的程序规定。第 4 条第 4 款规定海关必须“免费”转交货物，是捐赠而非出售，第 2 款授权海关“对货物的去向和用途进行监督，要求（红十字会）更正任何有违备忘录条款规定的行为。”第 5 条第 4 款规定“根据海关要求，迅速通知海关有关货物的分发和使用情况。”第 7 条规定，“货物只能用于被救助人生活用途。红十字会应采取任何有效的措施，防止货物被用于其他用途或者进入商业渠道。”专家组认为，以上措施说明海关对货物的处理方式要承担责任，也规定该措施应防止货物重新进入商业渠道。③

（三）将侵权货物售予权利人是否符合 TRIPS 协定第 46 条第 1 句所创设的原则？

《海关条例》第 27 条规定，捐赠社会公益机构之后可以出售给权利

① WT/DS362/R，paras. 7. 288—291.

② WT/DS362/R，paras. 7. 294—297.

③ WT/DS362/R，paras. 7. 298—304.

人。这里使用的是“可以”有偿转让给权利人。《实施办法》第 30 条也未规定捐赠社会公益机构和有偿转让给权利人之间的顺序。因此，有偿转让给权利人并不能被认为是唯一的选择，也不会排除 TRIPS 协定所规定的任何其他职权。专家组认为没有必要评估此种处理方式是否符合 TRIPS 协定。①

（四）拍卖是否符合 TRIPS 协定第 46 条第 1 句所创设的原则？

1. 拍卖与销毁。美国主张拍卖与销毁之间的问题在于拍卖是否排除了对侵权货物的销毁。中国争辩认为所有措施都赋予海关“一定的自主权”以确定哪种方式是适当的，海关有权选择上述四种处理方式的任意一种。专家组认为《海关条例》第 27 条规定的是海关“可以”在消除侵权特征后依法拍卖，此时采用的是“可以”一词，而侵权特征无法消除的，海关“应当”予以销毁。对于出售给权利人和拍卖的行为，条文规定的是“可以”，而捐赠社会公益机构和销毁的行为，条文规定的则是“应当”。美国认为，如果前三种（捐赠、出售和拍卖）处理方式都不可行，海关“然后可能只有”采取销毁方式。然而专家组认为此种观点误读了法律条文，条文规定的是如果前三种处理方式都不可行，海关“应当”销毁货物，并且也不能认为在其他情形下海关就不应当销毁货物。总之，《海关条例》第 27 条规定了四种选择方式，其中第二种（出售）和第三种（拍卖）方式都是选择性的。② 至于《实施办法》和《第 16 号公告》的规定，专家组认为两者的模糊之处都可指向更高效力层次的法律，比如《海关条例》的规定。因此，拍卖的方式是选择性的，美国并不能证明拍卖侵权货物的方式就排除了海关销毁货物的方式。③

2. 拍卖与“仅除去非法加贴的商标”。争论的焦点首先在于中国《海关条例》及相关措施是否构成 TRIPS 协定第 46 条规定的“仅”（simple）除去非法加贴的商标。中国声称，由于规定在拍卖之前还征求商标所有人的意见④，因而不是“仅”除去非法商标。依据条约的字面解释规则，专家组认为“仅”意味着“没有附加的、绝对的、不多也不少、仅

① WT/DS362/R，paras. 7. 325—326.

② WT/DS362/R，paras. 7. 327—336.

③ WT/DS362/R，paras. 7. 350—353.

④《第 16 号公告》第 2 句规定，“海关拍卖侵权货物前应当征求有关知识产权权利人的意见。”

仅、单纯的”。如果只是除去商标，并未采取其他行为，则构成“仅”除去非法商标。中国“消除侵权特征”的规定构成 TRIPS 协定第 59 条纳入的第 46 条第四句的规定。不过，第 46 条还规定仅除去非法商标并“不足以”允许该货物放行进入商业渠道。“不足以”意味着该条款本质上并不禁止该货物放行进入商业渠道，并暗示着如果采取多于“仅”除去非法商标的行为，则是可以允许该货物放行进入商业渠道的。第 46 条第四句话与其他三句话一样也都是为了达到本条开头所设的目标，即“为有效制止侵权”。如果假冒商标的货物仅在除去非法粘贴的商标之后就进入商业渠道，同样的假冒商标能被重新制造出来或单独地被进口，并被非法地再次粘贴上去，这样该货物将再一次造成侵权。事实上，在“仅”除去商标的情况下，如果该假冒货物的状态未被改变，仍保留和原货物相似的特征，若重新再次粘贴非法商标，还是会造成进一步的侵权。而如果将货物的现有状态改变到足以阻止进一步侵权的状态，则该行为就不再是“仅”除去非法商标。依据条约的上下文解释规则，TRIPS 协定第 59 条也对改变货物状态作了规定，即对于假冒商标货物，主管机关不得允许侵权货物在“未作改变的状态下”（in an unaltered state）再出口或对其适用不同的海关程序。因此，专家组认为中国所适用的征求商标所有人意见的行为并未改变货物的状态，与是否是“仅”除去非法加贴的商标并无相关性。[①] 中国主张拍卖侵权货物的价格为保留价格，侵权人不再存在经济利益，防止了侵权人购买货物，有效阻止了侵权。专家组并不同意该主张。专家组认为，TRIPS 协定第 46 条不只是阻止侵权人，同样也包括其他人，比如被拍卖物的购买者。也就是说，“有效制止侵权”，并不只是有效地制止“侵权人”侵权，而是制止“一切人”侵权。因此，专家组认为，中国的海关措施规定了仅除去非法加贴的商标就足以允许放行货物进入商业渠道。[②]

其次，TRIPS 协定第 46 条规定，“除例外情况外”，仅除去非法加贴的商标并不足以允许该货物放行进入商业渠道。这意味着在“例外情况下”，仅除去非法加贴的商标“可能”足以允许该货物放行进入商业渠道。此时，问题就在于如何确定什么是“例外情况”。依据条约的目的解

---

① WT/DS362/R，paras. 7. 367—380.

② WT/DS362/R，paras. 7. 381—385.

释规则，专家组认为“例外情况”应与第 46 条所设目标一致，即“有效制止侵权”。有些情况不会造成进一步侵权，比如，被欺骗的无辜的进口商购买了一船假冒货物，在该进口商没办法向出口商获得求偿，自己也不可能重新加贴假冒商标的情况，但此类案件也必须局限于满足“例外”的条件，即使满足该条件，相关条款的适用也必须非常严格，否则“例外”就可能成为常规。最后，专家组认为中国海关措施仅除去非法加贴的商标足以允许放行进入商业渠道的规定不仅仅是“例外情况”。因此，专家组裁定中国海关措施不符合 TRIPS 协定第 59 条所纳入的第 46 条第四句的原则规定。①

四　从 TRIPS-Plus 知识产权执法角度看知识产权保护和执法案

从美国对中国的诉讼理由可看出，美国对中国海关知识产权执法极为不满。但事实上，中国知识产权海关保护措施远高于 TRIPS 协定所规定的最低标准。首先，TRIPS 协定规定海关只对假冒商标和盗版货物具有保护义务，并不包括其他知识产权，比如专利。其次，TRIPS 协定规定海关只对进口产品具有保护义务，并不包括其他环节，比如出口、转运等。而《中国知识产权海关保护条例》第 2 条规定，中国的知识产权海关保护是海关对与“进出口货物有关”的知识产权实施的保护。由此看之，中国边境措施提供了比 TRIPS 协定第三部分第四节规定的最低标准更高的保护水平。本案中，专家组认为，没有义务对出口产品适用 TRIPS 协定的第 59 条规定。② 这对于计算中国侵权产品具有重要的意义。数据显示，2005—2007 年出口的侵权货物占根据争议措施处置或销毁的侵权货物总价值的 99. 85%，因此，专家组只考察进口侵权货物的处置问题。2005—2007 年进口的侵权货物价值占根据争议措施处置或销毁的侵权货物总价值的 0. 15%，其中有 0. 12% 转交给中国红十字会，0. 02% 予以销毁，侵权货物没有被有偿转让权利持有人或被拍卖。③ 另外，对于除假冒盗版产品之外的其他侵权产品，专家组认为，TRIPS 协定第 51 条规定各成员可针对涉及其他知识产权侵权行为的货物提出此种申请，只要符合本节的要

---

① WT/DS362/R, paras. 7. 386—393.

② WT/DS362/R, para. 7. 224.

③ WT/DS362/R, para. 7. 232.

求。此时，专家组明确，如果适用 TRIPS-Plus 知识产权执法，则必须遵守本节的要求，包括 TRIPS 协定第 51 条至第 60 条的规定。

因此，虽然美国试图借助多边贸易机制推行 TRIPS-Plus 知识产权执法，但从结果来看，美国并未达到这一目的。一方面，专家组在计算侵权产品时排除了占总价值 99.85% 的侵权产品，这事实上是在计算过程中排除了 TRIPS-Plus 知识产权执法的适用；另一方面，专家组又明确表明，如果适用 TRIPS-Plus 知识产权执法，则必须遵守 TRIPS 协定第 51 条至第 60 条的规定，这事实上是通过 TRIPS 协定对 TRIPS-Plus 知识产权执法的一种限制。专家组坚持了 TRIPS 协定的最低标准，强调了 TRIPS 协定义务的灵活性。这一判决对广大发展中国家抵制发达国家推行的 TRIPS-Plus 知识产权执法标准，坚持实施与自身发展水平相适应的知识产权执法标准具有积极意义。

对于我国而言，虽然专家组指出中国的海关执法不仅适用于进口货物，也适用于出口货物，中国实施了比 TRIPS 协定规定的最低标准更高的执法措施，从总体上肯定了我国知识产权海关执法保护体系。不过，在执法问题上，我们其实可以不适用超过 TRIPS 协定的有关知识产权执法的措施和程序，毕竟我国还处于经济发展的初期，一旦 TRIPS-Plus 协定的规则无法或无能力实施，反而会授人以柄。鉴于接受 TRIPS-Plus 执法义务有可能迫使我国不仅放弃采取适合于本国发展水平的创新与知识产权政策的主权权力，而且丧失 TRIPS 协定所提供的顺应国内法律制度与发展水平差异的重大灵活性，除非事先评估认为 TRIPS-Plus 协定执法标准将产生重大国家利益，否则就不得接受超出 TRIPS 协定规定标准的更高的知识产权执法措施和程序。因此，我们要维持 TRIPS 协定在知识产权执法方面的灵活性，适用与我国发展水平相适应的知识产权政策。

通用药品案是发展中国家适用 WTO 争端解决机制针对发达成员的 TRIPS-Plus 知识产权执法条款发起的一次有力对抗。2010 年 10 月，印度商工部长阿南德指出欧共体承诺在“最高层面”修改导致通用药品在荷兰被扣押的法律。[①] 2010 年 12 月 10 日印欧峰会后，欧盟贸易专员 Karel De Gucht 申明，欧盟将修改当前的条款规则，转运中的通用药品不会再被

---

① Minister：India Anticipates European Fix to Law Delaying Generics Shipments，Intellectual Property Watch，20 October 2010.

检查，除非涉及假冒产品。[①] 印度代表也表明该案将中止，但印度尚未正式向 WTO 撤诉。通用药品案吸引全世界眼球的地方不仅因为它是发展中国家第一次向 WTO 起诉发达国家涉及知识产权执法的案例，最重要的是它涉及欧盟边境 TRIPS-Plus 知识产权执法条款，各界人士希望看到其最终结果，特别是专家组会如何裁定，可惜该案并未成立专家组。但是，欧盟承诺将修改其法律的行为也能间接地证明 TRIPS-Plus 知识产权执法条款在某些方面的不合理性。知识产权保护和执法案既是美国在单边和双边手段力不从心后启动多边机制在知识产权保护和执法问题上对中国施加新的压力，又是以美国为代表的发达国家近些年来加速推进 TRIPS-Plus 执法标准的新举措。但从结果来看，美国并未达到这一目的，最终专家组坚持了 TRIPS 协定的最低标准原则。

上述案例涉及边境知识产权执法中的转运货物、专利产品以及出口产品，这些都不属于 TRIPS 协定规定的强制性义务，只是一种选择性义务。这些案例从司法实践的角度验证了以美欧为首的发达国家推行 TRIPS-Plus 知识产权执法的趋势，如本书第二章所述，超 TRIPS 知识产权执法具有它的合法性和合理性逻辑，但也可根据国际法的规定和实证研究质疑此种逻辑。在具体的案例中，我们要防止发达国家及发达国家企业利用自身所具有的优势，将具有选择性特征的 TRIPS-Plus 知识产权执法标准强制性推广。

① India-EU generic drug row “resolved” at Brussels summit, BBC News, 10 December 2010.

第七章

TRIPS-Plus 知识产权执法对中国的影响

第一节　中国知识产权执法概况

一　中国知识产权执法现状

中国知识产权执法是行政执法与司法保护两条腿走路的“双轨制”。正如中国政府在向 TRIPS 理事会提交的评审报告中提到的，中国知识产权保护执法遵循的是“多管道平行与协调运作模式”（the pattern of Parallel Channels and Coordinated Operation）。当发生知识产权侵权时，权利人既可以向法院起诉，也可以向相关的行政管理机关提出申诉。一般受理知识产权案件的一审法院原则上是省、自治区或直辖市政府所在市的中级人民法院，以及最高人民法院指定的其他中级人民法院。所涉及的知识产权管理机关包括知识产权局、工商行政管理、文化管理、农业林业主管部门、公安、海关等部门，按不同的职能管理不同的知识产权类型或事项。这些知识产权管理部门可以采取各种处罚措施，包括侵权认定、责令停止侵权行为、没收销毁侵权商品与专门的制造工具、罚款等。中国自加入 WTO，在知识产权保护方面已经认真地履行了入世承诺，中国的知识产权立法已经达到了国际的先进水平，知识产权执法也取得了很大的成绩，但中国假冒和盗版的确还很泛滥，特别是在知识产权的执法和管理方面，中国还存在着许多不尽如人意的地方，甚至是比较突出的问题，屡遭其他国家的指责。

美国“特殊 301 报告”屡屡将中国列入“对美国知识产权没有给予充分保护的重点外国”和“重点观察国家”。1989 年美国第一次动用“特殊 301 条款”以来就将中国列为“重点观察国家”，从 90 年代以来在其“特殊 301 报告”中几度把中国列为“重点国家”（1990 年、1994 年、

1996 年)。期间，美国与中国达成三个谅解备忘录，以缓和当时报复与反报复措施局势，同时，中国自 1996 年以来也一直处于“306 监督条款”之列。自中国 2001 年加入世界贸易组织之后，美国对中国知识产权一直持观望态度。2005 年，美国又将中国列为“重点观察国”，2006 年及 2008 年“特殊 301 报告”有关中国知识产权执法的问题就占整个报告的 15 页。2004 年 10 月美国商务部部长埃文斯称，美国把知识产权保护状况列为其承认中国市场经济地位需要讨论的重要问题之一。2007 年 4 月美国对中国知识产权保护和实施提起 WTO 争端解决。可以看出，近年来，美国更关注于中国知识产权执法而非立法。美国相关学者也指出，中国知识产权存在较多问题，履行 TRIPS 协定义务较差，包括“缺乏透明度”、“非法治化”、“司法不独立”、“法律适用不统一”、“普遍存在腐败”、“地方保护主义”、“缺乏对知识产权的专业认识和尊重”等问题。① 此外，欧盟对中国知识产权执法也颇有微词。2009 年，欧委会在“对第三国知识产权执法策略”框架下，根据其 2008 年对欧盟海关、成员国政府部门、商业协会、权利人、欧盟及其成员国驻华机构的调查结果，公布了《2009 年知识产权执法报告》。报告根据知识产权保护和执法问题的严重程度，将相关国家分为三类，中国唯一被列入第一类国家，即知识产权保护和执法问题最严重的国家。② 因此，对美国和欧盟而言，中国知识产权执法属于问题最严重的国家之列。

二 影响中国知识产权执法的主要因素

有学者从中国传统文化出发，指出中国儒家文化对“窃书者不为窃”是持肯定态度的，儒家文化与知识产权在理念上是冲突的，儒家文明强调人的道德约束和集体意识，知识产权则是法治理念的产物，强调外在约束

① Danny Friedmann, How to Work within China's IPR Enforcement System for Trademark and Design Rights, http://www.nfprojects.nl/ipdragon/BMM_ Bulletin_ How_ to_ work_ within_ Chinas_ IPR_ enforcement_ system.pdf; Danny Friedman, Paper Tiger or Roaring Dragon, China's TRIPS Implementations and Enforcement, http://www.nfprojects.nl/ipdragon/Paper_ Tiger_ or_ Roaring_ Dragon.pdf; last visited on March 1, 2011; Samantha E. Wu, "Effective Enforcement of Intellectual Property Right in China: A Real Possibility", *Dartmouth Law Journal*, Vol. 4, 2006, pp. 30—46.

② 印尼、菲律宾、泰国和土耳其被列入第二类国家；美国、俄罗斯、加拿大、印度、巴西、韩国、阿根廷、以色列、马来西亚、乌克兰、越南被列入第三类国家。Commission of the European Communities, IPR Enforcement Report 2009, Brussels, SEC (2009) 1360, p. 4.

和个人权利，因此两者的这种结构矛盾在短期内难以克服。① 国外也有学者认为中国长期不重视私权的保护，因而也不重视私权之知识产权；同时中国人有“窃书不为偷”的逻辑，严重影响了知识产权执法。另外，中国普通老百姓收入不高，盗版产品迎合了中国消费者的消费水平。中国法院从心理层面上关注外国产品对中国消费者的伤害（强调民法、消费者权益保护法对国内消费者的保护），而不关注中国消费者或生产者对外国产品之知识产权的侵害。②

另有学者从中国本身的特殊国情出发，对中国知识产权执法做出了比较客观的评价，认为：首先，中国本质上既不属于发展中国家，也不属于发达国家，对于中国知识产权执法应该有特别对策。其次，经过调查和研究获取中国知识产权的执法数据是很重要的，通过可靠数据评估中国执法状况才是合理的，毕竟中国国情复杂，地域差异、文化差异会明显影响中国知识产权的执法。再次，中国政府需要开放信息，使外界各方能比较容易地获得中国知识产权执法的情况，要加强透明度。最后，外国政府不要一味指责中国，而应该对中国知识产权执法的能力建设提供帮助。③ 还有学者认为，中国的特殊国情加大了知识产权执法的难度。主要表现在：第一，中国区域发展极不平衡，经济、文化、社会发展差距大，其知识产权执法水平和知识产权管理参差不齐；第二，部门差异大，各行政部门资源、能力不同，各部门利益不同，联合执法难；第三，中国整体执法环境不佳，即使有个别人或部门能充分理解保护知识产权的重要性，愿意充分执法，但是可能是无效的，由于不能得到各方支持而归于失败；第四，从微观层面上看，中国技术实力增加后，不是侵权产品少了，而是更多了，因为有了更强的仿制、盗版能力；第五，消费环节对于产品影响大，必须控制消费环节；第六，中国正在经历其他国家或地区同样经历过的转变，即盗版和反盗版的斗争，各发达国家应该对此有耐心，中国的政策制定者

① Wei Shi, “Cultural Perplexity in Intellectual Property: Is Stealing a Book Elegant Offense?”, *North Carolina Journal of International Law and Commercial Regulation*, Vol. 32, 2006, p. 2.

② Ryan P. Johnson, “Steal this Note: Proactive Intellectual Property Protection in the PRC”, *Connecticut Law Review*, Vol. 38, 2006, pp. 1005—1039.

③ Kate Colpitts Hunter, “Here There be Pirates: How China Is Meeting Its IP Enforcement Obligations under TRIPS”, *San Diego International Law Journal*, Vol. 8, 2007, pp. 523—558.

必须推进改革以加速实现这种转变，赢得反盗版战争的胜利。①

三 《国家知识产权战略纲要》的出台

无论影响中国知识产权执法的因素是什么，中国在当前已经加大了知识产权执法的改革力度。2008 年 6 月中国正式颁布《国家知识产权战略纲要》，在战略重点中明确要求：健全知识产权执法和管理体制。加强司法保护体系和行政执法体系建设，发挥司法保护知识产权的主导作用，提高执法效率和水平，强化公共服务。深化知识产权行政管理体制改革，形成权责一致、分工合理、决策科学、执行顺畅、监督有力的知识产权行政管理体制。提高知识产权执法水平。对如何提高知识产权执法，《国家知识产权战略纲要》明确提出要：（1）完善知识产权审判体制，优化审判资源配置，简化救济程序。研究设置统一受理知识产权民事、行政和刑事案件的专门知识产权法庭。研究适当集中专利等技术性较强案件的审理管辖权问题，探索建立知识产权上诉法院。进一步健全知识产权审判机构，充实知识产权司法队伍，提高审判和执行能力。（2）加强知识产权司法解释工作。针对知识产权案件专业性强等特点，建立和完善司法鉴定、专家证人、技术调查等诉讼制度，完善知识产权诉前临时措施制度。改革专利和商标确权、授权程序，研究专利无效审理和商标评审机构向准司法机构转变的问题。（3）提高知识产权执法队伍素质，合理配置执法资源，提高执法效率。针对反复侵权、群体性侵权以及大规模假冒、盗版等行为，有计划、有重点地开展知识产权保护专项行动。加大行政执法机关向刑事司法机关移送知识产权刑事案件和刑事司法机关受理知识产权刑事案件的力度。（4）加大海关执法力度，加强知识产权边境保护，维护良好的进出口秩序，提高中国出口商品的声誉。充分利用海关执法国际合作机制，打击跨境知识产权违法犯罪行为，发挥海关在国际知识产权保护事务中的影响力。

---

① Peter K. Yu, "Complex Guoqing and Intellectual Property Reforms in China"; Peter K. Yu, "Intellectual Property, Economic Development, and the China Puzzle", in Daniel Gervais (ed.), *Intellectual Property, Trade and Development: Strategies to Optimize Economic Development in a TRIPS - Plus Era*, Oxford University Press, 2007, pp. 173—220.

第二节　TRIPS-Plus 知识产权执法在中国国内立法中的表现

对于 TRIPS-Plus 知识产权执法在中国国内立法中的表现，以边境知识产权执法为例。中国知识产权边境保护自中美两国知识产权谈判开始逐步实施，自 20 世纪 80 年代中期，中美两国政府就知识产权保护问题开始长达十几年的双边贸易谈判，1992 年两国政府达成《中美知识产权谅解备忘录》。《谅解备忘录》规定，“两国政府将在各自境内及边境采取有效的办法和救济，以避免或制止对知识产权的侵犯，并遏制进一步的侵犯。在采取这些办法和救济时，两国政府应提供禁止滥用的保障，并应避免为合法贸易制造障碍。”这是中国知识产权边境保护最早的法律依据。为有效实施《谅解备忘录》，在 1994 年第二次中美谈判过程中，国务院发布了《关于进一步加强知识产权保护工作的决定》，明确要求海关实施知识产权边境保护。随后海关总署发布公告，宣布侵犯受中华人民共和国法律和行政法规保护的知识产权的货物禁止进出境，同时向全国各口岸海关发出通知，要求各海关对其发现的侵犯知识产权的货物要一律予以扣留，从此中国海关开始履行知识产权边境保护职责。1995 年 7 月 5 日，国务院颁布了《中华人民共和国知识产权海关保护条例》，有关知识产权海关保护的法律正式形成，中国海关对知识产权的保护也进入了一个法制化和制度化的阶段。2000 年，全国人大修订《中华人民共和国海关法》，在第 44 条和第 91 条对知识产权保护做出了规定。2003 年 11 月 26 日国务院第 30 次常务会议通过新修订的《中华人民共和国知识产权海关保护条例》，《条例》规定，本条例所称的知识产权海关保护，是指海关对与进出口货物有关并受中华人民共和国法律、行政法规保护的商标专用权、著作权和与著作权有关的权利、专利权实施的保护。2004 年国务院颁布实施的《中华人民共和国行政处罚实施条例》，其第 25 条对进出口侵犯知识产权的行政处罚予以了明确规定。另外，国务院还于 2002 年颁布《奥林匹克标志保护条例》，2004 年颁布《世界博览会标志保护条例》，这些也赋予了海关执法的职责。中国海关实施知识产权边境保护和执法的法律依据主要包括：《海关法》、《知识产权海关保护条例》、《商标法》、《著作权法》、《专利法》、《奥林匹克标志保护条例》、《刑法》以及《刑事诉讼法》。

作为发展中国家一员，虽然中国积极借鉴有关发达国家的经验，遵守TRIPS 协定有关知识产权边境保护的专门规定，但以美国为首的发达国家并不满足于此，而是对中国知识产权海关保护颇多指责，并不断要求中国进一步加大知识产权海关保护。比如，美国商会在《有关中国知识产权执法评估和建议》① 的报告中指出，中国应（1）对海关查处的案件进行刑事调查，切实执行海关向警方移送案件的规定；（2）提高海关罚款的限额（目前为货物价值的30%，或者5 万元）；（3）明确规定进出口侵权产品为犯罪行为；（4）销毁所有查获的侵权商品，不得拍卖或捐献；（5）简化权利人要求海关执法的程序，包括减少依职权查处案件的担保金，由侵权人承担采取法律行动期间的仓储费用；（6）设计推广海关执法的示范程序，内容包括：统一的担保规定；与权利人合作，改进执法，降低成本，共享信息；行政行动与地方法院、公安及其他部门调查之间的有效合作；提高公众意识，以实质性降低侵权水平和跨境运输；与外国执法机构合作；（7）要求各级海关加大查处侵权产品出口的力度，并且提供充分的资源和手段。上述每一项建议明显反映美国加大中国知识产权海关执法的意图。

事实上，中国边境知识产权执法标准比 TRIPS 协定规定的高很多。首先，在执法范围上，一般做法只查冒牌商品和盗版作品，中国除这二者外，还查处专利侵权产品。欧盟在专利边境保护中，仅限于对进口环节商品的依申请保护，把专利边境保护排除在海关依职权主动保护之外。美国不但彻底把专利排除在海关依职权主动保护之外，而且在海关对进口环节商品的依申请被动保护中，只实施专利监测。有学者认为，对专利侵权嫌疑货物，海关如做形式审查，则无法真正确定是否侵权，并有可能陷入被告席；如做实质审查，实践中不可行；借助专利管理机关出具技术判定，判定书的法律地位尚有待明确。因此，应取消海关在专利权边境保护中依职权主动扣留权，对于专利权边境保护，应只赋予海关依申请被动扣留权。② 其次，在执法环节上，一般的做法只查进口，中国既查进口，也查出口。中国主动地在出口环节实施知识产权保护对于打击假冒和盗版，效

① U. S. Chamber of Commerce, *China's IPR Enforcement Assessment and Recommendations*, November 2006, p. 11.

② 余翔、李新江：《强化执法力度——中国海关知识产权保护问题探析》，《国际贸易》2003 年第 12 期，第 46 页。

果显著。从 2009 年海关查获的侵权物资看，出口货物仍占绝大多数。商品数量和价值分别占全部侵权商品的 99.9% 和 99%。[①]

因此，中国边境知识产权执法高于 TRIPS 协定所规定的标准，WTO 专家组在 2007 年《美国诉中国知识产权保护和执法案》中也明确指出中国的海关执法不仅适用于进口货物，也适用于出口货物，中国实施了比 TRIPS 协定规定的最低标准更高的执法措施，肯定了中国边境知识产权执法体系。

第三节 中国双边和区域协定中的 TRIPS-Plus 知识产权执法

一 自由贸易协定

近几年，在自由贸易协定发展如火如荼的基础上，中国也积极参与自由贸易协定的签署。2000 年 4 月中国加入《亚太贸易协定》，这是中国加入的第一个具有实质性优惠安排的区域贸易协议。2005 年 11 月，中国政府和智利政府签署《中国—智利自由贸易协定》。2006 年 11 月中国和巴基斯坦签署《中国—巴基斯坦自由贸易协定》。2008 年 4 月中国与新西兰签署《中国—新西兰自由贸易协定》，该协定是中国与发达国家达成的第一个自由贸易协定。2009 年 4 月 28 日，中国与秘鲁签署《中国—秘鲁自由贸易协定》截止目前，中国在建自贸区 19 个，涉及 32 个国家和地区。其中，已签署自贸协定 14 个，涉及 22 个国家和地区，分别是中国与东盟、新加坡、巴基斯坦、新西兰、智利、秘鲁、哥斯达黎加、冰岛、瑞士、韩国和澳大利亚的自贸协定，内地与香港、澳门的更紧密经贸关系安排（CEPA），以及大陆与台湾的海峡两岸经济合作框架协议（ECFA），目前除韩国、澳大利亚自贸协定均已实施；正在谈判的自贸协定 7 个，涉及 22 个国家，分别是中国与海湾合作委员会（GCC）、斯里兰卡和挪威的自贸协定，以及中日韩自贸协定、《区域全面经济合作伙伴关系》（RCEP）协定和中国—东盟自贸协定（“10 + 1”）升级谈判、中国—巴基斯坦自贸协定第二阶段谈判。[②] 美国与欧盟尚未与中国签订双边自由贸易协定，因

---

① 《海关全面实施进出口贸易领域知识产权保护》，《中国保护知识产权网》2010 年 4 月 29 日。

② 中国自由贸易区服务网，http：//fta.mofcom.gov.cn/（2015 年 6 月 18 日访问）。

此，以美欧为首的发达国家通过自由贸易协定推行 TRIPS-Plus 知识产权执法的策略对中国的影响尚小。

中国自由贸易协定对知识产权执法做了相应规定，比如通知另一方有关知识产权体系执行中的变化和进展情况，促进知识产权快速有效地注册；就加强知识产权执法及在多边和区域场合的相关倡议进行信息交流。① 在有关边境执法措施的规定中，要求：各缔约方必须规定，任何知识产权权利人启动程序要求海关中止放行涉嫌假冒商标或者盗版的货物进入自由流通领域的，需要向主管机关提供足够的证据来使其确信，根据该缔约方的法律规定，已有初步证据证明该权利人的知识产权已经受到侵害，并且提供充分的信息让涉嫌货物能够被海关合理地辨认，提供的充分信息不应不合理地妨碍适用上述程序；各缔约方应该给予主管机关权力，以要求申请人提供足以保护被告和主管机关以及防止滥用权利的合理的担保或者相当的保障，上述保证金或者相当的担保不应不合理地妨碍适用上述程序；当主管机关裁定货物系假冒商标或者盗版时，该缔约方应给予主管机关权力，以应知识产权权利人的要求向其告知发货人、进口商和收货人的姓名和地址以及涉嫌货物的数量；各缔约方应当规定允许主管机关依职权启动边境措施，而不需要来自某人或者某知识产权权利人的正式控诉。上述措施应在有理由相信或者怀疑正在进口、出口或者转运的货物系假冒商标或者盗版时采用。②

除了执法环节既包括进口还包括出口及转运外，上述边境知识产权执法措施基本上与 TRIPS 协定的规定相符合，但其适用范围也只适用于假冒商标或盗版。因此，TRIPS-Plus 知识产权执法在中国自由贸易协定中的表征并不明显。

二 投资协定

投资协定也会涵盖相关知识产权条款，以《中国—东盟自贸区投资协议》为例。2009 年 8 月 15 日，第八次中国—东盟经贸部长会议在泰国曼谷举行，商务部陈德铭部长与东盟 10 国的经贸部长共同签署了《中国

① 《中国—新西兰自由贸易协定》第一百六十三条。

② 《中国—秘鲁自由贸易协定》第一百四十七条、《中国—哥斯达黎加自由贸易协定》第一百一十四条、《中国—智利自由贸易协定》第十一条、《中国—巴基斯坦自由贸易协定》第十条。

—东盟自贸区投资协议》（简称《投资协议》）。《投资协议》总共包含27个条款，该协议通过双方相互给予投资者国民待遇、最惠国待遇和投资公平公正待遇，提高投资相关法律法规的透明度，为双方投资者创造了一个自由、便利、透明及公平的投资环境，并为双方的投资者提供充分的法律保护，从而进一步促进了双方投资便利化和逐步自由化。《投资协定》规定，投资是指一方投资者根据另一缔约方相关法律、法规和政策在后者境内投入的各种资产，包括但不限于：(1）动产、不动产及抵押、留置、质押等其他财产权利；(2）股份、股票、法人债券及此类法人财产的利息；(3）知识产权，包括关于版权、专利权和实用模型、工业设计、商标和服务商标、地理标识、集成电路设计、商名、贸易秘密、工艺流程、专有技术及商誉等权利；(4）法律或依合同授予的商业特许经营权，包括自然资源的勘探、培育、开采或开发的特许权；(5）金钱请求权或任何具有财务价值行为的给付请求权。① 各缔约方应基于另一方投资者的投资公平和公正待遇，提供全面保护和安全。其中，公平和公正待遇是指各方在任何法定或行政程序中有义务不拒绝给予公正待遇；全面保护与安全要求各方采取合理的必要措施确保另一缔约方投资者投资的保护与安全。②

因此，中国所签署的投资协定对于知识产权的定义规定也比较广泛，包括版权、专利权和实用模型、工业设计、商标和服务商标、地理标识、集成电路设计、商名、贸易秘密、工艺流程、专有技术及商誉等权利。虽然，如本文第四章所言，除了投资定义广泛外，BITs 中的公平与公正待遇正在缩减发展中国家利用 TRIPS 协议变通性规定的自由选择空间，造成发展中国家在 TRIPS 协议项下的特殊和差别待遇落空。③ 但中国投资协定尚未具体规定相关执法程序，即使涉及知识产权规定，根据国民待遇原则，也最终会指向本国国内法规定，而中国目前的国内法规定是符合中国自身国情的。另外，美国也尚未与中国签订双边投资协定。2013 年 7 月 10 日至 11 日的第五轮中美战略与经济对话（S&ED）中，中美同意就双

① 《中华人民共和国政府与东南亚国家联盟成员国政府全面经济合作框架协议投资协议》第一条。

② 《中华人民共和国政府与东南亚国家联盟成员国政府全面经济合作框架协议投资协议》第七条。

③ 李凤琴：《双边投资协定中的 TRIPS-Plus 标准研究》，《世界贸易组织动态与研究》2009 年第 3 期，第 16 页。

边投资协定进行实质性谈判，但估计至少要两年才能最终达成。不过高科技产业是美国当前最具有竞争力的产业，美国向中国高科技产业的投资是美国为其带来巨大经济利益的关键，其中必然会涉及知识产权问题，以及有关知识产权投资的国民待遇问题，这需要我们引起重视。

三　知识产权协定

在知识产权协定方面，1995 年 3 月中国和美国签署《中美贸易协议》，该协议实质上是有关知识产权保护和执法的协议，由中美两国政府关于知识产权问题的换文和其附件《有效保护及实施知识产权的行动计划》构成。1996 年 6 月中国和美国又签署《中美知识产权谅解备忘录》。1996 年中国和俄罗斯签署《中俄知识产权合作协定》。1998 年中国和法国签署《中法知识产权合作协定》，并与意大利等国签订科学技术合作协定。其中，最具 TRIPS-Plus 性质的是 1995 年的《中美贸易协议》，其核心是 1995 年《有效保护及实施知识产权的行动计划》（简称《行动计划》），该《行动计划》集中于知识产权执法方面，所具有的 TRIPS-Plus 知识产权执法特征主要表现在：

1. 扩大执法保护环节。《行动计划》规定，所有海关将进一步加强对所有进出口货物的知识产权保护。

2. 强化海关依职权行为。海关将基于侵权嫌疑而依照职权（即无需权利人的请求）、应权利人及其代理人的请求或随复查验著作权和商标权有关的各类进出口货物，以判定其是否为侵权货物。

3. 加大海关负担。海关应在尽可能的情况下对嫌疑货物和合法货物进行比较，检查嫌疑货物及有关运输工具，检查海关监管下而又涉嫌侵权的工厂和仓库，审查侵权案件有关的文件和资料。在此过程中，海关应检查侵权证据、其他侵权货物及用于制造侵权货物的材料和设备。

4. 对构成犯罪嫌疑的案件和超越海关权限的案件，海关应自扣留之日起二十个工作日内通知将海关合作查处此类案件的检察机关、公安机关或其他有关行政执法部门。

5. 加大海关权力。海关应对侵权人予以严厉的行政处罚。

6. 建立中央备案系统。海关将于 1995 年 12 月 31 日之前建立保护著作权和商标权的中央备案系统。备案有效期应不少于七年或到著作权或商标权失效为止，以更短者为准，到期以后可以续展。

《行动计划》是在中美知识产权争端激烈的情况下美国对中国知识产权保护和执法提出的要求，虽然其一定程度上具有 TRIPS-Plus 知识产权执法特征，但中国对这些要求予以了接受，并呈现在后来的知识产权保护法中。

第四节　小结

自加入 WTO，我国知识产权立法已经达到了国际的先进水平，知识产权执法也取得了很大的成绩，但我国假冒和盗版的确还很泛滥，特别是在知识产权的执法和管理方面，我国还存在着许多不尽如人意的地方，甚至是比较突出的问题，屡遭其他国家的指责。由于美国与欧盟尚未与我国签订双边自由贸易协定，也未与我国签订投资协定。因此，以美欧为首的发达国家通过自由贸易协定和投资协定推行 TRIPS-Plus 知识产权执法的策略对中国的影响尚小。但面对发达国家推行 TRIPS-Plus 知识产权执法的趋势，中国应清醒地认识到知识产权国际立法中因不同个体主体参与而导致的偶然性比其他国际立法中的偶然性更大，因为它涉及的是具有人为特征保护对象不确定的知识的保护规则，知识产权国际立法很容易被人为操控。[①] 另外，中国作为世界上最大的发展中国家，作为涉嫌侵犯知识产权产品最多的国家，在发达国家推行 TRIPS-Plus 知识产权执法战略的时代，终不会不受影响，因此，我国有必要加大对知识产权执法领域的研究，针对国际知识产权领域的最新趋势，制定一套完善的对内对外战略。在国际层面，为防止发达国家操控知识产权的国际立法，中国应积极参与各个场所的谈判，并发挥应有的作用。另外，随着国际贸易的迅速发展，科技水平的大幅提高，侵犯知识产权的手法日益隐蔽和多样化，侵权贸易数额也呈上升趋势，这导致知识产权执法的工作难度加剧。具体表现在：一是侵权案件数量大，执法负担重；二是社会各界特别是企业的知识产权保护意识相对淡薄；三是不法分子侵权手段层出不穷；四是执法机关的衔接合作还不到位，还存在地方保护主义现象。因此，在国内层面，中国应加强同知识产权权利人、企业、非政府组织、高校以及各部门之间的密切

---

① 王太平、熊琦：《TRIPS 协定的立法动力学分析》，《知识产权》2008 年第 1 期，第 12 页。

合作，共同商讨应对策略。中国执法机关也要以积极的态度介入到知识产权保护中，使知识产权权利人与合法持有人充分享有权利和利益，在社会上形成尊重智利劳动的氛围，有利于中国知识产权发展模式的成型。

第八章

TRIPS-Plus 知识产权执法：结论及建议

第一节　TRIPS-Plus 知识产权执法带来的影响

在 TRIPS 协定建立后的最初，发达成员要求发展中成员遵守国内知识产权立法的要求，随着时间的推移，执法问题开始成为发达成员关注的主要问题。发达成员不仅推动发展中成员遵守 TRIPS 知识产权执法标准，还在不同国际场所（包括 WIPO、WHO、WCO 等）推行更高的标准，然而多边途径似乎未获得成功，而双边和区域途径由于参与成员方少则显得更易实施。这导致最近签署的 FTAs 或 RTAs 往往涵盖一些知识产权条款或知识产权章节，这些规定要求签署国遵守高于 TRIPS 协定的执法标准。随着 FTAs 和 RTAs 的迅速增加，“TRIPS-Plus 知识产权执法趋势”比以往任何时候都显得突出，对 TRIPS-Plus 知识产权执法所带来的影响，我们应予以重视。

一　带来潜在的冲突和法律的不确定

由于 TRIPS 协定要求的是知识产权保护和执法的最低标准，成员可实施更广泛的保护和执法标准，这给予了 WTO 成员很大的自由裁量权。WTO 成员可自行制定知识产权法律法规，自由签署有关知识产权保护和执法的协定。而在制定知识产权保护和执法的标准时，由于各成员经济发展水平以及经济结构的不同，其执法措施会有所不同。比如，对于在边境执法过程中的平行进口问题，各国规定就很不一样。“平行进口”（parallel import）又称为“灰色市场进口”，是指在国际贸易中，当某一知识产权人的知识产权获得两个以上国家的保护时，未经知识产权权利人或者独占许可证持有人的许可，第三人所进行的进口并销售该知识产权产品的行为。由于平行进口涉及平行进口商、国内商标权人或商标被许可人、消费者利益和国家利益等，出于各自利益的考虑，各国法律和政策不一。TRIPS 协定对平行进口规定并未做具体规定。美国作为知识产权大国，早期是允许平行进口的，但是后来，为了防止商标所有人的声誉受到影响或避免造成混淆，原则上反对平行进口，但存在例外情况。根据美国《关税法》第 526 条及相关判例规定，平行进口属于违法但也允许有例外，即经美国商标权人书面同意或进口商与商标权人有关联关系时，平行进口是合法的。日本在上世纪 60 年代以前反对平行进口，但在 1970 年 PARKER 案中高等法院认定有条件地允许平行进口。在欧洲，欧盟成员国之间的平行进口是合法的，与欧盟以外的其他国家的平行进口将被视为违法行为，予以禁止。欧盟 1383/2003 号条例明确规定平行进口问题不受欧盟知识产权海关保护制度的规制。[①] 英国《商标法》第 4 条第 3 款则允许带有商标货物的平行进口，韩国 1973 年《商标法》第 36 条第 2 款和挪威 1973 年《商标法》第 4 条则认为平行进口违法。

但是 TRIPS 协定在赋予 WTO 成员自行制定知识产权法律法规时，也同样规定了一些限制条款。首先，这些更高保护标准不能违背 TRIPS 协定规定；其次，成员应保证知识产权执法的措施和程序不能构成合法贸易的障碍；再次，TRIPS-Plus 执法标准不应限制 TRIPS 协定建立的灵活性条款和例外规定；最后，根据 GATT 第 20 条序言的规定，在遵守关于此类措施的实施不在情形相同的国家之间构成任意或不合理歧视的手段，或构成对国际贸易的变相限制的要求前提下，人们可能会质疑这些更广泛的保护，或 TRIPS-Plus 条款是否会违反 TRIPS 协定，或 WTO 框架下的其他协定。巴西和印度提起的有关欧洲和荷兰扣押转运通用药品案就是很好的“例证”。FTAs、RTAs 及有关知识产权区域协定中的国民待遇及最惠国待遇原则也会带来一些冲突。由于这些协定中各自所涵盖的保护标准或范围都不相同，但都包括国民待遇和最惠国待遇原则，因此就会存在非常严重的潜在冲突和不确定性，实施这些条款也将显得异常艰难。

二　扰乱国际合法贸易

TRIPS 协定开宗明义期望减少对国际贸易的扭曲和阻碍，并考虑到需

---

① Article 3（1）of the Council Regulation（EC）No 1383/2003.

要促进对知识产权的有效和充分保护，并保证实施知识产权的措施和程序本身不成为合法贸易的障碍。另外，在知识产权执法部分，TRIPS 协定第 41 条第 1 款规定，这些程序的实施应避免对合法贸易造成障碍并为防止这些程序被滥用提供保障。然而 TRIPS-Plus 知识产权执法标准却使知识产权国际法律制度变得相当复杂并且难以预期，对国际合法贸易也会带来消极影响。比如，如果海关扣留嫌疑假冒或盗版货物的门槛降低了，那么任何权利人只要有一点证据就能阻止贸易，海关依职权也可扣留该货物，很多时候这会造成难以弥补的巨大损失。对出口货物、转运货物以及专利产品等实施的边境执法易被国际贸易的竞争者或对手使用，故意提起涉嫌侵犯知识产权的诉讼，阻碍产品的过境，在时间上拖延对方竞争者的贸易，最终会阻碍合法贸易的流通。

由于发展中国家的货物和服务对发达国家开始构成竞争，TRIPS-Plus 知识产权执法措施试图创设新的"非关税"贸易壁垒，从而对发展中国家的出口商构成障碍。《印度和巴西向 WTO 诉欧共体和荷兰扣押转运通用药品案》即是 TRIPS-Plus 知识产权执法扰乱国际合法贸易的很好例证。另外，双边、区域协定及诸边协定比如 ACTA 中涵盖的 TRIPS-Plus 执法标准不仅会使实施知识产权私权的成本，由私人转移给政府、消费者和纳税人，而且也会威胁合法贸易商及生产商的权利，扰乱国际合法贸易。

三　破坏 TRIPS 协定所确定的平衡

TRIPS 协定的谈判经历了一个冗长的过程，是在各种矛盾与协调中建立的各方利益平衡的结果。TRIPS 协定第 7 条在明确承认知识产权为私权的同时，也明确了知识产权保护的目标应有助于促进技术革新及技术转让和传播，有助于技术知识的创造者和使用者的相互利益，并有助于社会和经济福利及权利与义务的平衡。TRIPS 协定第 8 条第 1 款规定，在制定或修改其法律和法规时，各成员可采用对保护公共健康和营养，促进对其社会经济和技术发展至关重要部门的公共利益所必需的措施。TRIPS 协定第 8 条第 1 款也指出，需要采取适当措施以防止知识产权权利持有人滥用知识产权或采取不合理地限制贸易或对国际技术转让造成不利影响的做法。这些目标和原则性规定至少体现了以下几个方面的平衡：一是发达国家和发展中国家的平衡。当发展中国家同意将 TRIPS 协定纳入 WTO 框架内时，发展中国家也期望发达国家能将农业和纺织品纳入 GATT 中；二是人类整体健康利益和私人垄断利益之间的平衡；三是技术创新和技术转移和传播之间的平衡；四是技术的创造者和使用者之间的平衡；五是经济利益和社会福利之间的平衡。对边境知识产权执法而言，还包括海关执法的有效性与快捷性之间的平衡。但由于知识产权自一开始就是发达国家维护自身利益的工具，对于经济科技水平具有明显差距的发达国家和发展中国家而言，实施 TRIPS 协定所规定的同一执法标准本身就是一种失衡，是以形式上的平等掩盖实质上的不平等。而当前发达国家所推行的 TRIPS-Plus 知识产权执法标准则进一步加大了权利人的利益，造成知识产权权利人与使用者之间利益的失衡，进一步压缩了发展中国家基于 TRIPS 协定灵活性条款而享有的政策选择空间。

TRIPS 协定关于目标与原则的规定为各方利益的平衡提供了重要的整体框架，是衡量各国知识产权执法是否充分和有效的总体标准，也是衡量 TRIPS-Plus 知识产权执法是否合法合理的理论依据。因此首先不能只强调某一方面的利益而忽视其他方面的利益，特别是不能一味加大知识产权权利人的利益而不顾公共利益和社会整体利益，因为个体利益和公共利益作为一对矛盾体，是相互依存的，对知识产权制度来说二者是缺一不可的。忽视对个体利益的尊重和保护或过于强调公共利益，科学技术知识的创新和发展必将停滞不前，个人利益和社会利益都将严重受损；但若一味强调对个体利益的尊重和保护，而忽视公共利益甚至不惜损害公共利益，知识产权制度就失去了其存在的根基。[①] 其次，也不能成为发达国家维护自身经济利益的工具而无视发展中国家自身国情和利益的需求。重大国际法律的制定和实施无一不受政治经济强国的意志支配，但发达国家如果只将自己的利益放在第一位，甚少考虑发展中国家特殊需要，其最终结果必将失败。再次，不能打破海关执法的有效性与快捷性之间的平衡。知识产权中权利的享有者和义务的承担者都是权利人，在边境执法环节，权利人有义务承担相关费用及负担，不能盲目地增加海关负担。况且，发达国家和发展中国家经济发展阶段不同，国家执法机关所享有的资源和具备的能力水平还有很大差异，发达国家所追求的一套执法方式，甚至“一刀切”的方式，不能适应于发展中国家。

① 杨国华：《中国加入 WTO 法律问题专论》，法律出版社 2002 年版，第 257 页。

四 导致更大的贸易制裁和压力

TRIPS 协定签订后，美欧等发达国家密切注意发展中国家是否遵守和实施了 TRIPS 协定有关知识产权保护和执法的规定。美国每年根据“特殊 301 条款”发布“特殊 301 报告”，把在知识产权保护方面与美国有一般纠纷的国家列入“观察名单”，把在知识产权保护方面与美国有较大纠纷的国家列入“重点观察名单”，把已列入“重点观察名单”且在 1 年内没有采取重大措施的国家列入“重点国家名单”。欧盟在 2004 年通过《在第三国知识产权执法的战略》，每年公布《知识产权执法报告》，报告根据知识产权保护和执法问题的严重程度，将相关国家分为三类，确定优先国家。被美国列入“特殊 301 报告”名单之列的国家以及被欧盟列入“优先国”的国家，在知识产权保护和执法方面就会面临很大的压力，一旦没有多大改善，就可能遭致贸易制裁。TRIPS-Plus 协定及其所涵盖的 TRIPS-Plus 知识产权执法条款则进一步加大知识产权执法标准和力度，消除弹性条款和例外条款的模糊性和不确定性，减损 TRIPS 协定中对发展中国家做出的优惠安排，并限制发展中国家援引这些弹性条款和例外条款。

总之，一方面，实施 TRIPS 协定所确立的知识产权执法标准对发展中国家而言负担已经相当沉重，现在，TRIPS-Plus 知识产权执法标准的建立和推广无疑是雪上加霜，使发展中国家面临更加不利的地位。诚然，发展中国家选择签订具有 TRIPS-Plus 知识产权执法标准的 FTA 或 BIT 等，也是经过再三权衡做出的自主政策选择，目的是换取发达国家的外资投资和市场准入。但事实证明，发展中国家以牺牲其知识产权利益所换来的市场准入并不十分理想，简单的关税减免并不意味着发展中国家的商品能畅通无阻地进入发达国家的市场。[①] 另一方面，根据条约必须信守原则及《维也纳条约法公约》第 27 条的规定，条约当事国不得援引其国内法规定作为理由而不履行条约。如果发展中国家签署了这些涵盖 TRIPS-Plus 知识产权执法标准的双边、区域、诸边或多边协定，则一旦发展中国家无能力实施这些执法标准或实施不力，就会遭到发达国家的贸易制裁或在

① 黄玉烨：《知识产权协定在发展中国家的实施》，载吴汉东主编《知识产权国际保护制度研究》，知识产权出版社 2007 年版，第 214 页。

WTO 争端解决机构被诉，承担国家责任，被诉的结果或者是做出让步修改国内法，或者是承受来自美国和欧盟等国家的贸易报复。

第二节　发展中国家的对策研究

由于立场的不同，发达国家与发展中国家对 TRIPS 协定的认识也完全不同，发达国家认为 TRIPS 协议是一个底限，而不是上限，TRIPS 文本的规定为 WTO 成员国的知识产权给予了最低水平的保护，而发展中国家则认为遵守 TRIPS 协定规定已经对自身造成了很大负担。在发达国家不断推行更高知识产权保护和执法的同时，我们应该看到：首先，知识产权法是否真的给发展中国家带来更多的投资和技术转移并不明确。相比大量有关知识产权保护对发达国家的影响研究而言，有关对发展中国家的影响的实证数据则微乎其微，并且总体上对知识产权保护和经济发展之间关系的研究也较模糊。其次，在过去几十年经济高速发展的国家是在知识产权保护低水平保护的基础上发展的。Ha-Joon Chang 从历史的角度对知识产权保护和经济发展之间的关系做相关研究后指出，发达国家应该承认，当它们自己还是发展中国家时，它们有过各种各样的非法行为，包括对知识产权的侵犯（尤其是对外国公民的知识产权的侵犯）。这意味着，它们可以被指责为坚持让发展中国家适用严格的知识产权体制是“撤掉发展中国家向上攀登的梯子”。再次，即使从一个更技术化的角度，也应该承认，发展中国家需要不同于发达国家的知识产权体制。当前的 TRIPS 机制多多少少承认了这一点，但仅限于“最不发达国家”，对发展中国家还应有更多的条款。应允许发展中国家对知识产权实行较弱的保护（比如实施较短的专利期、更容易的强制许可和强制生产），并对特许权支付较低的费用（根据国家支付的能力）。① 面对以美欧为首的发达国家推行 TRIPS-Plus 知识产权执法的战略，发展中国家应采取以下策略：

一　“消极接受”、“联合抵制”还是“合作博弈”

发展中国家当初接受 TRIPS 协定，有着自身的利益考量。一是乌拉

---

① Ha-Joon Chang, “Intellectual Property Rights and Economic Development: Historical Lessons and Emerging Issues”, *Journal of Human Development*, Vol. 2, 2001, p. 304.

圭回合谈判实现了发展中国家的某些利益诉求（如规定减让关税的宽限期、取消市场配额限制等），因此发展中国家接受 TRIPS 协定，不是完全的让步而是有偿的交换；（2）知识产权保护不仅是一种国际经贸秩序，而且也是新兴的工业化国家自身发展的需要。① 但是长期以来，在国际知识产权领域，西方国家才是主导者，发展中国家只是接受者或者参与者。回顾过去美国和欧盟有关知识产权的谈判记录，发展中国家不可能期待在双边或多边文本中，发达国家会有丝毫让步。发达国家确实能够通过贸易制裁威胁收回对外救济，抽逃投资以及拒绝对发展中国家的技术转移达到其目的，而发展中国家却不能通过以上任何一种方式威胁到以美国为首的发达国家。因此，发展中国家必须“自救”，并且认识到美国和欧盟为保护其经济利益所推行的全球知识产权棘轮效应仍会继续，对于发展中国家的发展需要，发达国家只会极少考虑。

后 TRIPS 时期，发达国家积极在各个场所推行 TRIPS-Plus 知识产权执法，它们是主动的、积极的。对此，发展中国家以及最不发达国家应该采取什么样的态度？是“消极接受”还是“联合抵制”抑或“合作博弈”？“消极接受”是不可能的，即使在 TRIPS 协定谈判期间，发展中国家也意识到要争取自身的利益。“联合抵制”是很多学者的观点，但是，事物的发展总是向前的，美国和欧盟已经在单边、双边、区域和多边层面推行 TRIPS-Plus 知识产权执法，虽然多边层面的策略由于发展中国家的联合抵制大多以失败告终，但单边、双边和区域层面的 TRIPS-Plus 知识产权执法已经存在。另外，科学技术的发展是人类无法预料的，现有的知识产权执法规定随着时代的进步和科技的提高必然在某些方面会有所落后，法律的完善和修订也应与时俱进。在多边场所的“联合抵制”会挫败发达国家的策略计划，但发达国家特别是美国和几乎所有贸易国都在最近缔结了或即将缔结 FTAs，如果历史再次重演，更高知识产权执法的多边标准还是可能即将到来。双边和区域层面谈判所掀起的浪潮并不代表多边主义不再重要或已经“过时”，恰恰相反，由于多边协定是使标准得到更改的重要载体，并且能够使法律得到协调化和一体化，因此，一旦各国签订足够多的包含许多相似条款的双边或区域协定，多边协定的签订也会

① 吴汉东：《中国知识产权法制建设的评价与反思》，《中国法学》2009 年第 1 期，第 53 页。

变得容易得多。双边或区域协定所创设的共同谈判立场为多边协定的签订起到了“实验室”的作用，对于大多数发展中国家而言，要清醒地认识到此种现状及可能带来的结果。采取“完全抵制”的态度会导致国际谈判停滞不前，事实上，也无法阻挡发达国家在双边和区域场所的步伐。

多哈回合的“死”，其原因就在于各主要攸关方顾其利益、固执己见、不愿妥协、不作让步。其最终失败，是发达国家之间相互推诿、发达国家和发展中国家彼此猜忌的结果。而当今世界，各国经济的发展已“休戚相关、荣辱与共”，因此，特别需要有一个相互了解、相互体谅、相互宽容的和谐的国际合作氛围。① 因此，对于发达国家当前推行 TRIPS-Plus 知识产权执法的战略，采取“合作博弈”的态度才是最佳策略。发达国家与发展中国家之间的博弈是一场实力与技巧的博弈，发展中国家只有联合起来，一方面，在不同场合充分利用知识产权国际公约所规定的弹性条款和开放性条款，共同质疑 TRIPS-Plus 协定的公平性和合法性，坚持以“发展”为导向的方式。过去的经验表明，即 2001 年《关于 TRIPS 协定与公共健康的多哈宣言》以及 2007 年《WIPO 发展议程》的通过，只要我们主动联合起来，明确提出自己的制度见解和方案，并在此基础上，争取更多主体的理解和支持，包括非政府组织、公共利益团体、市民社会的积极参与，就一定能突破发达国家推行知识产权国际新规则的霸权地位。另一方面，要根据本国的具体国情和知识产权执法状况制定合适的知识产权执法战略。

二 推动 WIPO 促进发展的目标

知识产权执法应考虑更广泛的社会利益以及与发展有关的问题，TRIPS 协定引言中就包括：承认知识产权为私权，承认保护知识产权的诸国内制定中被强调的保护公共利益的目的，包括发展目的与技术目的，TRIPS 协定第 7 条规定，知识产权保护和执法应有利于促进技术的革新、技术的转让与技术的传播，应有利于以社会及经济福利的方式去促进技术知识的生产者与技术知识使用者互利，并促进权利与义务的平衡。2002 年，WIPO 执法咨询委员会（ACE）的成立表明 WIPO 大会关注知识产权执法问题，ACE 不能只从知识产权权利人的角度考虑执法问题，也不能

① 姚国会：《多哈回合死了，WTO 哭了》，《经济》2006 年第 9 期，第 33—34 页。

只讨论如何制止或控制知识产权侵权，ACE 应考虑如何最好地保证与 TRIPS 有关的所有执法条款，包括那些追究权利人义务的条款。发展中国家优先考虑或需要解决的是减少贫穷，推动社会经济的发展，每个国家都有自主决定其优先发展事项的权利，推动知识产权不应只是推动知识产权，保护知识产权，而应将其作为促进发展的工具，知识产权执法也不应违背发展目标，而应作为实施发展目标的政策工具。

2007 年，世界知识产权组织通过有关“WIPO 发展议程”的行动建议，该议程的通过是发展中国家在努力推动发展、知识产权和创新史上的一座里程碑，历经 3 年谈判提交了 45 份建议稿。WIPO 发展议程则要求 WIPO 在对知识产权、创新、社会文化和经济发展更广泛的认识基础上，调整其行动及起到应有的作用，在开发全球知识产权政策中完全纳入发展理念，而不只是提供技术帮助和能力建设。WIPO 发展议程在以下几个主要方面进行了改动和提高：（1）联合国体制下所追求的共同发展目标，包括《千年宣言》所涵盖的目标；（2）创新和获得知识的机会；（3）WIPO规则制定应涵盖一切，由成员国驱动并考虑不同的发展水平以及平衡知识产权保护和执法的成本收益率；（4）知识产权影响研究，WIPO 将基于基础性的政策尺度开展不同影响的研究以保证政策制定中实施体系化的、正式的以及客观的研究；（5）提高促进发展（pro-development）的技术援助并改变 WIPO 的工作方式，发展将作为 WIPO 所有活动必不可少的一部分。

总之，WIPO 被要求在支持国家科技能力，促进获得知识，开发创新机制，考虑并维持公共领域的知识，保证规则制定及所有活动都能有效促进发展方面起到积极的作用。许多发展中国家屈服于知识产权的国际压力而签订自由贸易协定，根据 TRIPS-Plus 标准调整国内法律并给予政府在知识产权执法中的突出作用，然而，越来越多的发展中国家也逐步利用国际知识产权体制中的灵活性条款以适应本国的经济发展需要，对《WIPO 发展议程》，发展中国家可采取以下实施办法：保证相关程序以成员驱动的方式开展；监督 WIPO 完全遵守所有建议稿事项，特别是那些要求改变目前工作方式和活动的事项；保证建议的全部实施并使每一建议生效；识别出实施相关建议所采取的具体活动；建立相应的机制以提高发展中国家之间的合作，以及来自于市民社会利益攸关者的支持；促进发展的《发展议程》不应局限于 WIPO 体制内，也应体现在国内层面的知识产权政策制定中。[①]

一些发展中国家寄希望于《WIPO 发展议程》，从而在知识产权和发展问题上能更多以发展为导向，能反映当地国的经济发展水平。《WIPO 发展议程》反映了发展中国家对发达国家通过自由贸易协定逐步推行更高知识产权保护和执法标准的反抗。该项运动一定程度上取得了成功，因为 WIPO 开始被作为一个“促进发展”的组织。但《WIPO 发展议程》的最终影响力将取决于政策制定者和贸易官员，另外，《发展议程》近年来也被涵盖 TRIPS-Plus 知识产权保护和执法标准的自由贸易协定减损。对此，发展中国家可要求 TRIPS 委员会审查这些自由贸易协定是否违反多边知识产权标准，并且可通过 WTO 贸易政策审查机制评估高标准的知识产权是否会阻碍“促进发展”的目标。

三　充分发挥非政府组织的作用

许多从事知识产权事务的非政府组织（NGOs）的出现，为发展中国家和非政府组织之间的联合提供了空间。发展中国家联合非政府组织在某些情况下能够带来全球规则的改变，对于知识产权规则和 TRIPS 协定亦是如此。但是，不同非政府组织对待各种贸易问题和知识产权问题的态度是不一样的，比如保护植物、种子等生物的非政府组织会反对专利制度，而保护健康的非政府组织则认可知识产权的作用，反对假冒伪劣产品。

比如在 SECURE 谈判中，大约 50 个代表公共利益的非政府组织和个人关注在世界海关组织内的这一谈判。以人民健康运动、国际性别与贸易网络、国际健康行动、巴黎行动协会、亚太艾滋病感染者网络、巴西人民统一网络、马来西亚第三世界网、瑞士发展救助组织、美国消费者联盟、德国卫生医药促进组织、牛津饥荒救济委员会和美国电子前沿基金会等为代表的非政府组织在对世界海关组织总秘书长御厨邦雄 Kunio Mikuriya 的一封公开信[②]中指出，WCO 官员正试图通过 SECURE 工作组建立 TRIPS-Plus 标准，该谈判程序缺乏公共利益机构的参与，也缺乏透明度，希望

---

① Implementing the WIPO Development Agenda: Next Steps Forward, Policy Brief 13, February 2008, South Center, pp. 6—7.

② NGOs criticize Customs Organisation's TRIPS-Plus initiative, Third World Network, 17 November, 2008.

WCO 能使公众获得所有谈判文件、会议报告、议程以及参与国名单。非政府组织同样呼吁工作组应允许利益攸关者和有关专家参与，从而使 SECURE 标准具有利益平衡性。非政府组织还指出 SECURE 迫切希望扩大知识产权执法标准，这源于发达国家和其利益集团企图在国际组织机构设定更高知识产权执法标准，而 WCO 即是目标机构之一。另外，SECURE 工作组以及其起草的统一知识产权执法的临时标准有利于知识产权权利人，其 TRIPS-Plus 知识产权执法的本质违背发展中国家的利益需要，该标准不仅会损害发展中国家获得知识的权利，而且要求发展中国家使用公共资源为私人利益服务。虽然 SECURE 标准最初带有自愿的特征，但显然发达国家及其利益团体会通过双边途径或技术援助的方式施压发展中国家在国内法中适用该标准。最后，在这些非政府组织的反对声以及发展中国家的抵抗中，SECURE 谈判最终被搁置。

因此，针对当前发达国家在不同场所推行 TRIPS-Plus 知识产权执法的策略，发展中国家应联合非政府组织，充分发挥非政府组织的作用，更好地维护自身的利益。

四　采取新策略，争取新话语权

由于经济和政治实力的差别，发展中国家在双边和多边规则制定过程中影响力甚微。知识产权的倡导者大多是来自发达国家的跨国利益集团，它们在国际谈判中游说政府制定强有力的知识产权标准保护自身利益，而不顾发展中国家的需要。有利于发展中国家的很多规则都是宣言之类的软法规则，并不具有强制力，不过发展中国家也可充分利用这种软法规则为己所用，在知识产权标准制定上采取“软法”和“硬法”相结合的策略。

发展中国家可以在 WTO 和 WIPO 体制外采取“软法策略”探讨一部分知识产权问题，包括制定有关生物多样性、植物基因资源、公共健康和人权领域的软法规则，形成与 TRIPS-Plus 协定标准相对抗的、更加合理的、符合发展中国家利益的知识产权国际新规则。软法一般以宣言、原则声明、行为规范等形式表现，并不具有约束力，软法规则有时候也蜕变为硬法规则。国际法上有两个领域，即人权领域和环境领域都充斥着大量的软法规则，但这些软法也在一定程度上给参加国带来了法律义务，软法策略即是先在知识产权领域推行一系列软法规则，在此基础上逐步发展为硬法规则，但该策略也不一定成功，一般而言，软法策略只在制度上或法律上存在空缺的特定领域才可能起作用，此时软法能够弥补此项空缺。另外，软法规则一般适用于原则规定，而在制度建设、实施和执法方面，则比较无力。不过软法策略对于联合抵制知识产权领域的扩大化还是能起到关键的作用。

另外，发展中国家还可采取“硬法策略”探讨一部分发展中国家具备相对优势的知识产权领域。西方经济很大程度上依赖于发展中国家文化、社会和生物资源。美国在全球经济中为保护其自身产业也采用了专门体制的策略方式，比如专利制度。发展中国家也可以为其土著或本土资源建立专门体制，采取的步骤包括第一步是每一个发展中国家应在其领域内建立保护本土知识的专门制度，第二步则是每一个发展中国家应在互惠的基础上承认另一国的本土知识。这样，有关保护本土资源的共同标准就能建立起来，最终通过发展中国家的互相承认发展为硬法规则。

五　建立知识产权执法的衡量指标体系

各国应采取最适合自己国情的方式保护知识产权免受非法侵犯，为本国量身订制的解决办法是满足知识产权执法和各国实际需要的最佳方式。若想建立符合自身国情的知识产权执法体制，就需要建立知识产权执法的衡量指标体系，因为知识产权的保护水平要符合“阶段论”和“范围论”的有机结合，即知识产权的保护水平和一个国家经济和社会发展的水平相适应，而不能落后于或者超出某一历史阶段的科技和经济发展水平所决定的知识产权的保护水平。同时，知识产权的保护范围要和一个国家经济和社会发展的水平相适应，不能不适当地缩小知识产权保护范围，也不能不适当地扩大知识产权保护范围。[①]

20 世纪 90 年代，一系列对知识产权保护进行量化的研究开始出现，如较有代表性的 Rapp 和 Rozek （1990）[②]、Seyoum （1996）[③]、Ginarte 和

---

① 吴汉东：《后 TRIPS 时代知识产权制度的变革与中国的应对方略》，《法商研究》2005 年第 5 期，第 4 页。

② Richard Rapp and Richard Rozek, “Benefits and Costs of Intellectual Property Protection in Developing Countries”, *Journal of World Trade*, Vol. 24, 1990, pp. 75—102.

③ Seyoum, Belay, “The Impact of Intellectual Property Rights on Foreign Direct Investment”, *Columbia Journal of World Business*, Vol. 31, 1996, pp. 51—59.

Park（1997）① 以及 Sherwood（1997）②。其中，Rapp 和 Rozek 是第一批对知识产权保护进行量化分析的学者，开启了量化知识产权保护的先河，随后不少学者在其文献中予以运用，如 Gould 和 Gruben（1996）③、Oxley J. E.（1999）④ 及 Smith P. J.（2001）⑤。Rapp 和 Rozek 以专利法为例，通过设定 0 到 5 之间的分值评估 159 个国家的知识产权保护状况。0 代表一个国家不存在专利法，5 则代表一个国家的专利法完全满足美国商会建议的最低标准。Seyoum 在其知识产权保护衡量指标体系中也使用了美国商会的最低标准。但是，其 0 到 3 分值的范围来源于对知识产权工作者的调查，通过分析实际工作者的回复以及既存的文献资料，Seyoum 的衡量标准包括四个变量，即专利、著作权、商标和商业秘密。

Ginarte 和 Park 考察了自 1960 年到 1990 年 110 个国家的专利保护水平。相比以上两种方法，Ginarte 和 Park 提出了更为深入和细致的方法，把度量知识产权保护水平的指标划分为 5 个类别，即（1）保护的覆盖范围；（2）国际专利条约的参与；（3）权利丧失的保护；（4）执法机制；（5）保护期限。每个类别又包含若干度量指标，每个度量指标各占 1 分。Ginarte 和 Park 方法虽然比之前 Rapp 和 Rozek 以及 Seyoum 的衡量方法更为细致、具体，但其仍然忽视了对知识产权执法的衡量。当然，对于司法制度比较健全的西方国家，采用静态指标（只评价一个国家是否制定了知识产权保护的相关法律）所度量出的保护水平与实际的保护水平不会出现显著的差异，但是，对于司法体系正在完善的转型期国家，如中国，由于立法与司法尚不完全同步，采用静态指标所度量出的保护水平与实际

---

① Ginarte J. C.，Park W. G.，"Determinants of patent rights：A cross-national study"，*Research Policy*，Vol. 26，1997，pp. 283—301.

② Sherwood，Robert M.，"Intellectual Property Systems and Investment Stimulation：The Rating of Systems in Eighteen Developing Countries"，*The Journal of Law and Technology*，Vol. 37，1997，pp. 261—370.

③ Gould，David M. and William C. Gruben，"The Role of Intellectual Property Rights in Economic Growth"，*Journal of Development Economic*，Vol. 48，1996，pp. 323—350.

④ Oxley J. E.，"Institutional Environment and the Mechanisms of Governance：The Impact of Intellectual Property Protection on the Structure of Inter-firm Alliance"，*Journal of Economic Behavior & Organization*，Vol. 38，1999，pp. 283—309.

⑤ Smith Pamela J.，"How Do Foreign Patent Rights Affect U. S. Exports，Affiliate Sales，and Licenses?"，*Journal of International Economics*，Vol. 55，2001，pp. 411—439.

的保护水平可能并不一致。①

Sherwood 则通过对专业人士的个人调查进行评分。其设定的分值从 0 到 103 不等，评估了 18 个国家的知识产权保护。每个国家的评定条件来源于美国商会的标准，但其评定的相对分则大多建立在作者的经验之上，而经验则源于对当地职业律师的采访。不过，Sherwood 方法不仅涵盖了对知识产权立法的衡量，还包括对知识产权执法的衡量。其中，执法衡量包括以下 8 个要素：司法独立（12 分）、法官素质（10 分）、执法的法律工具（10 分）、有关知识产权概念的司法知识（7 分）、检察官、警察以及海关的可信度（6 分）、民事和刑事制裁（6 分）、执法程序是否延误（4 分）以及最终裁决是否透明（2 分）。由于这些都建立在作者采访当地律师后的经验之上，因此，其各个要素上的分值还是具有一定的缺陷。

Rapp 和 Rozek 方法

分值	衡量标准
0	无知识产权法
1	不充分的法律；无禁止盗版的法律
2	存在严重瑕疵的法律
3	存在瑕疵的法律，存在一部分实施性的法律
4	良好的法律
5	保护和实施性的法律完全满足美国商会建议的最低标准

Ginarte 和 Park 方法

（1）覆盖范围	是	否
药品专利	1	0
化学品专利	1	0
食品专利	1	0
动植物品种专利	1	0
医药器械专利	1	0
微生物沉淀物专利	1	0
实用新型专利	1	0

① 韩玉雄、李怀祖：《关于中国知识产权保护水平的定量分析》，《科学学研究》2005 年第 3 期，第 377 页。

续表

(2) 国际专利条约的参与	是	否
巴黎公约	1	0
专利合作条约	1	0
植物新品种保护公约	1	0
(3) 权利丧失的保护		
专利的计划许可	1	0
专利的强制许可	1	0
专利撤销	1	0
(4) 执法机制		
诉前禁令	1	0
连带责任	1	0
反向举证责任	1	0
(5) 保护期限		
x≥20 年	1	
0≤x<20 年	x/20	

Sherwood 方法

分值	衡量标准
25	执法
10	行政
实体法律（立法）	
12	著作权法
17	专利法
9	商标法
15	商业秘密法
6	动植物知识产权法
6	条约
100	总分
3	公众意识
3	额外分值的总数

以上研究方法给评估各国知识产权保护提出了很多衡量标准，做出了很大的贡献。但是，Rapp 和 Rozek 以专利为例的研究方法还是会存在以偏概全的缺陷，毕竟不是每个国家对待所有形式的知识产权是一样的，而

且其他形式的知识产权对于经济的作用可能大于专利。该方法也不够精确，对于分值之间的差别很难判断，其中“不充分”的法律和“存在严重瑕疵”的法律，以及“良好”的法律和“完全满足最低标准”的法律之间的区分并不好确定，带有一定程度上的主观性。Rapp 和 Rozek、Seyoum 及 Ginarte 和 Park 方法也没有包括知识产权执法要素。Sherwood 方法虽然考虑了知识产权执法要素，但其问卷调查法的主观性和弱再现性也很难信服于人。不过，Sherwood 最重要的贡献在于确定知识产权保护的衡量必须既包括立法要素，也包括执法要素。一个国家可能没有知识产权立法，也可能具有强有力的法律；同样，一个国家可能对知识产权无执法力度，也可能拥有强有力的执法。Sherwood（1997）指出一个国家可能拥有强法或弱法，但除非这些法律得以执行，否则对于知识产权所有者和投资者而言，其保护仍旧不存在。

近几年来，随着中国知识产权立法的不断完善和执法的不断加强，一些学者①也开始尝试对知识产权保护进行定量分析。韩玉雄与许春明关于中国知识产权保护的定量分析都运用了执法要素的衡量，即定义执法力度是影响知识产权保护实际执行效果的变量，其值介于 0 到 1 之间，0 表示法律规定的知识产权保护条款完全没有执行，1 表示法律规定的知识产权保护条款被全部执行。执法力度与计算出的知识产权保护水平之积，即为实际的知识产权保护水平。前者认为影响执法力度的因素包括四个方面，即（1）社会法制化程度；（2）法律体系的完备程度；（3）经济发展水平；（4）国际社会的监督与制衡机制。后者则界定为五个方面，在前者的基础上增加了一个新的要素，即社会公众意识。由于知识产权保护是一个与立法、司法和执法等因素相关的复杂问题，直接度量知识产权保护水平存在一定的难度，故现有文献大多局限于理论模型的分析和研究。② 因此，如何建立知识产权执法的衡量指标体系，还有待今后更深入的研究。

① 钟佳桂：《中美知识产权保护强度测度与比较》，《法学杂志》2006 年第 3 期，第 134—135 页。杨中楷、柴玥：《我国专利保护水平指标体系构建与评价》，《中国科技论坛》2005 年第 2 期，第 76—79 页。韩玉雄、李怀祖：《关于中国知识产权保护水平的定量分析》，《科学学研究》2005 年第 3 期，第 377 页。许春明、陈敏：《中国知识产权保护强度的测定及验证》，《知识产权》2008 年第 1 期，第 27—36 页。

② 韩玉雄、李怀祖：《关于中国知识产权保护水平的定量分析》，《科学学研究》2005 年第 3 期，第 377 页。

六 采取可持续发展策略

现在，一些发展中国家被迫实施与发达国家一样的知识产权执法标准，但历史告诉我们现在的发达国家一定程度上是基于模仿在先，创新在后的条件下繁荣发展的。韩国抄袭日本和西方国家，日本模仿美国和欧洲，美国则抄袭欧洲，欧洲各国则互相抄袭，倘若基于当前有关知识产权的规则，这些抄袭都不可能发生。合理推论，如果上述国家不能抄袭任何知识产权，则今天的发展中国家还需要追赶吗？对韩国的相关实践做了研究之后，有学者发现“在一国产业化的初期阶段，即本土学习主要来自于逆向工程和对外国成熟产品的模仿复制阶段，强有力的知识产权保护将阻碍而不是促进技术转移”，“只有当一国已经积累了充分的本土能力以及科学和技术基础设施，能够实施创新性的模仿之后，知识产权保护才成为技术转移和工业活动的重要因素。”① 大多数发展中国家的创新都很落后并且知识产权基础建设不充分。即使是中国、巴西和印度也只是在某些个别产业具有竞争性。因此，发展中国家需要分配更多资源用于研发和创新。各国应使其知识产权标准符合其自身的竞争优势。事实上，如果竞争优势理论运用到与信息有关的产品上，就像其运用到一般产品上那样，那么，采用“一刀切”的全球适用标准将威胁一些不具备知识产权竞争优势的国家。

黎巴嫩民主共和国总理顾问兼司长英国剑桥大学博士 Fadi Makki 先生在 2005 年 5 月 15—17 日 WIPO 执法咨询委员会第三届会议上提交的《以可持续的方式成功推行知识产权执法的战略指南》，从利益攸关者的角度揭示知识产权保护背后的原因，包括法治和相关部门的使命、道德、名声、保护消费者、收入损失、促进投资、保护当地产业、WTO 方面的考虑以及政治力量的博弈。Fadi Makki 博士还重点介绍了如何可持续地推行知识产权执法，其指导方针包括：1. 高层决策；2. 完善或加强知识产权执法的法律框架；3. 对执法机关进行知识产权知识的培训和教育；4. 制定远程交流战略；5. 采取广告手段；6. 集中于优先地区；7. 探讨如何使

---

① Kim L. , *Technology Transfer and Intellectual Property Rights*: *The Experience of Korea*, Issues Paper on 2, UNCTAD-ICTSD Project on Intellectual Property Rights and Sustainable Development, Geneva, 2003, p. 5.

知识产权持有人对消费者降低价格。[①] 该报告对知识产权执法体制所涉及的各要素都予以了考虑，值得其他国家借鉴。最为重要的是，Fadi Makki 博士指出权利持有人应对消费者降低价格。我们知道，假冒盗版之所以能在市场上占有一席之地，并非其质量，而是因其低廉的价格。很多消费者明知这些产品为假冒盗版产品，可能会造成一些不利后果，也没有售后服务，但仍趋之若鹜，最致命的吸引力就在假冒盗版产品的价格远远低于正品的价格，这些消费者能负担得起。对于发展中国家而言，大多数人并不富裕，对于价格高昂的知识产权产品，比如微软软件，发展中国家国内民众在负担不起的情况下自然会转向假冒盗版的软件。我们也应认识到，知识产权“执法”并不是片面的、一边倒的概念。执法不仅意味着执行权利持有人的权利，同样也意味着要对“平衡、例外、限制、公平使用、民事权利、隐私权以及反垄断或竞争政策”予以执行。[②] 只有在各方利益都考虑全面的基础上，知识产权执法才能可持续的发展。

总之，虽然 TRIPS-Plus 知识产权执法会带来一些不利影响，比如带来潜在的冲突和法律的不确定，扰乱国际合法贸易，破坏 TRIPS 协定所确定的平衡、导致发展中国家遭受更大的贸易制裁和压力，但是由于 TRIPS 协定存在其本身的制度困境和缺陷，加上发达国家利益集团的推动，TRIPS-Plus 知识产权执法已经在单边、双边、区域和多边层面的立法中体现出来，并且也反映在相关司法实践中。另外，随着科学技术的发展，法律也会呈现滞后于时代发展的特征。因此，发展中国家应该采取有策略的因应之道，本着“合作”的态度，采取“博弈”的方式，一方面在国际层面充分发挥非政府组织的作用，采取新策略，争取新话语权；另一方面在国内层面建立本国知识产权执法的衡量指标体系，采取可持续发展的策略。发达国家也应本着“互惠、双赢”的态度谈判知识产权执法问题，倘若一味追求自己的利益，必然会导致发展中国家在多边场所的联合抵制，而只在双边和区域层面的谈判必然会损害当初发达国家极力追求的国际知识产权多边体制，亦即 WIPO 体制和 WTO 体制。

---

① Fadi Makki, *Guideline For a Successful and Sustainable IP Enforcement Strategy*, Advisory Committee on Enforcement, WIPO/ACE/3/15, Geneva, May 15 to 17, 2006, pp. 1—10.

② Susan K. Sell, *The Global IP Upward Ratchet*, *Anti-counterfeiting and Piracy Enforcement Efforts: The State of Play*, PIJIP Research Paper No. 15, 2010, p. 22.

附　录

《与贸易有关的知识产权协定》

第三部分　知识产权的实施

第 1 节　一般义务

第 41 条

1. 各成员应保证其国内法中包括关于本部分规定的实施程序，以便对任何侵犯本协定所涵盖知识产权的行为采取有效行动，包括防止侵权的迅速救济措施和制止进一步侵权的救济措施。这些程序的实施应避免对合法贸易造成障碍并为防止这些程序被滥用提供保障。

2. 有关知识产权的实施程序应公平和公正。这些程序不应不必要的复杂和费用高昂，也不应限定不合理的时限或造成无理的迟延。

3. 对一案件是非曲直的裁决，最好采取书面形式并说明理由。至少应使诉讼当事方可获得，而不造成不正当的迟延。对一案件是非曲直的裁决只能根据已向各方提供听证机会的证据作出。

4. 诉讼当事方应有机会要求司法机关对最终行政裁定进行审查，并在遵守一成员法律中有关案件重要性的司法管辖权规定的前提下，至少对案件是非的初步司法裁决的法律方面进行审查。但是，对刑事案件中的无罪判决无义务提供审查机会。

5. 各方理解，本部分并不产生任何建立与一般法律实施制度不同的知识产权实施制度的义务，也不影响各成员实施一般法律的能力。本部分的任何规定在实施知识产权与实施一般法律的资源分配方面，也不产生任何义务。

第 2 节 民事和行政程序及救济

第 42 条

公平和公正的程序

各成员应使权利持有人①可获得有关实施本协定涵盖的任何知识产权的民事司法程序。被告有权获得及时的和包含足够细节的书面通知，包括权利请求的依据。应允许当事方由独立的法律顾问代表出庭，且程序不应制定强制本人出庭的过重要求。此类程序的所有当事方均有权证明其权利请求并提供所有相关证据。该程序应规定一种确认和保护机密信息的方法，除非此点会违背现有的宪法规定的必要条件。

第 43 条

证据

1. 如一当事方已出示可合理获得的足以证明其权利请求的证据，并指明在对方控制之下的与证实其权利请求有关的证据，则司法机关在遵守在适当的情况下可保证保护机密信息条件的前提下，有权命令对方提供此证据。

2. 如一诉讼方在合理期限内自行且无正当理由拒绝提供或不提供必要的信息，或严重阻碍与一实施行动有关的程序，则一成员可授权司法机关在向其提供信息的基础上，包括由于被拒绝提供信息而受到不利影响的当事方提出的申诉或指控，做出肯定或否定的初步或最终裁决，但应向各当事方提供就指控或证据进行听证的机会。

第 44 条

禁令

1. 司法机关有权责令一当事方停止侵权，特别是有权在结关后立即阻止涉及知识产权侵权行为的进口货物进入其管辖范围内的商业渠道。如受保护的客体是在一人知道或有合理的根据知道从事该客体的交易会构成知识产权侵权之前取得或订购的，则各成员无义务给予此种授权。

2. 尽管有本部分其他条款的规定，但是只要符合第二部分专门处理未经权利持有人授权的政府使用或政府授权的第三方使用而做出的规定，各成员可将针对可使用的救济限于依照第 31 条（h）项支付的报酬。在其他情况下，应适用本部分下的救济，或如果这些救济与一成员的法律不

① 在本部分中，“权利持有人”一词包括具有在法律上主张这种权利的资格的联盟和协会。

一致，则应采取宣告式判决，并应可获得适当的补偿。

第 45 条

赔偿费

1. 对于故意或有充分理由应知道自己从事侵权活动的侵权人，司法机关有权责令侵权人向权利持有人支付足以补偿其因知识产权侵权所受损害的赔偿。

2. 司法机关还有权责令侵权人向权利持有人支付有关费用，其中可包括有关的律师费用。在适当的情况下，各成员可授权司法机关责令其退还利润和/或支付法定的赔偿，即使侵权人故意或有充分理由知道自己从事侵权活动。

第 46 条

其他补救

为有效制止侵权，司法机关有权在不给予任何补偿的情况下，责令将已被发现侵权的货物清除出商业渠道，以避免对权利持有人造成任何损害，或下令将其销毁，除非此点会违背现有的宪法规定的必要条件。司法机关还有权在不给予任何补偿的情况下，责令将主要用于制造侵权货物的材料和工具清除出商业渠道，以便将产生进一步侵权的风险减少到最低限度。在考虑此类请求时，应考虑侵权的严重程度与给予的救济以及第三方利益之间的均衡性。对于冒牌货，除例外情况外，仅除去非法加贴的商标并不足以允许该货物放行进入商业渠道。

第 47 条

获得信息的权利

各成员可规定，司法机关有权责令侵权人将生产和分销侵权货物或服务过程中涉及的第三方的身份及其分销渠道告知权利持有人，除非此点与侵权的严重程度不相称。

第 48 条

对被告的赔偿

1. 如应一当事方的请求而采取措施且该当事方滥用实施程序，则司法机关有权责令该当事方向受到错误禁止或限制的当事方就因此种滥用而受到的损害提供足够的补偿。司法机关还有权责令该申请当事方支付辩方费用，其中可包括适当的律师费。

2. 就实施任何有关知识产权的保护或实施的法律而言，只有在管理该法过程中采取或拟采取的行动是出于善意的情况下，各成员方可免除公共机构和官员采取适当救济措施的责任。

第 49 条

行政程序

如由于行政程序对案件是非曲直的裁决而导致责令进行任何民事救济，则此类程序应符合与本节所列原则实质相当的原则。

第 3 节 临时措施

第 50 条

1. 司法机关有权责令采取迅速和有效的临时措施以便：

（a）防止侵犯任何知识产权，特别是防止货物进入其管辖范围内的商业渠道，包括结关后立即进入的进口货物；

（b）保存关于被指控侵权的有关证据。

2. 在适当时，特别是在任何迟延可能对权利持有人造成不可补救的损害时，或存在证据被销毁的显而易见的风险时，司法机关有权采取不作预先通知的临时措施。

3. 司法机关有权要求申请人提供任何可合理获得的证据，以使司法机关有足够程度的确定性确信该申请人为权利持有人，且该申请人的权利正在受到侵犯或此种侵权已迫近，并有权责令申请人提供足以保护被告和防止滥用的保证金或相当的担保。

4. 如已经采取不作预先通知的临时措施，则至迟应在执行该措施后立刻通知受影响的各方。应被告请求，应对这些措施进行审查，包括进行听证，以期在做出关于有关措施的通知后一段合理期限内，决定这些措施是否应进行修改、撤销或确认。

5. 执行临时措施的主管机关可要求申请人提供确认有关货物的其他必要信息。

6. 在不损害第 4 款规定的情况下，如导致根据案件是非曲直做出裁决的程序未在一合理期限内启动，则应被告请求，根据第 1 款和第 2 款采取的临时措施应予撤销或终止生效，该合理期限在一成员法律允许的情况下由责令采取该措施的司法机关确定，如未做出此种确定，则不超过 20 个工作日或 31 天，以时间长者为准。

7. 如临时措施被撤销或由于申请人的任何作为或不作为而失效，或如果随后认为不存在知识产权侵权或侵权威胁，则应被告请求，司法机关有权责令申请人就这些措施造成的任何损害向被告提供适当补偿。

8. 在作为行政程序的结果可责令采取任何临时措施的限度内，此类程序应符合与本节所列原则实质相当的原则。

第 4 节 与边境措施相关的特殊要求[①]

第 51 条

海关中止放行

各成员应在符合以下规定的情况下，采取程序[②]使有正当理由怀疑假冒商标或盗版货物[③]的进口有可能发生的权利持有人，能够向行政或司法主管机关提出书面申请，要求海关中止放行此类货物进入自由流通。各成员可针对涉及其他知识产权侵权行为的货物提出此种申请，只要符合本节的要求。各成员还可制定关于海关中止放行自其领土出口的侵权货物的相应程序。

第 52 条

申请

任何启动第 51 条下程序的权利持有人需要提供充分的证据，以使主管机关相信，根据进口国法律，可初步推定权利持有人的知识产权受到侵犯，并提供货物的足够详细的说明以便海关易于辨认。主管机关应在一合理期限内告知申请人是否已受理其申请，如主管机关已确定海关采取行动的时限，则应将该时限通知申请人。

第 53 条

保证金或同等的担保

1. 主管机关有权要求申请人提供足以保护被告和主管机关并防止滥

---

① 如一成员已取消对跨越与其形成关税同盟一部分的另一成员边境的货物流动的实质上所有管制，则不得要求该成员在该边境上适用本节的规定。

② 各方理解，对于由权利持有人或经其同意投放到另一成员市场上的进口货物或过境货物，无义务适用此类程序。

③ 就本协议而言：

(a)“冒牌货物”指包括包装在内的任何如下货物：未经许可而载有的商标与此类货物已有效注册的商标相同，或其基本特征不能与此种商标相区分，并因此在进口国法律项下侵犯了所涉商标所有权人的权利。

(b)“盗版货物”指任何如下货物：未经权利持有人同意或未经在生产国获得权利持有人充分授权的人同意而制造的复制品，以及直接或间接由一物品制成的货物，如此种复制在进口国法律项下构成对版权或相关权利的侵犯。

用的保证金或同等的担保。此类保证金或同等的担保不得无理阻止对这些程序的援用。

2. 如按照根据本节提出的申请，海关根据非司法机关或其他独立机关的裁决对涉及工业设计、专利、集成电路布图设计或未披露信息的货物中止放行进入自由流通，而第 55 条规定的期限在获得适当授权的机关未给予临时救济的情况下已期满，只要符合所有其他进口条件，则此类货物的所有人、进口商或收货人有权在对任何侵权交纳一笔足以保护权利持有人的保证金后要求予以放行。该保证金的支付不得损害对权利持有人的任何其他可获得的补救，如权利持有人未能在一合理期限内行使诉讼权，则该保证金应予解除。

第 54 条

中止放行的通知

根据第 51 条做出的对货物的中止放行应迅速通知进口商和申请人。

第 55 条

中止放行的时限

如在向申请人送达关于中止放行的通知后不超过 10 个工作日的期限内，海关未被告知一非被告的当事方已就关于案件是非曲直的裁决提出诉讼，或未被告知获得适当授权的机关已采取临时措施延长货物中止放行的期限，则此类货物应予放行，只要符合所有其他进口或出口条件，在适当的情况下，此时限可再延长 10 个工作日。如已启动就案件是非曲直做出裁决的诉讼，则应被告请求，应进行审查，包括进行听证，以期在一合理期限内决定这些措施是否应予修正、撤销或确认。尽管有上述规定，但是如依照临时司法措施中止或继续中止货物的放行，则应适用第 50 条第 6 款的规定。

第 56 条

对进口商和货物所有权人的赔偿

有关主管机关有权责令申请人向进口商、收货人和货物所有权人对因货物被错误扣押或因扣押按照第 55 条放行的货物而造成的损失支付适当的补偿。

第 57 条

检验和获得信息的权利

在不损害保护机密信息的情况下，各成员应授权主管机关给予权利持有人充分的机会要求海关对扣押的货物进行检查，以证实权利持有人的权利请求。主管机关还有权给予进口商同等的机会对此类货物进行检查。如对案件的是非曲直做出肯定确定，则各成员可授权主管机关将发货人、进口商和收货人的姓名和地址及所涉货物的数量告知权利持有人。

第 58 条

依职权的行动

如各成员要求主管机关自行采取行动，并对其已取得初步证据证明一知识产权正在被侵犯的货物中止放行，则：

（a）主管机关可随时向权利持有人寻求可帮助其行使这些权力的任何信息；

（b）进口商和权利持有人应被迅速告知中止放行的行动。如进口商向主管机关就中止放行提出上诉，则中止放行应遵守在细节上作必要修改的第 55 条所列条件；

（c）只有在采取或拟采取的行动是出于善意的情况下，各成员方可免除公共机构和官员采取适当救济措施的责任。

第 59 条

救济

在不损害权利持有人可采取的其他诉讼权并在遵守被告寻求司法机关进行审查权利的前提下，主管机关有权依照第 46 条所列原则责令销毁或处理侵权货物。对于假冒商标货物，主管机关不得允许侵权货物在未作改变的状态下再出口或对其适用不同的海关程序，但例外情况下除外。

第 60 条

微量进口

各成员可将旅客个人行李中夹带的或在小件托运中运送的非商业性少量货物排除在述规定的适用范围之外。

ANNEX

Agreement On Trade-Related Aspects Of Intellectual Property Rights

Part Ⅲ

SECTION 1: GENERAL OBLIGATIONS

Article 41

1. Members shall ensure that enforcement procedures as specified in this Part are available under their law so as to permit effective action against any act of infringement of intellectual property rights covered by this Agreement, including expeditious remedies to prevent infringements and remedies which constitute a deterrent to further infringements. These procedures shall be applied in such a manner as to avoid the creation of barriers to legitimate trade and to provide for safeguards against their abuse.

2. Procedures concerning the enforcement of intellectual property rights shall be fair and equitable. They shall not be unnecessarily complicated or costly, or entail unreasonable time-limits or unwarranted delays.

3. Decisions on the merits of a case shall preferably be in writing and reasoned. They shall be made available at least to the parties to the proceeding without undue delay. Decisions on the merits of a case shall be based only on evidence in respect of which parties were offered the opportunity to be heard.

4. Parties to a proceeding shall have an opportunity for review by a judicial authority of final administrative decisions and, subject to jurisdictional provisions in a Member's law concerning the importance of a case, of at least the legal aspects of initial judicial decisions on the merits of a case. However, there

shall be no obligation to provide an opportunity for review of acquittals in criminal cases.

5. It is understood that this Part does not create any obligation to put in place a judicial system for the enforcement of intellectual property rights distinct from that for the enforcement of law in general, nor does it affect the capacity of Members to enforce their law in general. Nothing in this Part creates any obligation with respect to the distribution of resources as between enforcement of intellectual property rights and the enforcement of law in general.

SECTION 2: CIVIL AND ADMINISTRATIVE PROCEDURES AND REMEDIES

Article 42

Fair and Equitable Procedures

Members shall make available to right holders① civil judicial procedures concerning the enforcement of any intellectual property right covered by this Agreement. Defendants shall have the right to written notice which is timely and contains sufficient detail, including the basis of the claims. Parties shall be allowed to be represented by independent legal counsel, and procedures shall not impose overly burdensome requirements concerning mandatory personal appearances. All parties to such procedures shall be duly entitled to substantiate their claims and to present all relevant evidence. The procedure shall provide a means to identify and protect confidential information, unless this would be contrary to existing constitutional requirements.

Article 43

Evidence

1. The judicial authorities shall have the authority, where a party has presented reasonably available evidence sufficient to support its claims and has specified evidence relevant to substantiation of its claims which lies in the control of the opposing party, to order that this evidence be produced by the opposing party, subject in appropriate cases to conditions which ensure the protection of con-

① For the purpose of this Part, the term "right holder" includes federations and associations having legal standing to assert such rights.

fidential information.

2. In cases in which a party to a proceeding voluntarily and without good reason refuses access to, or otherwise does not provide necessary information within a reasonable period, or significantly impedes a procedure relating to an enforcement action, a Member may accord judicial authorities the authority to make preliminary and final determinations, affirmative or negative, on the basis of the information presented to them, including the complaint or the allegation presented by the party adversely affected by the denial of access to information, subject to providing the parties an opportunity to be heard on the allegations or evidence.

Article 44

Injunctions

1. The judicial authorities shall have the authority to order a party to desist from an infringement, *inter alia* to prevent the entry into the channels of commerce in their jurisdiction of imported goods that involve the infringement of an intellectual property right, immediately after customs clearance of such goods. Members are not obliged to accord such authority in respect of protected subject matter acquired or ordered by a person prior to knowing or having reasonable grounds to know that dealing in such subject matter would entail the infringement of an intellectual property right.

2. Notwithstanding the other provisions of this Part and provided that the provisions of Part II specifically addressing use by governments, or by third parties authorized by a government, without the authorization of the right holder are complied with, Members may limit the remedies available against such use to payment of remuneration in accordance with subparagraph (h) of Article 31. In other cases, the remedies under this Part shall apply or, where these remedies are inconsistent with a Member's law, declaratory judgments and adequate compensation shall be available.

Article 45

Damages

1. The judicial authorities shall have the authority to order the infringer to pay the right holder damages adequate to compensate for the injury the right

holder has suffered because of an infringement of that person's intellectual property right by an infringer who knowingly, or with reasonable grounds to know, engaged in infringing activity.

2. The judicial authorities shall also have the authority to order the infringer to pay the right holder expenses, which may include appropriate attorney's fees. In appropriate cases, Members may authorize the judicial authorities to order recovery of profits and/or payment of pre-established damages even where the infringer did not knowingly, or with reasonable grounds to know, engage in infringing activity.

Article 46

Other Remedies

In order to create an effective deterrent to infringement, the judicial authorities shall have the authority to order that goods that they have found to be infringing be, without compensation of any sort, disposed of outside the channels of commerce in such a manner as to avoid any harm caused to the right holder, or, unless this would be contrary to existing constitutional requirements, destroyed. The judicial authorities shall also have the authority to order that materials and implements the predominant use of which has been in the creation of the infringing goods be, without compensation of any sort, disposed of outside the channels of commerce in such a manner as to minimize the risks of further infringements. In considering such requests, the need for proportionality between the seriousness of the infringement and the remedies ordered as well as the interests of third parties shall be taken into account. In regard to counterfeit trademark goods, the simple removal of the trademark unlawfully affixed shall not be sufficient, other than in exceptional cases, to permit release of the goods into the channels of commerce.

Article 47

Right of Information

Members may provide that the judicial authorities shall have the authority, unless this would be out of proportion to the seriousness of the infringement, to order the infringer to inform the right holder of the identity of third persons involved in the production and distribution of the infringing goods or services and of their channels of distribution.

Article 48

Indemnification of the Defendant

1. The judicial authorities shall have the authority to order a party at whose request measures were taken and who has abused enforcement procedures to provide to a party wrongfully enjoined or restrained adequate compensation for the injury suffered because of such abuse. The judicial authorities shall also have the authority to order the applicant to pay the defendant expenses, which may include appropriate attorney's fees.

2. In respect of the administration of any law pertaining to the protection or enforcement of intellectual property rights, Members shall only exempt both public authorities and officials from liability to appropriate remedial measures where actions are taken or intended in good faith in the course of the administration of that law.

Article 49

Administrative Procedures

To the extent that any civil remedy can be ordered as a result of administrative procedures on the merits of a case, such procedures shall conform to principles equivalent in substance to those set forth in this Section.

SECTION 3: PROVISIONAL MEASURES

Article 50

1. The judicial authorities shall have the authority to order prompt and effective provisional measures:

(a) to prevent an infringement of any intellectual property right from occurring, and in particular to prevent the entry into the channels of commerce in their jurisdiction of goods, including imported goods immediately after customs clearance;

(b) to preserve relevant evidence in regard to the alleged infringement.

2. The judicial authorities shall have the authority to adopt provisional measures *inaudita altera parte* where appropriate, in particular where any delay is likely to cause irreparable harm to the right holder, or where there is a demonstrable risk of evidence being destroyed.

3. The judicial authorities shall have the authority to require the applicant to provide any reasonably available evidence in order to satisfy themselves with a sufficient degree of certainty that the applicant is the right holder and that the applicant's right is being infringed or that such infringement is imminent, and to order the applicant to provide a security or equivalent assurance sufficient to protect the defendant and to prevent abuse.

4. Where provisional measures have been adopted *inaudita altera parte*, the parties affected shall be given notice, without delay after the execution of the measures at the latest. A review, including a right to be heard, shall take place upon request of the defendant with a view to deciding, within a reasonable period after the notification of the measures, whether these measures shall be modified, revoked or confirmed.

5. The applicant may be required to supply other information necessary for the identification of the goods concerned by the authority that will execute the provisional measures.

6. Without prejudice to paragraph 4, provisional measures taken on the basis of paragraphs 1 and 2 shall, upon request by the defendant, be revoked or otherwise cease to have effect, if proceedings leading to a decision on the merits of the case are not initiated within a reasonable period, to be determined by the judicial authority ordering the measures where a Member's law so permits or, in the absence of such a determination, not to exceed 20 working days or 31 calendar days, whichever is the longer.

7. Where the provisional measures are revoked or where they lapse due to any act or omission by the applicant, or where it is subsequently found that there has been no infringement or threat of infringement of an intellectual property right, the judicial authorities shall have the authority to order the applicant, upon request of the defendant, to provide the defendant appropriate compensation for any injury caused by these measures.

8. To the extent that any provisional measure can be ordered as a result of administrative procedures, such procedures shall conform to principles equivalent in substance to those set forth in this Section.

SECTION 4: SPECIAL REQUIREMENTS RELATED TO BORDER MEASURES[①]

Article 51

Suspension of Release by Customs Authorities

Members shall, in conformity with the provisions set out below, adopt procedures[②] to enable a right holder, who has valid grounds for suspecting that the importation of counterfeit trademark or pirated copyright goods[③] may take place, to lodge an application in writing with competent authorities, administrative or judicial, for the suspension by the customs authorities of the release into free circulation of such goods. Members may enable such an application to be made in respect of goods which involve other infringements of intellectual property rights, provided that the requirements of this Section are met. Members may also provide for corresponding procedures concerning the suspension by the customs authorities of the release of infringing goods destined for exportation from their territories.

Article 52

Application

Any right holder initiating the procedures under Article 51 shall be required to provide adequate evidence to satisfy the competent authorities that, under the laws of the country of importation, there is *prima facie* an infringement of the

---

① Where a Member has dismantled substantially all controls over movement of goods across its border with another Member with which it forms part of a customs union, it shall not be required to apply the provisions of this Section at that border.

② It is understood that there shall be no obligation to apply such procedures to imports of goods put on the market in another country by or with the consent of the right holder, or to goods in transit.

③ For the purposes of this Agreement:

(a) "counterfeit trademark goods" shall mean any goods, including packaging, bearing without authorization a trademark which is identical to the trademark validly registered in respect of such goods, or which cannot be distinguished in its essential aspects from such a trademark, and which thereby infringes the rights of the owner of the trademark in question under the law of the country of importation;

(b) "pirated copyright goods" shall mean any goods which are copies made without the consent of the right holder or person duly authorized by the right holder in the country of production and which are made directly or indirectly from an article where the making of that copy would have constituted an infringement of a copyright or a related right under the law of the country of importation.

right holder's intellectual property right and to supply a sufficiently detailed description of the goods to make them readily recognizable by the customs authorities. The competent authorities shall inform the applicant within a reasonable period whether they have accepted the application and, where determined by the competent authorities, the period for which the customs authorities will take action.

Article 53

Security or Equivalent Assurance

1. The competent authorities shall have the authority to require an applicant to provide a security or equivalent assurance sufficient to protect the defendant and the competent authorities and to prevent abuse. Such security or equivalent assurance shall not unreasonably deter recourse to these procedures.

2. Where pursuant to an application under this Section the release of goods involving industrial designs, patents, layout-designs or undisclosed information into free circulation has been suspended by customs authorities on the basis of a decision other than by a judicial or other independent authority, and the period provided for in Article 55 has expired without the granting of provisional relief by the duly empowered authority, and provided that all other conditions for importation have been complied with, the owner, importer, or consignee of such goods shall be entitled to their release on the posting of a security in an amount sufficient to protect the right holder for any infringement. Payment of such security shall not prejudice any other remedy available to the right holder, it being understood that the security shall be released if the right holder fails to pursue the right of action within a reasonable period of time.

Article 54

Notice of Suspension

The importer and the applicant shall be promptly notified of the suspension of the release of goods according to Article 51.

Article 55

Duration of Suspension

If, within a period not exceeding 10 working days after the applicant has been served notice of the suspension, the customs authorities have not been informed that proceedings leading to a decision on the merits of the case have been initiated by a party other than the defendant, or that the duly empowered authority has taken provisional measures prolonging the suspension of the release of the goods, the goods shall be released, provided that all other conditions for importation or exportation have been complied with; in appropriate cases, this time-limit may be extended by another 10 working days. If proceedings leading to a decision on the merits of the case have been initiated, a review, including a right to be heard, shall take place upon request of the defendant with a view to deciding, within a reasonable period, whether these measures shall be modified, revoked or confirmed. Notwithstanding the above, where the suspension of the release of goods is carried out or continued in accordance with a provisional judicial measure, the provisions of paragraph 6 of Article 50 shall apply.

Article 56
Indemnification of the Importer and of the Owner of the Goods

Relevant authorities shall have the authority to order the applicant to pay the importer, the consignee and the owner of the goods appropriate compensation for any injury caused to them through the wrongful detention of goods or through the detention of goods released pursuant to Article 55.

Article 57
Right of Inspection and Information

Without prejudice to the protection of confidential information, Members shall provide the competent authorities the authority to give the right holder sufficient opportunity to have any goods detained by the customs authorities inspected in order to substantiate the right holder's claims. The competent authorities shall also have authority to give the importer an equivalent opportunity to have any such goods inspected. Where a positive determination has been made on the merits of a case, Members may provide the competent authorities the authority to inform the right holder of the names and addresses of the consignor, the importer and the consignee and of the quantity of the goods in question.

Article 58
Ex Officio Action

Where Members require competent authorities to act upon their own initiative and to suspend the release of goods in respect of which they have acquired *prima facie* evidence that an intellectual property right is being infringed:

(a) the competent authorities may at any time seek from the right holder any information that may assist them to exercise these powers;

(b) the importer and the right holder shall be promptly notified of the suspension. Where the importer has lodged an appeal against the suspension with the competent authorities, the suspension shall be subject to the conditions, *mutatis mutandis*, set out at Article 55;

(c) Members shall only exempt both public authorities and officials from liability to appropriate remedial measures where actions are taken or intended in good faith.

Article 59

Remedies

Without prejudice to other rights of action open to the right holder and subject to the right of the defendant to seek review by a judicial authority, competent authorities shall have the authority to order the destruction or disposal of infringing goods in accordance with the principles set out in Article 46. In regard to counterfeit trademark goods, the authorities shall not allow the re-exportation of the infringing goods in an unaltered state or subject them to a different customs procedure, other than in exceptional circumstances.

Article 60

De Minimis Imports

Members may exclude from the application of the above provisions small quantities of goods of a non-commercial nature contained in travellers' personal luggage or sent in small consignments.

参考文献

I 条约、协定及国内立法

条约和决议

[1] Agreement on Trade-Related Aspects of Intellectual Property Rights.

[2] Berne Convention for the Protection of Literary and Artistic Works.

[3] Brussels Convention Relating to the Distribution of Programme-Carrying Signals Transmitted by Satellite.

[4] Convention for the Protection of Producers of Phonograms Against Unauthorized Duplication of Their Phonograms.

[5] General Council, Amendment of the TRIPS Agreement, Decision of 6 December 2005, WT/L/641, 8 December, 2005.

[6] General Council, Implementation of Paragraph 6 of the Doha Declaration on the TRIPS Agreement and Public Health (Aug. 30, 2003), Doc. WT/L/540, September 1, 2003.

[7] Madrid Agreement for the Repression of False of Deceptive Indications of Souce on Goods.

[8] Paris Convention for the Protection of Industrial Property.

[9] Rome Convention for the Protection of Performers, Producers of Phonograms and Broadcasting Organizations.

[10] The General Agreement on Tariffs and Trade 1994, GATT.

[11] Vienna Convention of the Law of Treaties, 1969.

双边和区域协定

[1] Agreement between the Government of the United States of America and the Government of Ecuador Concerning the Protection and Enforcement of

Intellectual Property Rights.

[2] Agreement between the Government of the United States of America and the Government of the Republic of Nicaragua Concerning Protection of Intellectual Property Rights.

[3] Agreement between the Government of the United States of America and the Kingdom of Cambodia on Trade Relations and Intellectual Property Rights Protection.

[4] Agreement betweent the United States of America and the Republic of Lativia on Trade Relations and Intellectual Property Rights Protection.

[5] Agreement Concerning the Protection and Enforcement of Intellectual Property Rights between the Government of the United States of America and the Government of Jamaica.

[6] Agreement of Intellectual Property between the Government of the United States of America and the Government of the Republic of Hungary.

[7] Agreement on the Protection and Enforcement of Intellectual Property Rights between the United States of America and the Democratic Socialist Republic of Sri Lanka.

[8] EU-Chile Association Agreement

[9] EU-Korea Free Trade Agreement.

[10] EU-Korea Free Trade Agreement.

[11] EU-Syrian Arab Republic Association Agreement.

[12] The Central America-Dominican Republic-United States Free Trade Agreement (CAFTA- DR) .

[13] U. S. Uruguay Bilateral Investment Treaty.

[14] U. S. -Singapore Free Trade Agreement.

[15] US-Australia Free Trade Agreement.

[16] US-Chile Free Trade Agreement.

[17] US-Jordan Free Trade Agreement.

[18]《中华人民共和国政府和巴基斯坦伊斯兰共和国政府自由贸易协定》

[19]《中华人民共和国政府和哥斯达黎加共和国政府自由贸易协定》

[20]《中华人民共和国政府和新加坡共和国政府自由贸易协定》

［21］《中华人民共和国政府和新西兰政府自由贸易协定》

［22］《中华人民共和国政府和智利共和国政府自由贸易协定》

［23］《中华人民共和国政府与东南亚国家联盟成员国政府全面经济合作框架协议投资协议》

［24］《中华人民共和国政府与秘鲁共和国政府自由贸易协定》

国内立法

［1］Commission of the European Communites, Communication from the Commission to the Council, the European Parlliament and the European Economic and Social Committee on a Customs response to latest trends in Counterfeiting and piracy, COM (2005) 479 final.

［2］Commission of the European Communities, Communication from the Commission to the Council, the European Parliament and the Economic and Social Committee, Follow-up to the Green Paper on combating counterfeiting and piracy in the single market, COM (2000) 789 final.

［3］Commission of the European Communities, Proposal for a Directive of the European Parliament and of the Council on measures and procedures to ensure the enforcement of intellectual property rights, COM (2003) 46 final.

［4］Commission of the European Coummunities, Communication from the Commission to the Council, the European Parliament and the European Economic and Social Committee, Enhancing the enforcement of intellectual property rights in the internal market, COM (2009) 467 final.

［5］Council Regulation (EC) No 1383/2003 of 22 July 2003 concerning customs action against goods suspected of infringing certain intellectual property rights and the measures to be taken against goods found to have infringed such rights, OJ L 196, 2. 8. 2003.

［6］Council Regulation (EC) No 1383/2003 of 22 July 2003 concerning customs action against goods suspected of infringing certain intellectual property rights and the measures to be taken against goods found to have infringed such rights, OJ L 196, 2. 8. 2003.

［7］Council Regulation (EC) No 3295/94 of 22 December 1994 laying down measures to prohibit the release for free circulation, export, re-export or entry for a suspensive procedure of counterfeit and pirated goods, OJL 341/8 of

30. 12. 94.

[8] Council Regulation (EEC) NO 3842/86 laying down measures to prohibit the release for free circulation at counterfeit goods.

[9] Directive 2004/48/EC of the European Parliament and the Council of 29 April 2004 on the enforcement of intellectual property rights, as corrected and republished in OJ L 195, 2. 6. 2004.

[10] Directive 98/44/EC of the European Parliament and of the Council of 6 July 1998 on the legal protection of biotechnological inventions, OJL 213/13.

[11] European Commission, Completing the Internal Market-White Paper from the Commission to the European Council, COM (85) 310 final. European Commission, Combating Counterfeiting and Piracy in the Single Market-Green Peper, COM (1998) 569 final, 15 October 1998.

[12] Prioritizing Resources and Organization for Intellectual Property Act of 2008, PRO-IP Act H. R. 4279.

[13] Strategy for the enforcement of intellectual property rights in third countries, C 129/3, May 26, 2005.

Ⅱ 条约草案、组织机构报告及其他法律文件

[1] Asian Development Bank, J. Michael Finger, *The Doha Agenda and Development: A View from the Uruguay Round*, Economics & Research Department, Working Paper Series No. 21, 2002.

[2] Commission on Intellectual Property Rights, Peter Drahos, *Developing Countries and International Intellectual Property Standards-setting*, Study Paper 8.

[3] *Draft Agreement on Measures to Discourage the Importation of Counterfeit Goods*, 31 July 1979, GATT Doc. No L/4817.

[4] *Draft Aqreement to Discourage the Importation of Counterfeit Goods*, 18 October 1982, GATT Doc. No L/5382. The Draft Agreement was redistributed as document MTN. GNG/NG11/W/9 of 25 June 1987.

[5] European Commission seeks mandate to negotiate major new international anti-counterfeiting pact, IP/07/1573, Brussels, 23 October 2007.

[6] European Parliament resolution of 10 March 2010 on the transparency and state of play of the ACTA negotiations, Strasbourg.

[7] Fourth Global Congress on Combating Counterfeiting and Piracy, Dubai Declaration 4, Mar. 30, 2008.

[8] Full Committee Markup Transcript of H. R. 4279, H. R. 5690, H. R. 1650, H. R. 5593, and H. R. 4044, 4/30/08.

[9] GAO, *Intellectual Property: Risk and Enforcement Challenges*, October 18, 2007.

[10] ICTSD, Carlos M. Correa, *The Push for Stronger Enforcement Rules: Implications for Developing Countries*, The Global Debate on the Enforcement of Intellectual Property Rights and Developing Countries, February 2009.

[11] ICTSD, Carsten Fink, *Enforcing Intellectual Property Rights: An Economic Perspective*, The Global Debate on the Enforcement of Intellectual Property Rights and Developing Countries, February 2009.

[12] ICTSD, David Vivas-Eugui, *Regional and Bilateral Agreements and a TRIPS-Plus World: The Free Trade Area of the Americas (FTAA)*, TRIPS Issues Papers 1.

[13] ICTSD, Kim. L., *Technology Transfer and Intellectual Property Rights: The Experience of Korea*, Issues Paper on 2, UNCTAD-ICTSD Project on Intellectual Property Rights and Sustainable Development, Geneva, 2003.

[14] ICTSD, Maximiliano Santa Cruz S., *Intellectual Property Provisions in European Union Trade Agreements: Implications for Developing Countries*, Issue Paper No. 20, 2007,

[15] ICTSD, Pedro Roffe, *Bilateral Agreements and a TRIPS-Plus World: The Chile-USA Free Trade Agreement*, TRIPS Issues Papers 4.

[16] ICTSD, Robin D. Gross, *Europe's Proposed Intellectual Property Enforcement Directive Unmasked: Overbroad Proposal Threatens Civil Rights, Innovation and Competition.*

[17] ICTSD, *Sisule F Musungu and Graham Dutfield*, *Multilateral Agreements and a TRIPS-Plus World: The World Intellectual Property Organisation* (WIPO), TRIPS Issues Papers 3.

[18] *ICTSD*, *The Global Debate on the Enforcement of Intellectual Property*

Rights and Developing Countries, February 2009.

[19] ICTSD, Tom Pengelly, *Technical Assistance for the Formulation and Implementation of Intellectual Property Policy in Developing Countries and Transition Economies*, Issue Paper No. 11.

[20] Max Planck Institute for Intellectual Property, Competition and Tax Law, Henning Grosse Ruse-Khan, *A Comparative Analysis of Policy Space in WTO Law*, No. 08—02.

[21] Max Planck Institute for Intellectual Property, Competition and Tax Law, Andrea Wechsler, *Intellectual Property Law in the P. R. China: A Powerful Economic Tool for Innovation and Development*, No. 09—02.

[22] Max Planck Institute for Intellectual Property, Competition and Tax Law, Andrea Wechsler, *Spotlight on China: Piracy, Enforcement, and the Balance Dilemma in Intellectual Property Law*, No. 09—04.

[23] OECD, *Policy Framework for Investment: A Review of Good Practices* (2006).

[24] OECD, *The Internationalisation of Business R&D: Evidence, Impacts and Implications* (2008).

[25] South Center, Ermias Tekeste Biadglent, *IP Rights Under Investment Agreements: The TRIPS-Plus Implications for Enforcement and Protection of Public Interest*, August 2006.

[26] South Center, *Implementing the WIPO Development Agenda: Next Steps Forward*, Policy Brief 13, February 2008.

[27] South Center, Sun Zhenyu, *Rebalancing the TRIPS Agreement and Strengthening Enforcement for Development*, 1 October 2008, Issue 24.

[28] Statement by the Commission concerning Article 2 of Directive 2004/48/EC of the European Parliament and of the Council on the enforcement of intellectual property rights, 2005/295/EC, 13. 4. 2005.

[29] U. S. Chamber of Commerce, *China's IPR Enforcement Assessment and Recommendations*, November 2006.

[30] United States State Department, 1989—1995 (annual reports) Country Reports on Economic and Trade Practices, Superintendent of Documents: Washington DC.

[31] UPU, Resolution 40 on Counterfeit and pirated items sent through the post.

[32] UPU, Resolution C 37/2008, 24th Congress, CONGRÈS-Doc 40. 1, 2008.

[33] USTR, The Anti-Counterfeiting Trade Agreement-Summary of Key Elements under Discussion1, Nov. 6, 2009.

[34] WCO, Model Provisions for National Legislation to Implement Fair and Effective Border Measures Consistent with the Agreement on Trade-related Aspects of Intellectual Property Rights.

[35] WCO, Provisional Standards Employed by Customs for Uniform Rights Enforcement, June 2007.

[36] World Bank, J. Michael Finger & Philip Schuler, *Implementation of the Uruguay Round Commitments: The Development Challenge*, World Bank Development Research Group, Policy Research, Working Paper 2215, 1999.

[37] WTO, Council for Trade-Related Aspects of Intellectual Property Rights, Communication from the European Communities, Enforcing Intellectual Property Rights: Border Measures, IP/C/W/471, June 9, 2006.

[38] WTO, Statement by India, TRIPS Council, 3 February 2009. Agenda item "M" -OTHER BUSINESS-Public Health Dimension of the TRIPS Agreement.

[39] WTO, TRIPS Council, Joint Communication from the European Communities, United States, Japan and Switzerland, Enforcement of Intellectual Property Rights, IP/C/W/485, Nov. 2, 2006.

[40] WTO, TRIPS Council, Communication from Japan, Enforcement of Intellectual Property Rights, IP/C/W/501, Oct. 11, 2007.

[41] WTO, TRIPS Council, Communication from Switzerland, Enforcement of Intellectual Property Rights: Communication and Coordination as a Key to Effective Border Measures, IP/C/W/492, May 31, 2007.

[42] WTO, TRIPS Council, Communication from the United States, Enforcement of Intellectual Property Rights (Part Ⅲ of the TRIPS Agreement): Experiences of Border Enforcement, IP/C/W/488, January 30, 2007.

[43] WTO, WTO Committee on RTAs document, Association Agreement

between the European Communities and Chile: Questions and Replies, WT/REG164/5, June 20, 2006.

Ⅲ案例

[1] *Canada-Paten Protection of Pharmaceutical Products*, Report of the Panel , WT/DS/114/R, 17 March 2000.

[2] *China-Measures Affecting the Protection and Enforcement of Intellectual Property Rights*, WT/DS362.

[3] *Class International BV v. Colgate-Palmolive Co* (Case C405/03) [2005] E. C. R. October 18, 2005.

[4] *Denmark-Measures Affecting the Enforcement of Intellectual Property Rights*, WT/DS83.

[5] *European Communities-Enforcement of Intellectual Property Rights for Motion Pictures and Television Programs*, WT/DS124.

[6] *European Communities-Protection of trademarks and geographical indications for agricultural products and foodstuffs*, Report of the Panel, WT/DS290/R.

[7] *European Union and a Member State-Seizure of Generic Drugs in Transit-Request for Consultations by India*, WTO Doc. WT/DS408/1.

[8] *European Union and a Member State-Seizure of Generic Drugs in Transit-Request for Consultations by Brazil*, WTO Doc. WT/DS409/1.

[9] *Greece-Enforcement of Intellectual Property Rights for Motion Pictures and Television Programs*, WT/DS125.

[10] *Montex Holdings v. Diesel Spa* (Case C281/05) [2006] E. C. R. November 9, 2006.

[11] *Nokia Corporation v. Her Majesty's Commissioners of Revenue & Customs* (HMRC) [2009] E. W. H. C. 1903.

[12] *Polo/Lauren Co LP v. Dwidua Langgeng Pratama International Freight Forwarders* (Case C383/98) [2000] E. C. R. April 6, 2000.

[13] *Re Montres Rolex SA* (Case C60/02) [2004] E. C. R. January 7, 2004.

[14] *Sisvel v. Sosecal*, Case No 311378 of 18 July 2008.

[15] *Sweden-Measures affecting Enforcement of Intellectual Property Rights*, WT/DS86.

[16] *Turkey-Restrictions on Imports of Textile and Clothing Products*, WT/DS34/R, 31 May 1999.

Ⅳ 英文论文及著作

论文

[1] Arvind Subramanian and Fayashree Watal, "Can TRIPS Serve as An Enforcement Device for Developing Countries in the WTO?", *Journal of International Economic Law*, Vol. 3, 2000.

[2] Athanasakou, Konstantina K., "China IPR Enforcement: Hard as Steel or Soft as Tofu? Bringing the Question to the WTO under TRIPS", *Georgetown Journal of International Law*, Fall 2007.

[3] Bryan Mercurio, "TRIPS-Plus Provisions in FTAs: Recent Trends", in Lorand Bartels & Federico Ortino (ed.), *Regional Trade Agreements and the WTO Legal System*, Oxford University Press, 2006.

[4] Carlos A. Primo Braga and Carsten Fink, "The Relationship between Intellectual Property Rights and Foreign Direct Investment", *Duke Journal of Comparative & International Law*, Vol. 9, 1998.

[5] Carlos M. Correa, "Enforcing border measures: importation of GMO soybean meal from Argentina", in Xuan Li & Carlos M. Correa (ed.), *Intellectual Property Enforcement: International Perspectives*, Edward Elgar, 2009.

[6] Charles S. Levy, "Implementing TRIPS—A Test of Political Will", *Law and Policy in International Business*, Vol. 31, 2000.

[7] Daniel J. Gervais, "Information Technology and International Trade: Intellectual Property Trade & Development: The State of Play", *Fordham Law Review*, Vol. 74, 2005.

[8] Duncan Matthews, "Designing a TRIPS implementation", *Journal of Intellectual Property Law & Practice*, Vol. 4, 2009.

[9] Emony Simon, "Remarks of Mr Emony Simon, Symposium: Trade-Related Aspects of Intellectual Property", *Vanderbilt Journal of Transnational Law*, Vol. 22, 1989.

[10] Frederick M. Abbott, "The WTO Medicines Decision: World Pharmaceutical Trade and the Protection of Public Health", *American Journal of International Law*, Vol. 99, 2005.

[11] Frederick M. Abbott, "Seizure of generic pharmaceuticals in transit based on allegations of patent infringement: a threat to international trade, development and public welfare", *World Intellectual Property Organization Journal*, Vol. 1, 2009.

[12] Ginarte J. C., Park W. G., "Determinants of patent rights: A cross-national study", *Research Policy*, Vol. 26, 1997.

[13] Glenn R. Butterton, "Pirates, Dragons and U. S. Intellectual Property Rights in China: Problems and Prospect of Chinese Enforcement", *Arizona Law Review*, Vol. 38, 1996.

[14] Gould, David M. and William C. Gruben, "The Role of Intellectual Property Rights in Economic Growth", *Journal of Development Economic*, Vol. 48, 1996.

[15] Ha-Joon Chang, "Intellectual Property Rights and Economic Development: Historical Lessons and Emerging Issues", *Journal of Human Development*, Vol. 2, 2001.

[16] J. H. Reichman, "Enforcing the Enforcement Procedures of the TRIPS Agreement", *Virginia Journal of International Law*, Vol. 37, 1997.

[17] Jean-Frederic Morin, "Multilateralizing TRIPS-Plus Agreement: Is the US Strategy a Failure?", *The Journal of World Intellectual Property*, Vol. 12, 2009.

[18] Jerome H. Reichman, "Intellectual Property in the Twenty-First Century: Will the Developing Countries Lead or Follow?", *Houston Law Review*, Vol. 46, 2009.

[19] Jonathan M. Barnett, "Property as Process: How Innovation Markets Select Innovation Regime", *Yale Law Journal*, Vol. 119, 2009.

[20] Joseph A. Massey, "The Emperor is Far Away: China's Enforcement of Intellectual Protection, 1986—2006", *Chicago Journal of International Law*, Vol. 17, 2006.

[21] Julia Ya Qin, " 'WTO-Plus' Obligations and Their Implications for

the World Trade Organization Legal System: An Appraisal of the China Accession Protocol", *Journal of World Trade*, Vol. 37, 2003.

[22] Laura Orlando, " 'Piracy' provisions under the Enforcement Directive and patent infringement, Princo Corporation, Ltd *v* Koninklijke Philips Electronics, Docket no. 3213/07, Court of Genoa, 18 April 2007", *Journal of Intellectual Property Law & Practice*, Vol. 2, 2007.

[23] Maskus, "Incorporating a Globalized Intellectual Property Rights Regime into an Economic Development Strategy", in K. E. Maskus (ed.), *Intellectual Property, Growth and Trade*, Elsevier, 2008.

[24] Omario Kanji, "Paper Dragon: Inadequate Protection of Intellectual Property Rights in China", *Michigan Journal of International Law*, Vol. 27, 2007.

[25] Oxley J. E., "Institutional Environment and the Mechanisms of Governance: The Impact of Intellectual Property Protection on the Structure of Interfirm Alliance", *Journal of Economic Behavior & Organization*, Vol. 38, 1999.

[26] P. Moser, "How Do Patent Laws Influence Innovation? Evidence from Nineteenth-Century World's Fairs", *American Economic Review*, Vol. 95, 2005.

[27] Peter Drahos, "BITs and BIPs - Bilateralism in Intellectual Property", *The Journal of World Intellectual Property*, Vol. 4, 2001.

[28] Peter Drahos, "Four Lessons for Developing Countries from the Trade Negotiations over Access to Medicines", *Liverpool Law Review*, Vol. 28, 2007.

[29] Peter K. Yu, "International Enclosure, The Regime Complex, and Intellectual Property Schizophrenia", *Michigan State Law Review*, Vol. 1, 2007.

[30] Peter K. Yu, "Ten Common Questions about Intellectual Property and Human Rights", *Georgia State University Law Review*, Vol. 23, 2007.

[31] Peter K. Yu, "The International Enclosure Movement", *Indiana Law Journal*, Vol. 82, 2007.

[32] Peter K. Yu, "TRIPS and Its Discontents", *Marquette Intellectual Property Law Review*, Vol. 10, 2006.

[33] Peter K. Yu, "Six Secret (and now open) Fears of ACTA", *Southern Methodist University Law Review*, Vol. 63, 2010.

[34] Richard Rapp and Richard Rozek, "Benefits and Costs of Intellectual Property Protection in Developing Countries", *Journal of World Trade*, Vol. 24, 1990.

[35] Robert C. Bird and Daniel R. Cahoy, "The Emerging BRIC Economies: Lessons from Intellectual Property Negotiation and Enforcement", *Northwestern Journal of Technology and Intellectual Property*, Vol. 5, 2007.

[36] Samantha E. Wu, "Effective Enforcement of Intellectual Property Right in China: A Real Possibility", *Dartmouth Law Journal*, Vol. 4, 2006.

[37] Seyoum, Belay, "The Impact of Intellectual Property Rights on Foreign Direct Investment", *Columbia Journal of World Business*, Vol. 31, 1996.

[38] Sherwood, Robert M., "Intellectual Property Systems and Investment Stimulation: The Rating of Systems in Eighteen Developing Countries", *The Journal of Law and Technology*, Vol. 37, 1997.

[39] Smith Pamela J., "How Do Foreign Patent Rights Affect U. S Exports, Affiliate Sales, and Licenses?", *Journal of International Economics*, Vol. 55, 2001.

[40] Sonia K. Katyal, "Privacy vs. Piracy", Vol. 7, *Yale Journal of Law & Technology*, 2004—2005.

[41] Sylvia Mercado Kierkegaard, "Taking a Sledge Hammer to Crack the Nut: The EU Enforcement Directive", *Computer Law & Security Report*, Vol. 21, 2005.

[42] Thomas E. Volper, "TRIPS Enforcement in China: a Case for Judicial Transparency", *Brooklyn Journal of International Law*, Vol. 33, 2007.

[43] Will James, Joel Smith and Herbert Smith, "Is further legislation really necessary to level the playing field? A UK perspective", *Computer Law & Security Report*, Vol. 20, 2004.

著作

[1] Aspatore Books Staff, International IP Issues and Strategies: Leading Lawyers on Managing Intellectual Property Protection and Enforcement Efforts across Multiple Jurisdictions (Inside the Minds), Thomson West; Aspatore

Books, 2009.

[2] Carlos M. Correa, Research Handbook on the Interpretation and Enforcement of Intellectual Property under WTO Rules: Intellectual Property in the WTO (Research Handbooks), Edward Elgar Press, 2010.

[3] Carlos M. Correa, Trade Related Aspects of Intellectual Property Rights: A Commentary on the TRIPS Agreement, Oxford University Press, 2007.

[4] Carolyn Deere, The Implementation Game: The TRIPS Agreement and the Global Politics of Intellectual Property Reform in Developing Countries, Oxford University Press, 2009.

[5] Christopher Wadlow, Enforcement of Intellectual Property in European and International Law, Sweet & Maxwell, 1998.

[6] Curtis W. Cook, Patents, Profits & Power: How Intellectual Property Rules the Global Economy, Kogan Page, 2004.

[7] Daniel C. K. Chow & Edward Lee, International Intellectual Property: Problems, Cases, and Materials, Gale Cengage, 2006.

[8] Daniel Gervais (ed.), Intellectual Property, Trade and Development: Strategies to Optimize Economic Development in a TRIPS-Plus Era, Oxford University Press, 2007.

[9] Daniel Gervais, TRIPS Agreement - Drafting History and Analysis, Sweet & Maxwell (3rd edition), 2008.

[10] Guy Tritton, Intellectual Property in Europe, Sweet & Maxwell, 2002.

[11] Jay S. Albanese, Combating Piracy: Intellectual Property Theft and Fraud, Transaction Publishers, 2009.

[12] Jianqiang Nie, The Enforcement of Intellectual Property Rights in China, Cameron May Ltd., 2006.

[13] Keith E. Maskus, Intellectual Property Rights in the Global Economy, Institute for International Economics, 2000.

[14] L. T. C. Harms, The Enforcement of Intellectual Property Rights: A Case Book, World Intellectual Property Organization, 2009.

[15] Landes and Posner, The Economic Structure of Intellectual Property

Law, Cambridge, 2003.

[16] Lorna Brazell, Intellectual Property Protection and Enforcement, Thorogood, 1998.

[17] Louis Harms, Enforcement of Intellectual Property Rights, World Intellectual Property, 2006.

[18] M. C. E. J Bronckers, TRIPS Agreement: Enforcement of Intellectual Property Rights, Bernan Associaates, 2000.

[19] Max Planck Institute for Comparative Public Law and International Law, WTO-Trade-Related Aspects of Intellectual Property Rights, Martinus Nijhoff Publishers Leiden, 2009.

[20] Olivier Vrins & Marius Schneider, Enforcement of Intellectual Property Rights through Border Measures: Law and Practice in the EU, Oxford University Press, 2006.

[21] Pedro Roffe (ed.), Intellectual Property and Sustainable Development: Development Agendas in a Changing World, Edward Elgar Press, 2009.

[22] Peggy Chaudhry and Alan Zimmerman, The Economics of Counterfeit Trade: Governments, Consumers, Pirates and Intellectual Property Rights, Springer, 2009.

[23] Peter Drahos, A Philosophy of Intellectual Property, Dartmouth Publishing Company Ltd., 1996.

[24] Pierre Veron, Thomas Cottier, Concise International and European IP Law: TRIPS, Paris Convention, European Enforcement and Transfer of Technology, Kluwer Law International, 2008.

[25] Robert L. Ostergard, The Development Dilemma: The Political Economy of Intellectual Property Rights in the International System, LFB Scholarly Publishing LLC, 2002.

[26] Timothy P. Trainer & Vicki E. Allums, Protecting Intellectual Property Rights Across Borders, Thomson West, 2006.

[27] Timothy P. Trainer, International Intellectual Property Enforcement: SOP (Standards, Observations and Perceptions), International AntiCounterfeiting Coalition, Inc., 2002.

[28] United States Congress Senate Committee, International and Domes-

tic Intellectual Property Enforcement, BiblioGov, 2010.

[29] Wei Shi, Intellectual Property in the Global Trading System: EU-China Perspective, Springer, 2010.

[30] Xuan Li & Carlos M. Correa (ed.), Intellectual Property Enforcement: International Perspective, Edward Elgar Publishing, Inc., 2009.

V 中文论文及著作

论文

[1] Christophe De Vroey:《欧盟关于知识产权执法的建议》，郑丹怡译，《电子知识产权》2004 年第 1 期。

[2] 曹新明:《知识产权法哲学理论反思——以重构知识产权制度为视角》，《法制与社会发展》2004 年第 6 期。

[3] 陈建民:《从卡拉 OK 收钱看公权介入的必要性》，《法制日报》2006 年 11 月 16 日。

[4] 冯晓青、刘淑华:《试论知识产权私权属性及其公权化趋向》，《中国法学》2004 年第 1 期。

[5] 龚刚强:《法体系基本结构的理性基础——从法经济学视角看公私法划分和私法公法化、公法私法化》，《法学家》2005 年第 3 期。

[6] 龚向前:《试析国际法上的“软法”——以世界卫生组织“软法”为例》，《社会科学家》2006 年第 2 期。

[7] 古祖雪:《后 TRIPS 时代的国际知识产权制度变革与国际关系的演变——以 WTO 多哈回合谈判为中心》，《中国社会科学》2007 年第 2 期。

[8] 郭寿康:《TRIPS 协议与国际知识产权四公约》，载陶鑫良《上海知识产权论坛》，上海大学出版社 2002 年版。

[9] 韩玉雄、李怀祖:《关于中国知识产权保护水平的定量分析》，《科学学研究》2005 年第 3 期。

[10] 黄玉烨:《知识产权协定在发展中国家的实施》，载吴汉东主编《知识产权国际保护制度研究》，知识产权出版社 2007 年版。

[11] 孔庆江、俞毅、胡峰:《知识产权霸权主义与发展中国家知识产权保护的本土化策略》，《甘肃政法学院学报》2009 年第 1 期。

[12] 孔庆江:《与世贸组织争端解决机制有关的几个问题》，《法学

杂志》2004 年第 3 期。

[13] 李凤琴：《双边投资协定中的 TRIPS-Plus 标准研究》，《世界贸易组织动态与研究》2009 年第 3 期。

[14] 李顺德：《TRIPS 新一轮谈判及知识产权国际保护的新发展》，《知识产权》2003 年第 3 期。

[15] 李顺德：《健全知识产权执法和管理体制》，《中国发明与专利》2008 年第 8 期。

[16] 李轩：《世界海关组织〈关于海关统一知识产权执法的临时标准〉（SECURE）：一项严重 TRIPS-Plus 标准的知识产权实施动议之流产的启示》，南方中心，2008 年 12 月。

[17] 李轩：《知识产权实施的十大误区》，载《2008 年知识产权南湖论坛论文集 I》，中南财经政法大学知识产权研究中心。

[18] 李永明、吕益林：《论知识产权之公权性质——对“知识产权属于私权”的补充》，《浙江大学学报》（人文社会科学版）2004 年 7 月。

[19] 梁兴国：《卡拉 OK 版权收费之争与知识产权中的公权问题》，《上海财经大学学报》2008 年第 1 期。

[20] 刘仁平、孔庆江、胡峰：《知识产权制度国际化对发展中国家创新影响的政策因素分析》，《科技进步与对策》2007 年第 12 期。

[21] 刘笋：《双边投资条约的晚近发展及其影响浅析——以美式双边投资条约为研究对象》，《湖南省政法管理干部学院学报》2002 年第 6 期。

[22] 刘笋：《知识产权国际造法新趋势》，《法学研究》2006 年第 3 期。

[23] 孙国华、杨思斌：《公私法的划分与法的内在结构》，《法制与社会发展》2004 年第 4 期。

[24] 孙海龙、董倚铭：《知识产权公权化理论的解读和反思》，《西北政法学院学报》2007 年第 5 期。

[25] 王太平、熊琦：《TRIPS 协定的立法动力学分析》，《知识产权》2008 年第 1 期。

[26] 魏燕茹：《双边投资协定中的知识产权条款研究》，载《国际经济法学刊》第 14 卷第 2 期，北京大学出版社 2007 年版。

[27] 吴汉东、李瑞登：《中国知识产权法学研究 30 年》，《法商研

究》2010 年第 3 期。

[28] 吴汉东：《关于知识产权私权属性的再认识——兼评"知识产权公权化"理论》，《社会科学》2005 年第 10 期。

[29] 吴汉东：《后 TRIPS 时代知识产权制度的变革与中国的应对方略》，《法商研究》2005 年第 5 期。

[30] 吴汉东：《中国知识产权法制建设的评价与反思》，《中国法学》2009 年第 1 期。

[31] 许春明、陈敏：《中国知识产权保护强度的测定及验证》，《知识产权》2008 年第 1 期。

[32] 杨晓青：《驳私法保护私利益，公法保护公利益》，载《"巩献田旋风"实录：关于〈物权法〉（草案）的大讨论》，中国财政经济出版社 2007 年版。

[33] 杨中楷、柴玥：《我国专利保护水平指标体系构建与评价》，《中国科技论坛》2005 年第 2 期。

[34] 衣庆云：《知识产权公权化理论之批判》，《电子知识产权》2007 年第 7 期。

[35] 余劲松：《外资的公平与公正待遇问题研究——由 NAFTA 的实践产生的几个问题》，《法商研究》2005 年第 6 期。

[36] 余敏友、廖丽、褚童：《知识产权边境保护——现状、趋势与对策》，《法学评论》2010 年第 1 期。

[37] 余敏友、廖丽：《欧盟〈知识产权执法指令〉述评》，《欧洲研究》2009 年第 6 期。

[38] 余敏友、廖丽：《评美国向 WTO 诉中国"影响知识产权保护和实施的措施案"》，《国际贸易》2009 年第 9 期。

[39] 余敏友、廖丽：《〈反假冒贸易协定〉的出台及其对国际知识产权执法的影响》，《天津滨海法学》2011 年 12 月版。

[40] 余敏友、廖丽：《简评 TRIPS-Plus 知识产权执法及其合法性》，《法学杂志》2011 年第 12 期。

[41] 余翔、李新江：《强化执法力度——中国海关知识产权保护问题探析》，《国际贸易》2003 年第 12 期。

[42] 曾令良：《区域贸易协定的最新趋势及其对多哈发展议程的负面影响》，《法学研究》2004 年第 5 期。

[43] 张建邦：《WTO 发展中成员在 TRIPS-Plus 协定下的知识产权保护义务研究》，《武大国际法评论》2009 年第 1 期。

[44] 张建邦：《“TRIPS—递增”协定的发展与后 TRIPS 时代的知识产权国际保护秩序》，《西南政法大学学报》2008 年第 4 期。

[45] 张乃根：《论 WTO 争端解决的条约解释》，《时代法学》2005 年第 6 期。

[46] 张乃根：《中美知识产权案评述及可上诉问题探讨》，《世界贸易组织动态与研究》2009 年第 4 期。

[47] 郑成思：《私权、知识产权与物权的权利限制》，《法学》2004 年第 9 期。

[48] 钟佳桂：《中美知识产权保护强度测度与比较》，《法学杂志》2006 年第 3 期。

[49] 周培荣：《中欧海关知识产权保护制度之比较》，《中国海关》2002 年第 3 期。

[50] 朱工宇：《与公共健康有关的 TRIPS-Plus 条款研究——兼论国际知识产权立法的双边趋势》，《世界贸易组织动态与研究》2010 年第 2 期。

[51] 朱榄叶：《从中国在 TRIPS 协定下的义务看美国对中国的申诉》，《法学》2007 年第 8 期。

[52] 朱榄叶：《赢多输少还是输多赢少？——WTO 争端解决机制申诉方败诉案件解析》，《现代法学》2009 年第 6 期。

著作

[1] [德] 卡尔·拉伦兹：《德国民法通论》（上册），王晓晔等译，法律出版社 2003 年版。

[2] [罗马] 查士丁尼：《法学总论——法学阶梯》，张企泰译，商务印书馆 1995 年版。

[3] [意] 彼德罗·彭梵得：《罗马法教科书》，黄风译，中国政法大学出版社 1992 年版。

[4] 本书编委会：《中国知识产权保护手册》，知识产权出版社 2007 年版。

[5] 伯纳德—霍克曼、迈克尔—考斯泰基：《世界贸易体制的政治经济学》，刘平等译，法律出版社 1999 年版。

［6］博登浩森：《保护工业产权巴黎公约指南》，汤宗舜、段瑞林译，中国人民大学出版社 2003 年版。

［7］邓建志：《WTO 框架下中国知识产权行政保护》，知识产权出版社 2009 年版。

［8］范晓波主编：《中国知识产权管理报告》，中国时代经济出版社 2009 年版。

［9］冯洁菡：《公共健康危机与 WTO 知识产权制度的改革——以 TRIPS 协议为中心》，武汉大学出版社 2005 年版。

［10］冯晓青：《知识产权法利益平衡论》，中国政法大学出版社 2006 年版。

［11］国家保护知识产权工作组组织编写：《WTO 知识产权争端解决机制及案例评析》，人民出版社 2008 年版。

［12］韩立余编著：《美国对外贸易中的知识产权保护》，知识产权出版社 2006 年版。

［13］黄志雄著：《WTO 体制内的发展问题与国际发展法研究》，武汉大学出版社 2005 年版。

［14］李浩培：《条约法概论》，法律出版社 2002 年版。

［15］李明德：《美国知识产权法》，法律出版社 2003 年版。

［16］李明德主编：《知识产权法》，社会科学文献出版社 2007 年版。

［17］李明德：《“特别 301 条款”与中美知识产权争端》，社会科学文献出版社 2000 年版。

［18］梁西主编：《国际法》，武汉大学出版社 2000 年版。

［19］梁西：《国际组织法》，武汉大学出版社 2001 年版。

［20］刘剑文：《TRIPS 视野下的中国知识产权制度研究》，人民出版社 2003 年版。

［21］吕薇：《中国特色创新之路：政策与机制研究》，人民出版社 2009 年版。

［22］洛克：《政府论》（下篇），中启芳、翟菊农译，商务印书馆 1964 年版。

［23］欧洲专利局编著：《未来知识产权制度的愿景》，国家知识产权局组织翻译，知识产权出版社 2008 年版。

［24］饶明辉：《当代西方知识产权理论的哲学反思》，科学出版社

2008 年版。

［25］邵沙平、余敏友主编：《国际法问题专论》，武汉大学出版社 2002 年版。

［26］世界贸易组织秘书处编：《乌拉圭回合协议导读》，索必成、胡盈之译，法律出版社 2000 年版。

［27］苏姗·K. 赛尔：《私权、公法——知识产权的全球化》，董刚、周超译，中国人民大学出版社 2008 年版。

［28］孙琬钟主编：《WTO 法与中国论丛》（2008 年卷），知识产权出版社 2008 年版。

［29］王传丽主编：《国际贸易法：国际知识产权法》，中国政法大学出版社 2003 年版。

［30］吴汉东：《中国知识产权制度评价与立法建议》，中国水利水电出版社 2008 年版。

［31］吴汉东主编：《知识产权国际保护制度研究》，知识产权出版社 2007 年版。

［32］吴汉东主编：《中国知识产权蓝皮书》（2005—2006），北京大学出版社 2007 年版。

［33］杨国华：《美国贸易法 301 条款研究》，法律出版社 1998 年版。

［34］杨国华：《中国加入 WTO 法律问题专论》，法律出版社 2002 年版。

［35］杨国华：《中美知识产权问题概观》，水利水电出版社 2008 年版。

［36］杨云龙：《中国经济结构变化与工业化——兼论经济发展中的国家经济安全》，北京大学出版社 2008 年版。

［37］杨泽伟：《新国际经济秩序研究——政治与法律分析》，武汉大学出版社 1998 年版。

［38］衣淑玲：《国际人权法视角下〈TRIPS 协定〉的变革研究》，厦门大学出版社 2010 年第 1 版。

［39］余劲松：《国际投资法》，法律出版社 1997 年版。

［40］余敏友、左海聪、黄志雄：《WTO 争端解决机制概论》，上海人民出版社 2001 年版。

［41］曾令良、余敏友主编：《全球化时代的国际法——基础、结构

与挑战》，武汉大学出版社 2005 年版。

［42］曾令良：《欧洲联盟法总论：以〈欧洲宪法条约〉为新视角》，武汉大学出版社 2007 年版。

［43］曾令良：《世界贸易组织法》，武汉大学出版社 1996 年版。

［44］张乃根：《TRIPS 协议：理论与实践》，上海人民出版社 2005 年版。

［45］张乃根：《国际贸易的知识产权法》，复旦大学出版社 2007 年版。

［46］张文显主编：《法理学》，高等教育出版社、北京大学出版社 1999 年版。

［47］赵维田：《世贸组织的法律制度》，吉林人民出版社 2000 年版。

［48］郑成思：《WTO 知识产权协议逐条讲解》，中国方正出版社 2001 年版。

［49］郑成思：《知识产权论》，法律出版社 2007 年版。

［50］中国社会科学院知识产权研究中心编：《完善知识产权执法体制问题研究》，中国水利水电出版社 2009 年版。

［51］中国社会科学院知识产权中心：《中国知识产权保护体系改革研究》，知识产权出版社 2008 年版。

［52］周枏：《罗马法原论》，商务印书馆 1994 年版。

［53］朱谢群：《创新性智利成果与知识产权》，法律出版社 2004 年版。

［54］左海聪主编：《1994 年关贸总协定逐条释义》，湖南科学技术出版社 2006 年版。

Ⅵ 主要网络资源

［1］世界贸易组织（WTO）网站 http：//www. wto. org/

［2］世界知识产权组织（WIPO）网站 http：//www. wipo. int/portal/index. html. en

［3］国际贸易和可持续发展中心（ICTSD）网站 http：//ictsd. net/

［4］经济合作与发展组织（OECD）网站 http：//www. oecd. org/

［5］联合国教科文组织（UNESCO）网站 http：//portal. unesco. org/

［6］联合国贸发会议（UNCTAD）网站 http：//www. unctad. org/

[7] 美国版权局网站 http：//www. copyright. gov/
[8] 美国国际贸易委员会网站 http：//www. usitc. gov/
[9] 美国国土安全部网站 http：//www. dhs. gov/
[10] 美国海关与边境保护局网站 http：//www. cbp. gov/
[11] 美国贸易代表网站 http：//www. ustr. gov/
[12] 美国商务部网站 http：//www. commerce. gov/
[13] 美国专利商标局网站 http：//www. uspto. gov/
[14] 欧盟委员会网站 http：//europa. eu/
[15] 欧洲版权局网站 http：//www. eucopyright. com/
[16] 欧洲商标局网站 http：//www. tmoffices. eu/
[17] 欧洲专利局网站 http：//www. epo. org/
[18] 中国国家知识产权局网站 http：//www. sipo. gov. cn/sipo2008/
[19] 中国商务部网站 http：//www. mofcom. gov. cn/
[20] 中国保护知识产权网站 http：//www. ipr. gov. cn/
[21] 知识产权观察网站 http：//www. ip-watch. org/weblog/
[22] 南方中心网站 http：//www. southcentre. org/
[23] 第三世界网络 http：//www. twnside. org. sg/twnintro. htm